# 易地扶贫搬迁移民的家庭福利研究

李 川 著

中国原子能出版社

图书在版编目（CIP）数据

易地扶贫搬迁移民的家庭福利研究 / 李川著.
北京：中国原子能出版社，2024. 9. -- ISBN 978-7
-5221-3642-4

Ⅰ.ℛ D632.4
中国国家版本馆 CIP 数据核字第 2024T60494 号

## 内 容 简 介

本书厘清了易地扶贫搬迁移民家庭"易地搬迁—社会融入—发展能力—家庭福利"之间的深层逻辑关系，为易地扶贫搬迁移民家庭福利相关研究提供了分析范式。运用微观计量模型深入探析和有效识别了社会融入影响易地扶贫搬迁移民家庭福利的作用机制、影响异质性和调节效应，并采用多案例研究法，归纳总结社会融入影响易地扶贫搬迁家庭福利的关联逻辑和实现路径。该书丰富了易地扶贫搬迁移民家庭福利的理论探讨和研究向度，逻辑结构清晰、内容详实。

在社会融入衡量、基于物质与精神相统一的家庭福利划分、多案例研究方法等方面可以为高校、科研院所中从事易地扶贫搬迁、移民家庭福利等相关研究的师生提供借鉴参考，也适合凉山州甚至其他民族地区从事易地扶贫搬迁的相关工作人员使用，是为持续做好易地扶贫搬迁"后半篇文章"提供实践抓手的又一新成果。

**易地扶贫搬迁移民的家庭福利研究**

| | |
|---|---|
| **出版发行** | 中国原子能出版社（北京市海淀区阜成路 43 号　100048） |
| **责任编辑** | 韩　霞 |
| **责任校对** | 刘　铭 |
| **责任印制** | 赵　明 |
| **印　　刷** | 北京厚诚则铭印刷科技有限公司 |
| **经　　销** | 全国新华书店 |
| **开　　本** | 787 mm×1092 mm　1/16 |
| **印　　张** | 11 |
| **字　　数** | 200 千字 |
| **版　　次** | 2024 年 9 月第 1 版　2024 年 9 月第 1 次印刷 |
| **书　　号** | ISBN 978-7-5221-3642-4　　　定　价　**45.00 元** |

# 前　言

　　易地扶贫搬迁是取得脱贫攻坚伟大胜利的重要手段，但如何做好易地扶贫搬迁家庭"稳得住、能致富"的"后半篇文章"则成为巩固拓展脱贫攻坚成果同乡村振兴有效衔接的的重点工作之一。社会融入不仅是易地扶贫搬迁家庭重构可持续生计框架、提升易地扶贫搬迁家庭发展能力的有效媒介，更是实现共同富裕和中国式现代化的核心关键。那么，基于增进和优化生计资本、重构和拓展社会网络、丰富居民精神文化生活为核心的社会融入是否有助于易地扶贫搬迁家庭福利水平的提升？社会融入影响易地扶贫搬迁家庭福利的作用机理是什么？社会融入对易地扶贫搬迁家庭福利的影响是否因搬迁安置方式不同而存在差异？这些科学问题的有效回答，既关切到脱贫攻坚成果的巩固，又关乎乡村振兴战略的全面推进，对实现中国式现代化和共同富裕具有重要的理论和现实意义。

　　在此背景下，《易地扶贫搬迁移民的家庭福利研究》一书无疑为这些问题的破解提供了新的视角和深邃的思考。本书从社会融入这一核心视角出发，立足易地扶贫搬迁家庭的微观层面，基于物质福利和精神福利两个维度，深入考察和仔细检验了社会融入与易地扶贫搬迁家庭福利之间的内在逻辑、影响大小与作用机理。首先，基于社会融入理论、可持续生计理论、福利经济学理论和可行能力理论，构建了易地扶贫搬迁家庭"易地搬迁—社会融入—发展能力—家庭福利"的理论分析框架，并采用逻辑推演和数理推导相结合的方式对社会融入何以影响易地扶贫搬迁家庭福利的微观机理和作用机制进行了理论探讨；其次，基于 2022 年凉山彝族自治州六县（市）814 份易地扶贫搬迁家庭的微观调研数据，在刻画易地扶贫搬迁家庭社会融入水平的基础上，运用微观计量模型深入探析社会融入对易地扶贫搬迁家庭福利的定量影响，并有效识别社会融入影响易地扶贫搬迁家庭福利的作用机制、影响异质性和调节效应；再次，基于深度访谈资料，立足扎根理论，采用多案例研究法，利用程序化扎根理论对易地扶贫搬迁家庭案例资料展开逐级编码，归纳总结社会融入影响易地扶贫搬迁家庭福利的理论内涵和实现路径；最后，从提升社会融入程度、推进劳动力转移就业、调动家庭主观能动性、精准化后续帮扶措施等方面，为持续做好易地扶贫搬迁"后半篇文章"提出了政策建议。

本书是教育部人文社会科学研究项目"易地扶贫搬迁农户生计恢复力测度及后续帮扶策略研究——以凉山彝族自治州为例"（21YJCZH061）、国家社会科学基金"凉山彝区巩固脱贫攻坚成果与乡村振兴有效衔接的现状调查研究"（22XMZ020）、西昌学院"两高"人才科研支持计划"基于GIS技术的凉山彝区乡村治理理论逻辑与实现路径"（LGLZ202301）的阶段成果，该成果对理论研究与实践应用具有广泛影响。在理论研究贡献方面，本书的出版必定能为我国易地扶贫搬迁家庭福利、社会融入、巩固脱贫攻坚、社区治理等相关研究提供有益的借鉴和重要参考。对实践应用贡献方面，在撰写本书过程中形成的《生计恢复力视角下我国易地扶贫搬迁研究进展及展望》《从脱贫攻坚到乡村振兴：演变历程、衔接机制与振兴路径——以凉山彝族自治州为例》等系列论文，以及《关于推进易地扶贫搬迁家庭生计恢复与转型的建议》《关于提升凉山彝区农村基层治理能力的建议》《安宁河流域高质量发展的实现路径与政策保障》等研究报告紧密结合凉山州州情，不仅对凉山州相关政府部门实现易地扶贫搬迁家庭社会融入、生计恢复、福利水平的提升，以及深入推进乡村振兴战略产生积极的重要影响，对其他民族地区同样具有重要的参考价值。

总之，本书从易地扶贫搬迁家庭社会融入视角出发，深度剖析了易地扶贫搬迁家庭社会融入、家庭福利的内涵，探讨了社会融入对易地扶贫搬迁家庭福利的微观机理和作用机制等内容。本书体系完整、逻辑清晰、观点明确、定性定量研究结合、学术规范，是深入推进易地扶贫搬迁"下半篇文章"的创新力作，理论意义和应用价值突出，相信本书的出版能够发挥重要的学术和社会影响。

# 目　录

**第一章　研究背景及意义** ……………………………………………… 1

　第一节　研究背景与问题提出 ……………………………………… 1

　　一、研究背景 ………………………………………………………… 1

　　二、研究意义 ………………………………………………………… 4

　第二节　文献综述 ……………………………………………………… 6

　　一、关于易地扶贫搬迁的研究现状及进展 ……………………… 6

　　二、关于社会融入的研究现状及进展 …………………………… 9

　　三、关于农户家庭福利的研究现状及进展 ……………………… 13

　　四、文献述评 ………………………………………………………… 16

　第三节　研究内容与研究方法 ……………………………………… 18

　　一、研究内容 ………………………………………………………… 18

　　二、研究方法 ………………………………………………………… 19

　参考文献 …………………………………………………………………… 20

**第二章　概念界定、理论基础与分析框架** …………………… 28

　第一节　核心概念界定 ………………………………………………… 28

　　一、易地扶贫搬迁 ………………………………………………… 28

　　二、社会融入 ………………………………………………………… 29

　　三、家庭福利 ………………………………………………………… 30

　第二节　理论基础 ……………………………………………………… 32

　　一、社会融入理论 ………………………………………………… 32

　　二、可行能力理论 ………………………………………………… 32

　　三、福利经济学理论 ……………………………………………… 33

　第三节　理论分析 ……………………………………………………… 36

　　　一、社会融入影响易地扶贫搬迁农户家庭福利的理论分析…………… 36

　　　二、社会融入对易地扶贫搬迁农户家庭福利作用机制的理论分析………… 45

　　参考文献……………………………………………………………………… 50

**第三章　实践溯源、数据来源与样本特征刻画**……………………………… 55

　第一节　易地扶贫搬迁项目的实践溯源………………………………………… 55

　　　一、易地扶贫搬迁的历程与特征………………………………………… 55

　　　二、凉山州易地扶贫搬迁的现状考察…………………………………… 59

　第二节　数据来源与调研设计…………………………………………………… 65

　　　一、调研对象……………………………………………………………… 65

　　　二、调研区域……………………………………………………………… 66

　　　三、调研设计……………………………………………………………… 68

　　　四、数据收集与整理……………………………………………………… 69

　第三节　基本特征………………………………………………………………… 71

　　　一、受访安置社区基本特征……………………………………………… 71

　　　二、受访个体基本特征…………………………………………………… 72

　　　三、受访家庭基本特征…………………………………………………… 74

　第四节　小结……………………………………………………………………… 80

　　参考文献……………………………………………………………………… 81

**第四章　易地扶贫搬迁农户社会融入测度及差异性分析**…………………… 82

　第一节　易地扶贫搬迁农户家庭社会融入测度………………………………… 82

　　　一、测度方法选择………………………………………………………… 82

　　　二、指标体系构建………………………………………………………… 83

　　　三、描述性统计分析……………………………………………………… 84

　第二节　测度结果………………………………………………………………… 86

　　　一、搬迁家庭社会融入综合指数分析…………………………………… 86

　　　二、基于不同地理区位的家庭社会融入指数分析……………………… 87

　　　三、基于不同安置方式的家庭社会融入指数分析……………………… 88

　　　四、基于搬迁时是否脱贫的家庭社会融入指数分析…………………… 90

　第三节　小结……………………………………………………………………… 90

　　参考文献……………………………………………………………………… 92

**第五章　社会融入对易地扶贫搬迁农户家庭福利水平的影响效应分析**…… 93

　第一节　模型构建与变量选取………………………………………………… 93

一、模型构建 ·································································· 93

二、变量选取 ·································································· 94

第二节 实证结果 ······························································· 98

一、社会融入对搬迁农户家庭物质福利的影响 ·················· 98

二、社会融入对搬迁农户家庭精神福利的影响 ················· 106

第三节 小结 ········································································ 112

参考文献 ············································································· 114

**第六章 社会融入影响易地扶贫搬迁农户家庭福利水平的作用机制分析：**

　　　　**基于中介效应检验** ··················································· 116

第一节 模型构建与变量选取 ············································· 116

一、模型构建 ································································· 116

二、变量选取 ································································· 117

第二节 作用机制 I：基于生计多样化的中介机制检验 ········· 119

一、社会融入、生计多样化与搬迁农户家庭物质福利 ········ 119

二、社会融入、生计多样化与搬迁农户家庭精神福利 ········ 123

第三节 作用机制 II：基于内生发展动力的中介机制检验 ······ 127

一、社会融入、内生发展动力与搬迁农户家庭物质福利 ······ 127

二、社会融入、内生发展动力与搬迁农户家庭精神福利 ······ 130

第四节 小结 ········································································ 134

参考文献 ············································································· 135

**第七章 社会融入影响易地扶贫搬迁农户家庭福利水平的调节效应分析：**

　　　　**基于后续帮扶的检验** ··············································· 138

第一节 模型构建与变量选取 ············································· 138

一、模型构建 ································································· 138

二、变量选取 ································································· 138

第二节 实证结果与解释 ···················································· 140

一、社会融入、帮扶政策与搬迁农户家庭物质福利 ··········· 140

二、社会融入、帮扶政策与搬迁农户家庭精神福利 ··········· 142

第三节 小结 ········································································ 143

参考文献 ············································································· 144

**第八章 易地扶贫搬迁家庭福利水平的案例分析：基于扎根理论的探索** ······· 146

第一节 研究方法与资料收集 ············································· 146

一、研究方法 …………………………………………………… 147

二、案例来源 …………………………………………………… 147

第二节 研究过程 ………………………………………………… 148

一、开放式编码 ………………………………………………… 148

二、主轴编码 …………………………………………………… 150

三、信度和效度检验 …………………………………………… 151

四、选择性编码 ………………………………………………… 152

第三节 社会融入影响搬迁家庭福利的理论阐释与分析 ………… 152

一、社会融入能有效提升搬迁家庭发展能力 ………………… 153

二、外部帮扶力量能有效地促进搬迁家庭的社会融入，帮助搬迁家庭

实现多样化生计和激活内生发展的能力、动力，从而增进搬迁

家庭福利水平 ……………………………………………… 154

三、社会融入还能够促进搬迁家庭增力机制改善，保障易地扶贫搬迁

家庭福利可以实现可持续 ………………………………… 155

第四节 基于扎根理论分析的实证结果再检视 ………………… 155

第五节 小结 ……………………………………………………… 156

参考文献 ………………………………………………………… 157

**第九章 研究结论与对策建议** ……………………………… 158

第一节 研究结论 ………………………………………………… 158

第二节 政策启示 ………………………………………………… 160

一、提升社会融入程度，奠定家庭发展基础 ………………… 160

二、推进劳动力转移就业，提升家庭生计多样化 …………… 161

三、调动家庭主观能动性，激活内生发展动力 ……………… 162

四、精准后续帮扶措施，丰富发展机会渠道 ………………… 163

第三节 研究展望 ………………………………………………… 164

**附录Ⅰ：变量详细定义** …………………………………… 166

**附录Ⅱ：开放式编码** ……………………………………… 167

# 第一章 研究背景及意义

## 第一节 研究背景与问题提出

### 一、研究背景

中国式现代化是全体人民共同富裕的现代化。国之称富者，在乎丰民。补齐落后地区发展短板，提升已脱贫群体的家庭福利，既是满足人民对美好生活需要的诉求，也是实现中国式现代化的重要环节。一方面通过中国式现代化建设，进一步增进民族地区、欠发达地区的福祉，并通过基础设施、生产技术、高素质劳动力培育等方式提升社会生产力，为欠发达地区的共同富裕和现代化建设提供更充足的物质基础和动力源泉；另一方面，推进欠发达地区的共同富裕有助于解决当前的社会矛盾，实现欠发达地区居民更高层次的美好生活，维护和实现社会公平，防止两极化发展，提升欠发达地区居民的家庭福利水平和幸福指数，为实现中国式现代化补齐发展的薄弱环节。

脱贫攻坚的全面胜利揭开了共同富裕进程的序幕，但巩固脱贫攻坚成果仍然任重道远。贫困是人类社会的顽疾，反贫困始终是古今中外治国安邦的一件大事。从新中国成立以来，我国经历了普遍贫困、区域贫困、陷阱贫困等多种贫困形态，消除贫困一直就是党和国家关注的焦点。党的十八大召开后不久，党中央就突出强调"小康不小康，关键看老乡"，关键在于贫困老乡能不能脱贫，承诺"决不能落下一个贫困地区、一个贫困群众"。2013 年，党中央提出精准扶贫理念，创新扶贫工作机制。2015 年，党中央召开扶贫开发工作会议，提出实现脱贫攻坚目标的总体要求，实行扶持对象、项目安排、资金使用、措施到户、因村派人、脱贫成效"六个精准"，实行发展生产、易地搬迁、生态补偿、发展教育、社会保障兜底"五个一批"，发出打赢脱贫攻坚战的总攻令。2017年，党的十九大把精准脱贫作为三大攻坚战之一进行全面部署，锚定全面建成小康社会目标，聚力攻克深度贫困堡垒，决战决胜脱贫攻坚。2020年，脱贫攻坚取得全面胜利揭开了党团结带领人民创造美好生活、实现共同富裕道路的序幕。党的十八大以来，平均每年1 000多万人脱贫。脱贫攻坚行动中，2000多万贫困患者得到分类救治、近2000万贫困群众享受低保和特困救助供养，2400多万困难和重度残疾人拿到了生活和护理补贴[1]，实现了脱贫攻坚的胜利，但巩固脱贫攻坚成果的任务仍然十分艰巨。在已脱贫的地区和人口中，有的地区产业基础比较薄弱，有的地区产业项目同质化严重，有的地区就业不够稳定，有的地区政策性收入占比高。据各地初步摸底，已脱贫人口中有近200万人存在返贫风险，边缘人口中还有近300万存在致贫风险。党的十九届五中全会也明确提出，"十四五"期间我国反贫困的主要任务是巩固拓展脱贫攻坚成果同乡村振兴有效衔接，推动贫困治理的重点从绝对贫困顺利转向相对贫困。我国农村绝对贫困人口及贫困发生率变动情况见图1-1。

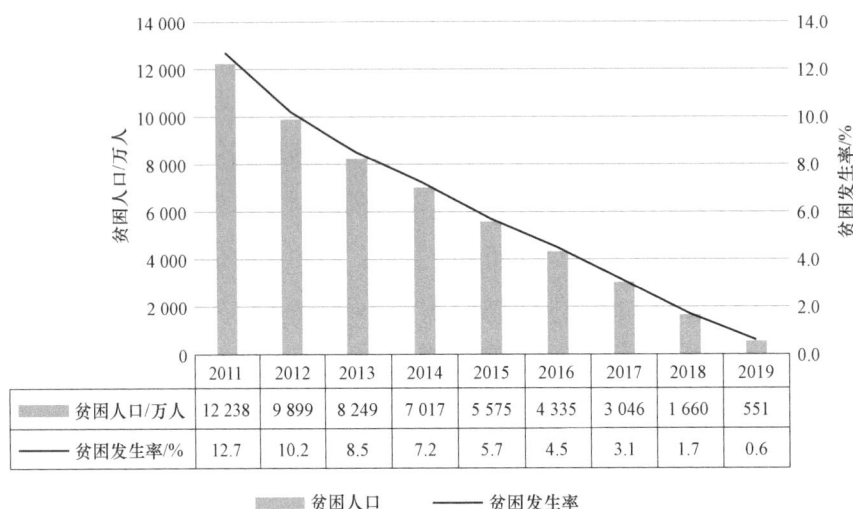

| | 2011 | 2012 | 2013 | 2014 | 2015 | 2016 | 2017 | 2018 | 2019 |
|---|---|---|---|---|---|---|---|---|---|
| 贫困人口/万人 | 12 238 | 9 899 | 8 249 | 7 017 | 5 575 | 4 335 | 3 046 | 1 660 | 551 |
| 贫困发生率/% | 12.7 | 10.2 | 8.5 | 7.2 | 5.7 | 4.5 | 3.1 | 1.7 | 0.6 |

贫困人口　　　贫困发生率

图 1-1　我国农村绝对贫困人口及贫困发生率变动图

注：数据来源于《中国统计年鉴》、农业农村部等官方网站。

易地扶贫搬迁是取得脱贫攻坚胜利的重要手段。易地扶贫搬迁是促进农村扶贫开发和生态环境建设的重要举措，通过对生存环境恶劣地区的农村贫困人口实施易地搬迁，从根本上改善贫困家庭生存和发展困境。自20世纪80年代以来，易地扶贫搬迁政策已在我国甘肃、宁夏、内蒙古、四川、新疆、青海等 20 多个省区广泛展开，并顺应经济社会发展和减贫形势，不断创新、优化调整政策内容深入推进，取得了相当丰富的经验，发挥着重要的减贫效用。自进入 21 世纪以来，国家投入易地扶贫搬迁专项资金和迁出贫困地区群众日益增加，2001—2010 年，中央安排补助投资 132 亿元，搬迁贫困群众 286 万余人；"十二五"期间，共安排易地扶贫搬迁专项资金 231 亿元，受益搬迁群众人数达 394 万人，通过中央大项目资金投入的"乘数效应"，拉动地方投资、群众自筹等资金超过 800 亿元[2]。进入全面建成小康社会决胜阶段，国家提出精准扶贫方略，易地扶贫搬迁被纳入精准扶贫体制机制之中，成为新时期脱贫攻坚战的重要抓手之一。进入精准扶贫时期，易地扶贫搬迁的政策内容也适时作出了相应调整和强化，国家增加投入了巨量资源，同时对扶贫搬迁的进度和成效提出了更高的要求。在"十三五"期间，全国易地扶贫搬迁 960 多万贫困人口，中西部地区还同步搬迁 500 万非贫困人口，相当于一个中等国家的人口规模。现在搬得出的问题基本解决了，下一步的重点是稳得住、有就业、逐步能致富。"十三五"期间不同原因搬迁人口数量统计见表 1-1。

表 1-1 "十三五"期间不同原因搬迁人口数量统计表

| 搬迁地区 | 建档立卡搬迁人口/万人 | 占比/% | 搬迁人口总规模/万人 | 占比/% |
|---|---|---|---|---|
| 资源承载力严重不足地区 | 316 | 32.2 | 462 | 28.4 |
| 公共服务严重滞后且建设成本过高地区 | 340 | 34.7 | 593 | 36.4 |
| 地质灾害频发易发地区 | 106 | 10.8 | 210 | 12.9 |
| 国家禁止或限制开发地区 | 157 | 16 | 257 | 15.8 |
| 地方病高发地区 | 8 | 0.8 | 13 | 0.8 |
| 其他地区 | 54 | 5.5 | 93 | 5.7 |
| 合计 | 981 | 100 | 1 628 | 100 |

注：数据来源于《全国"十三五"易地扶贫搬迁规划》。

巩固易地扶贫搬迁脱贫成果任务仍然艰巨。易地扶贫搬迁不同于一般的人口城镇化，促进搬迁农户的社会融入是实现"稳得住、能致富"目标的首要前提。脱贫攻坚行动中，全国 790 万户、2 568 万贫困群众的危房得到改造，累计建成集中安置区 3.5 万个、安置住房 266 万套，960 多万人"挪穷窝"，摆脱了闭塞和落后，搬入了新家园[3]。易地扶贫搬迁相对于一般人口迁移，其生计恢复能力有限，潜在的返贫风险问题更突出。一般的农业人口城市化进程往往经过了一段时间的资本积累，家庭在人力资本、社会资本、金融资本等生计资本上有了一定的积累，以此保障人口在城市化后能够很好地维持可持续生计，是一种"主动"性的人口迁移。而易地扶贫搬迁项目的搬迁对象是居住于深山石山、边远高寒、荒漠化和水土流失严重地区，或禁止开发区或限制开发区，以及地方病严重、地质灾害频发的地区等，其搬迁目的是解决"一方水土养不活、养不好一方人"的困境，是一种"被动"的人口迁移形式。且搬迁的居民大部分是贫困人口，其自身的发展能力较弱，如果不能有效地融入搬迁地，就会面临着原有生活环境、生计模式、思维方式、社会网络的消解和断裂，出现可持续生计式微的困境。

巩固易地扶贫搬迁群体脱贫成果，推进搬迁农户社会融入，引导农户从原来以"土地"为核心的农业型生计策略向"市场化"的非农型生计策略转化，促进易地扶贫搬迁农户构建和恢复可持续生计，提升搬迁农户家庭福利水平，是实现脱贫地区乡村振兴和共同富裕的重要抓手。基于上述背景，本研究拟以凉山彝区为例，在已有的研究基础上，以可持续生计分析框架（SL）作为基础分析框架，并以此框架耦合社会融入理论、可行能力理论和福利经济学理论，以易地扶贫搬迁农户"社会融入"为视角，建立农户"易地搬迁—社会融入—发展能力—家庭福利"的分析框架，探析易地扶贫搬迁农户社会融入对农户家庭福利的影响效应及其作用机制。具体而言，通过梳理宏观政策和凉山彝区易地搬迁实践，依托政策文本与农户微观调查数据，从总体层面、不同安置方式层面、不同地理区位层面刻画凉山彝区易地扶贫搬迁农户社会融入的情况和差异特征，量化易地扶贫搬迁农户社会融入对家庭福利水平的影响效应，并识别社会融入影响农户家庭福利的作用机制。以期为易地扶贫搬迁后续帮扶等政策的制定提供参考依据。

## 二、研究意义

《中华人民共和国国民经济和社会发展第十四个五年规划和 2035 年远景目标纲要》将"做好易地扶贫搬迁后续帮扶，加强大型搬迁安置区新型城镇化建设"作为巩固提升脱贫攻坚成果的重要内容。2021 年中央一号文件《关于全面推进乡村振兴加快农业农村现代化的意见》再次强调要"以大中型集中安置区为重点，扎实做好易地搬迁后续帮扶工作，持续加大就业和产业扶持力度，继续完善安置区配套基础设施、产业园区配套设施、公共服务设施，切实提升社区治理能力"。2021—2025 年是巩固拓展脱贫攻坚成果同乡村振兴有效衔接的关键时期，促进搬迁农户生计恢复，尽快融入适应"新状态"下的生产生活方式是巩固易地扶贫搬迁脱贫攻坚成果的关键。由此可见，在巩固脱贫攻坚成果和乡村振兴的背景下，以易地扶贫搬迁农户为研究对象，探析社会融入对搬迁农户家庭福利水平的影响效应及作用机制具有较强的理论意义和现实意义。

2020 年在易地扶贫搬迁完成了所有搬迁家庭安置工作后，做好易地扶贫搬迁后续帮扶成为巩固脱贫攻坚成果的重要内容之一。易地扶贫搬迁政策在改善搬迁贫困户生计环境的同时，也引致了农户从以土地为载体的生产生活方式向市场依赖型的非农化生产生活方式的转化，从而改变了农户原来的生产生活方式，如何有效引导搬迁农户适应新环境、融入社会就成为实现"稳得住"目标的关键。学者们针对易地扶贫搬迁社会融入问题的主要研究集中在易地扶贫搬迁女性群体融入社会[4]、社会融入与搬迁满意度[5]、社会融入与返迁意愿[6]、搬迁社区空间再造与治理[7]等方面，但对易地扶贫搬迁社会融入，特别是基于家庭能力的社会融入的测度、社会融入对易地扶贫搬迁农户家庭福利水平的影响及作用机理研究较少。在此基础上，本书以社会融入为切入点，基于问卷访谈构建搬迁农户社会融入指标数据库，运用计量经济学模型，测度易地扶贫搬迁农户社会融入，发掘社会融入对农户家庭福利水平的作用机制。一方面，本研究采用逻辑推演、数理推导相结合的方式对社会融入影响搬迁家庭福利的微观机理和作用机制进行了理论探讨，构建了搬迁家庭"易地搬迁—社会融入—发展能力—家庭福利"理论分析框架，为易地扶贫搬迁相关研究提供了分析范式；另一方面，基于 2022 年凉山彝族自治州六县（市）814 份易地扶贫搬迁家庭的微观调研数据，在刻画样本搬迁户社会融入水平的基础上，运用微观计量模型深入探析社会融入对搬迁家庭福利的定量影响，并有效识别社会融入影响搬迁家庭福利的作用机制和影响异质性，有助于从学科交叉视角丰富和拓展易地扶贫搬迁家庭行为的相关文献研究。

本研究拟以四川省凉山彝族自治州为研究对象，凉山州位于横断山脉的东段，主要以山地地貌为主，地貌复杂多样，山高谷深，是我国最大的彝族聚居区，也是全国易地扶贫搬迁的集中区。"十三五"期间，凉山州易地扶贫搬迁 7.44 万户 35.32 万人。由于社会历史、自然条件、经济基础、劳动力素质等多种原因限制，搬迁农户潜在的返贫风险大，巩固脱贫攻坚成果任重道远。受生态环境脆弱、社会经济发展水平落后、劳动力素质较低等多重因素困扰，使得易地扶贫搬迁农户社会融入受阻，生计策略转型困难。本研究运用分层随机抽样法选取研究样本，对易地扶贫搬迁农户社会融入状况、社会融入对搬迁后家庭福利水平的作用机制及实证展开深入研究，最终提炼出易地扶贫搬迁农户社会融入、家庭福利水平的阻滞因素和后续帮扶策略。这对于脱贫地区巩固脱贫成果、深入推进乡村振兴战略、保障易地扶贫搬迁后续发展具有重要的现实意义。所形成的研究成果，有助于凉山州各级政府部门对易地扶贫搬迁农户社会融入、家庭福利水平的阻滞因素及其区域空间差异有比较准确的判断。甚至可为我国脱贫地区易地扶贫搬迁后续保障工作以及人口迁移的社会融入和家庭福利水平的提升提供重要的参考价值和科学的规划决策。因此，该研究有非常好的实际应用价值。

# 第二节　文献综述

## 一、关于易地扶贫搬迁的研究现状及进展

（1）易地扶贫搬迁影响农户生计资本的相关研究

学者们普遍认为易地扶贫搬迁有助于提升家庭生计资本总量。通过对易地扶贫搬迁家庭生计资本测度发现，在搬迁后，家庭生计资本总体上呈现增加趋势，其中物质资本和社会资本的提升趋势最为显著，家庭的自然资本却损失明显[8]。生计资本呈现上升趋势的原因在于：一方面搬迁到新安置地可以显著地提升基础设施、公共服务、交通条件等外部条件，为家庭资本积累提供更多的机会；另一方面在于搬迁后实施的技能培训、居住条件的改善、后续帮扶政策的实施等方式可以有效地促进搬迁家庭人力资本、金融资本等资本积累[9]。不同安置方式对农户生计资本提升效果存在差异，生计资本积累总量工业园区安置＞就近分散建房安置＞行政村内就近安置＞依托小城镇安置方式；有土安置优于无土安置[10]。学者也发现，虽然搬迁家庭生计资本呈现增加趋势，但搬迁家庭的生计资本总量仍然处于较低水平，家庭的可持续生计仍然具有挑战[11]。

除了生计资本总量呈现上升趋势外，生计资本结构也在不断优化，农户生计资本从有形资产向无形资产转化，从过度依赖自然资本（土地），转变为依赖人力、金融、物质、社会资本，生计资本构成更加均衡合理[12]。易地扶贫搬迁帮助搬迁家庭在家庭资源上获得了重新组合的机会，有助于提升家庭资源的利用效率，从而优

化家庭生计资本结构。通过与未搬迁的农户对比分析发现，搬迁家庭具有更多机会来利用家庭生计资本，促进家庭生计资本的优化配置，提升家庭的增加收入能力，也更加容易激活家庭的内生发展动力[13]。搬迁还能够加速家庭的代际流动，对代际流动的作用机制主要是通过搬迁所带来的人力资本和社会资本变化来实现的[14]。

（2）易地扶贫搬迁农户政策扶持的相关研究

要实现对易地扶贫搬迁家庭的有效帮扶，就需要根据搬迁家庭的实际需求为帮扶导向，从家庭经济、文化习俗、心理状况等多个维度建立后续帮扶体系，既要重视政策实施的普遍适应性，也要重视搬迁家庭之间的内部差异，实现政策精准化实施[15]。重视"内生-外源"的良性互动，既要激活搬迁家庭的内生发展动力，也要坚持后续政策的有效帮扶[16]。帮扶政策要以推进人口城镇化为核心，实现搬迁人口的职业转变、身份转变，强化"技""志""业"相结合的"授渔"帮扶，既要保证搬迁农户的物质帮扶，更要推动搬迁农户精神脱贫[17]，要不断地提升迁入的基础设施建设、公共服务质量、劳动力转移就业、社会有效治理等能力，实现易地扶贫搬迁稳得住、能致富的目标[18]。

产业可以为易地扶贫搬迁提供源源不断的发展动力，产业发展是后续帮扶政策的重要工作之一。发展扶贫产业要基于当地的资源禀赋，要考虑搬迁群体的发展能力，通过产业的发展为搬迁居民和安置地提供发展动力，增强搬迁家庭的自我"造血"能力，实现家庭致富[19]。但土地资源禀赋、生产经营方式、技能水平掌握、缺少龙头企业带动等困境限制了搬迁地区产业的发展[20]，且后续产业发展面临着投入资本制约，经济效益好、带动能力强的产业发展需要较大的前期投入，但资金的缺乏又限制了这些项目推广；易于推广的产业在经济效益、就业岗位提供、发展能力等方面又存在困境，导致产业发展陷入两难境地[21]。因此，在后续帮扶政策的施行中要激发农户的内生发展动力，提升后续帮扶政策实施的有效性和针对性，实现就业转移与产业发展的有效衔接[22]，要综合评价产业发展的适宜性，合理布局产业发展区域，注重提升产业发展的潜力，促进产业发展的差异化，形成区域特色[23]。

（3）易地扶贫搬迁农户外出务工扶持的相关研究

易地扶贫搬迁以后，大部分搬迁家庭，特别是集中安置的搬迁家庭距离原居住地较远，导致搬迁家庭被迫放弃土地的耕种。而且原居住地土地生产能力低下也难以保障家庭的生活，因此搬迁家庭必须要实现劳动力转移就业，以此提升家庭的收入水平。从学者们的研究来看，易地扶贫搬迁解放了搬迁家庭原来的农业生产劳动力，形成人口迁移，因此会促使搬迁家庭外出务工就业，从而提升家庭的收入[24]。搬迁后公共服务、思想意识、价值取向、技能掌握等方面的改善也增强了搬迁家庭外出就业的动力，推动搬迁家庭生计策略的转型，实现了搬迁家庭多元化生计和稳定家庭收入的目标，从而增强家庭抗击生计风险的能力[25]。在西部劳动密集型产业发展不足的情况下，非农产业发展所能提供的非农就业机会有限，也迫使了搬迁农户外出务工[26]。易地扶贫搬迁对搬迁家庭劳动力转移就业具有显著的正向影响，而且实现了转移就业的搬迁家庭比未实现劳动力转移就业的搬迁家庭的多维贫困指数更低，说明劳动力转移就业可以有效降低搬迁家庭的生计风险[27]。

劳动力转移就业需要搬迁家庭具有较强的信息获取和信息利用能力，但搬迁家庭长期生活在贫困、偏远山区等区域，家庭信息的获取能力和利用能力均较低，不能有效地寻找到匹配的就业岗位，导致搬迁家庭就业水平和就业质量还不高。信息获取和政策捕获利用能力可以帮助搬迁家庭构建起稳定的可持续生计框架，但对相关后续帮扶政策掌握越清晰，搬迁家庭可能更加不愿意放弃家庭所拥有的土地，以此帮助家庭获得和享受各类惠民政策福利，因此搬迁家庭就会选择兼业型的生计策略，而不是以外出务工为核心的非农生计策略，这阻碍了搬迁劳动力的转移就业[28]。针对当前搬迁家庭劳动力转移就业中存在的问题，地方政府、社区要建立起完善的劳务服务组织，充分发挥搬迁家庭外出务工"能人"的精英带动效应，促进搬迁家庭剩余劳动力的转移就业，从而增强家庭的可持续生计能力[29]。政府要进一步发挥在搬迁家庭外出务工就业中的干预手段，构建政府与劳务用工区域政府、企业的协作机制，激发搬迁家庭转移就业的积极性和主动性[30]。

（4）易地扶贫搬迁农户风险感知和抵御的相关研究

易地扶贫搬迁能够有效改善家庭资源禀赋，增强家庭的脱贫致富的自身能力和积极性，从而提升家庭抗击风险的冲击能力，降低家庭的贫困脆弱性和潜在的致贫返贫风险。但易地扶贫搬迁后，家庭原有的社会网络关系被打破、生产生活方式被改变，家庭以耕地为核心的自然资本难以在家庭生计中发挥作用，技能水平、成活成本、社会适应等问题都可能会导致搬迁家庭存在潜在的返贫风险[31]。虽然后续帮扶政策可以为搬迁家庭提供强有力的基本生活保障，但补贴的力度非常有限，只能保障搬迁家庭的基本生活水平，农户要增加家庭的收入水平就必须转变生计策略方式，实现从农业向非农型或兼业型生计转变，如果农户生计转型失败，则家庭的风险抵御能力就会降低，家庭返贫风险就会变大[32]。

搬迁后家庭遭受到社会融入障碍、生活成本增加、社会网络关系破裂、劳动力转移就业能力不足等困境可能会致使搬迁家庭陷入搬迁困境[33]。易地扶贫搬迁城镇化安置实现了贫困人口的人口城镇化，但短期内无法实现"能力城镇化"和"素质城镇化"，因而存在引发社会稳定风险的多种潜在因素[34]。后续帮扶政策在落地实施中可能会存在政策空传、目标替代和执行政策环境影响等政策实施困境，但后续帮扶政策是一项长期实施的综合性政策组合，受到外部压力和执行偏差等因素的影响，往往要求后续帮扶政策在短时间内实现既定目标，这可能导致政策实施的可持续性，甚至存在引起社会不稳定的潜在风险[35]。

## 二、关于社会融入的研究现状及进展

（1）社会融入测度的相关研究

社会融入的研究起源于移民搬迁，特别是跨国性的移民搬迁融入迁入地的相关研究。随着人口流动和迁移加剧，社会融入拓展到生态移民、工程建设移民、劳动力转移就业、人口城市化等迁移群体。在早期，社会融入更加倾向于社会融合、社会排斥等方向，对搬迁居民融入社会的路径、机制、目标、阻滞因素等进行了丰富的学术研究，并且形成了社会同化理论和社会多元化理论等社会融入理论[36]。大多数学者认为，衡量搬迁居民是否融入迁入地的重要衡量指标就是社会排斥，即搬迁居民是否在迁入地遭受到了排斥和歧视等，认为要以创新政策作为推进搬迁群体融入社会的重要手段，以此来保障社会的有序运行。从社会融入的测度研究文献梳理来看，社会融入属于多维的综合性概念，因此，对其测度衡量应当划分测量的维度，目前被学者们认可的维度划分包括了二维度、三维度、四维度等维度的划分。首先，二维度认为社会融入包括文化性和结构性这两个维度，文化性维度指移民搬迁居民在搬迁安置后在社会认同、价值取向等方面发生转变，逐渐与迁入地实现同化；结构性是指移民搬迁居民在安置地的组织、政策制度等活动的参与程度加深，而且文化性和结构性不一定是重合的过程[37]。此后，学者们针对二维度社会融入测度的指标进行了进一步的细化和说明，拓展了社会融入的二维度测度模型，也为学者们针对移民搬迁群体的社会融入测度和类型划分提供了依据[38]。其次是社会融入的"三维度"模型，三维度模型则在二维度模型的基础上将政治合法性纳入了搬迁居民的社会融入测度维度中，并且认为结构性主要是从移民搬迁居民的生活状况层面进行衡量测度，文化融入则是从移民搬迁群体加入迁入地的各类组织以及依据当地的规则和模式参加活动的过程进行衡量，政治合法性则是从搬迁居民对当地的基本观念和价值取向、被接受和认可的程度[39]。从三维度的社会融入测度来看，政治领域的加入更加注重观测移民搬迁群体是否遭受了歧视、不公平对待，因此，在社会融入的测度中，应当重视和凸显搬迁居民的政治合法性，使得社会融入的测度更加完善。最后是四维度测度模型，该测度方法将前面两种维度的测度内涵更加具体和细化，将结构性融入的测度作为了对经济层面的衡量，认为移民搬迁群体在搬迁安置后，面临着文化融入、经济融入、政治融入、主体融入等方面的适应。文化融入是指搬迁农户在安置地对本地语言、生活方式等行为规范层面的融入；经济融入是指搬迁群体能否在搬迁后解决好家庭的收入以及家庭生计等问题；政治融入是指搬迁居民能否享受到在政治、社会活动等参与的权利；主体融入则是指搬迁居民是否受到了当地的歧视排斥和是否得到了当地居民的认同等融入问题。社会融入测度维度的演化变迁见图 1-2。

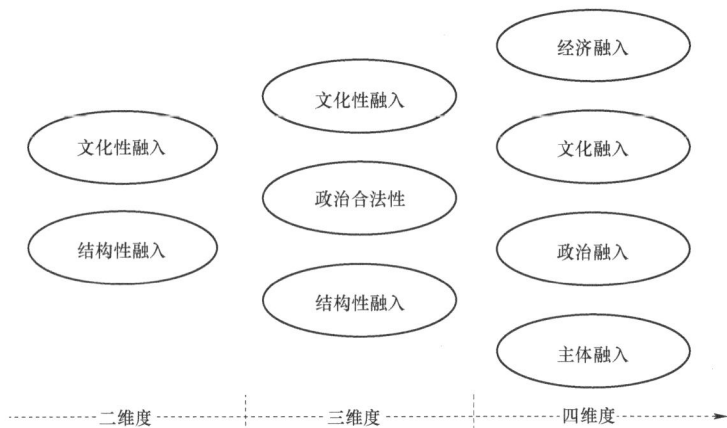

图 1-2　社会融入测度维度的演化变迁

国内在关于社会融入的文献研究主要集中起源于农民工、生态移民、水库移民等人口迁移群体，学者们在对社会融入的研究中，在借鉴国外社会融入的相关理论基础上，立足于我国搬迁群体的现实状况进行研究，大致可以分为两种研究类型。一是立足于二元关系理论，认为搬迁居民与迁入地原住居民之间会一直存在二元关系，这会导致搬迁居民在搬迁安置后的社会融入过程中被原住居民排斥、歧视、隔离，因此搬迁居民在社会融入的过程中更加需要得到迁入地原住居民的认同，从对立关系向部分兼容关系过渡和转变[40]。二是多元化社会融入类型。学者们认为搬迁居民的社会融入是被再社会化的过程，而且把搬迁居民的社会融入分解为心理融入、文化融入、经济融入等维度[41]，而且认为搬迁居民的融入会呈现逐渐递进的特征，虽然会在安置地受到当地文化、习惯、价值取向等因素的影响，并可能接受或实现同化，但也会保留部分原居住的生产生活习惯、思想观念、文化传统等[42-43]。社会融入的结果既包括了社会层面的适应，也包括了心理层面的适应，社会层面的适应是指搬迁居民在处理家庭日常事务所呈现的能力，而心理层面的适应是指搬迁农户心理的健康状况[44]。社会融入测度的主要内容见图1-3。

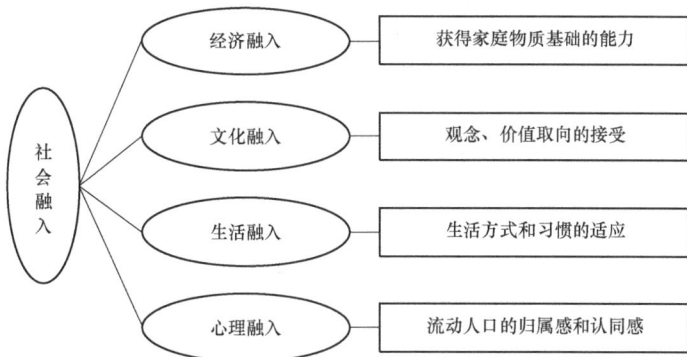

图 1-3 文献研究中社会融入测度的主要内容

（2）社会融入影响因素的相关研究

通过对搬迁或迁移群体社会融入的相关研究总结梳理来看，社会融入多被学者们当作结果变量来研究，针对社会融入的影响研究也较为丰富，但从成因上来看，可以将这些影响因素划分为以家庭内部为视角的生计资本因素和外部影响的非家庭生计资本因素。生计资本影响因素是结合了可持续生计框架，重点从家庭的人力资本和社会资本等展开研究，学者们认为生计资本影响社会融入主要因为搬迁居民在搬迁前后可能存在差异化而导致，在搬迁前家庭成员的思想观念、行为模式等是为了更好适应原居住地的自然和社会环境，但搬迁至迁入地之后，农户的生产生活习惯、观念意识、行为模式等需要针对迁入地的特征作出相应的改变，这就要求搬迁家庭要对其生计资本结构作出有效的调整。学者们在人力资本成因上主要针对搬迁居民掌握的技能水平、就业能力、受教育水平等衡量测度指标方面展开研究，普遍认为人力资本的变化和积累提升是帮助搬迁家庭实现社会融入的关键因素，也能保障搬迁家庭迅速实现从原居住地向迁入地过渡转变[45]。社会资本成因论也强调了搬迁居民群体在从原居住地搬迁至迁入地之后，还需要政府或社会组织给予更多的政策帮扶，这也就要求了搬迁居民群体必须要构建和拓展社会关系网络，如果搬迁居民不能在迁入地形成完善的社会网络关系系统，家庭在掌握有助于家庭发展和社会融入的信息方面就会受到极大的限制，从而阻碍了搬迁家庭与外界的交流、交融，最终导致搬迁居民的社会融入水平较低，限制了搬迁家庭的融入进程[46]。在国内针对搬迁或迁移群体的生计资本影响因素的研究也非常丰富，如针对城镇化或城市化的搬迁居民，其家庭成员所掌握的技能水平、受教育程度、健康状况等人力资本对社会融入具有关键的作用[47-49]；而且搬迁居民在适应城市化生活的过程中，家庭的社会网络关系会增强家庭在新环境下适应的能力，从而能够有效地提升搬迁群体的社会融入程度[50-53]。

学者们在针对搬迁居民群体生计资本影响社会融入的基础上，发现了社会制度和政策、文化传统、心理适应与认同等外部因素也会影响到搬迁家庭的社会融入。在非生计资本影响因素中，学者们重点关注搬迁家庭在搬迁前后对这些外部因素的适应程度和适应能力的研究，也发现了对这些外部因素适应能力和程度的差异会导致搬迁群体在社会融入程度上具有差异。因此，学者认为在研究搬迁家庭的生计资本时，要关注到搬迁家庭在搬迁前后出现的变化，探究安置地的社会制度、政策、文化特征等影响因素对搬迁居民社会融入产生的积极和消极的影响[54]。但国内学者针对搬迁群体的非生计资本因素的研究结果存在一定的差异性。有学者认为，搬迁家庭在实现安置以后的社会融入过程中，虽然迁入地的文化传统、政策制度等与搬迁群体原居住地有所差异，影响了搬迁家庭的社会融入程度和进程，但在迁入地的冲击下，搬迁群体会针对迁入地这些外部影响因素适时地做出调整，避免在政策制度、文化传统、生活习惯等方面产生冲突和矛盾，使搬迁群体顺利地实现从乡村文明到城市文明的转变，因此，学者们也把搬迁群体社会融入的过程看作是原居住地与迁入地之间文化传统、社会组织、习惯风俗等差异的融合过程[55-56]；还有学者在研究农民工迁移中的社会融入问题时，以二元结构理论为基础，认为农民工处于社会的边缘地带，不仅体现在城市的文化、制度等对农民工产生的排斥，也体现在城市居民对农民工的接纳程度较低上，导致了农民工融入城市程度较低[57]。

（3）易地扶贫搬迁农户社会融入的相关研究

易地扶贫搬迁不仅是简单的从原居住地到搬迁安置地空间上的改变，也包括了社会风俗习惯、生产生活方式、文化心理适应等方面的空间再造，空间再造的过程实际就是搬迁居民适应和融入社会的过程。而社区主体、社会空间、社会关联三位一体的社区营造能够提升搬迁群体的自身发展能力、有效激发搬迁社区内部减贫动力、实现移民社区融入和生计安全[58-59]。

在搬迁至安置地后能否实现生产生活转型、重构社会网络、生计策略的转变等因素也会影响搬迁家庭的社会融入，所以易地扶贫搬迁家庭的社会融入难以在短时间内实现，是一个较为长期的过程[60]。与此同时，搬迁家庭还需要多元主体协同努力，帮助其尽快适应从乡村到社区的空间环境变化和生产生活方式的改变[61]。社会融入还要充分考虑搬迁家庭主观能动性的发挥，在尊重搬迁居民的意愿基础上，充分调动搬迁家庭参与社区选举、培训、精神文化等集体活动，使其在活动参与的过程中获得满足感和价值体现，激发搬迁家庭主动融入社会和新环境[62]。可见，要将搬迁安置点的发展规划纳入到县域发展体系，逐步提升搬迁家庭的需求层次，引导其从生存向发展的更高需求层次转变，实现搬迁家庭从个体向社区融合。后续帮扶政策的制定与实施要注重听取和采纳搬迁居民的意见，实现政策供应与搬迁居民需求相匹配，激活和培养搬迁家庭的主人翁意识，营造良好的邻里氛围，帮助搬迁居民融入和适应社会。身份转变和角色认同是搬迁农户融入社会和社区的关键，但搬迁群体缺乏归属感，对自我身份认同具有模糊性，还未实现从"村上人"到"社区人"的身份转变[63-64]。因此，要促进搬迁家庭的社会融入，一方面要让搬迁家庭在就业选择、子女教育、社会保障等方面能够享受到城镇居民的水平[65]，也要探索跨区域的行政服务和公共服务，落实搬迁居民各项惠农政策[66]，要充分协调搬迁家庭在原居住地形成的文化传统与迁入地的具有现代城市文明特征的文化风俗，助力搬迁家庭实现心理适应和身份转变[67]。

## 三、关于农户家庭福利的研究现状及进展

（1）家庭福利内涵与测度的相关研究

在传统福利经济学中，福利被认为是消费者的"偏好"，是消费者在消费商品或者获得服务的过程中所取得的"效用"，这种效应可以理解为消费通过商品消费或服务享受所得到的满足感、幸福感的实现[68]。基数效用论则认为福利是可以被量化测度的，而且是可以被进行加减的[69]；但序数效用论则认为福利不能被量化测度出来，只能进行排序，而且从消费者剩余角度来看，消费者是具有理性的人，其在作出决策时会以实现自身效用的最大化为目标，即福利最大化的决策[70]。用

效用论来测度福利水平的弊端在于容易以主观化的心理特征来作为福利的度量，可能会存在一定的误差或者误导，其说服力有限[71]。具体表现为：一是用消费者主观的满意度来衡量福利水平，但满意度可能是福利的某一组成部分，并不能代表整体的福利度量，如满意度难以反映权利、社会关系等福利维度[72]；二是环境变化对消费者的效用影响敏感。如一个具有生存危机的贫苦居民在享受一顿美食后，当期的效用会大幅度地提升，但其福利水平并未得到根本上的提升[73]。而且这种偏向主观的测度方法可能不能真实地反映农户的福利水平，如某些征地政策的实施较好，但某些农户的主观评价却是不满意，因为农户可能会将其他的实施政策或生活中的不如意归结到征地政策的实施上，造成了测度偏差和歪曲，因此很多学者在测度中更加倾向采用收入替代效用[74-75]。针对这些测度上的问题，阿玛蒂亚森在吸收和批判前人的研究上，认为消费商品或者享受服务仅能体现一方面福利特征，福利应当是个体能够实现功能以及功能所需要能力的集合[76]，因此可以用"功能"与"能力"等维度来综合度量农户的福利水平，而且还可以探究个体农户的福利水平差异[77]。这种"功能"与"能力"是指个体能够"做某事"或达到"某种状态"，既表现为个体能够实现功能性活动组合的"潜力"，也表现为其做出的一种"选择"[78]。

通过前面分析可知，根据森（Sen）的福利思想和理论，福利可以理解为通过决策对家庭所拥有的能力、自由地实现和追求，并通过有价值的生活状态来反映，而这种有价值的生活状态并不是单一指标所能概括，而应该是一组"活动的集合"。基于森（Sen）的福利理论，学者们衡量测度家庭福利往往通过建立家庭福利指标体系来进行，主要包含以下几个维度：一是家庭经济水平维度，主要通过家庭年收入、家庭农业收入、财产性收入、恩格尔系数以及收入满意度等指标进行衡量[79]。二是居住条件维度，包括居住区位、住房结构、人均居住面积、房屋装修水平、居住环境等测度指标[80]。三是社会保障维度，通过医疗保障、就业保障、教育保障、养老保障、粮食安全等指标表示[81]。四是心理状况维度，包括身份认同、生活幸福感、生活满意度、人际关系变化等指标[82]。此外，还有学者将健康状况、安全（社区治安、水源安全）状况等指标也纳入了家庭福利水平衡量框架中，多维度家庭福利衡量如表 1-2 所示。

表 1-2　多维度家庭福利测度指标

| 测度主题 | 测度维度 | 测度指标 |
|---|---|---|
| 家庭福利 | 经济水平 | 家庭年收入、家庭农业收入、财产性收入、恩格尔系数、收入满意度等 |
| | 居住条件 | 居住区位、住房结构、人均居住面积、房屋装修水平、居住环境等 |
| | 社会保障 | 医疗保障、就业保障、教育保障、养老保障等 |
| | 安全状况 | 社区治安安全、居住环境安全、饮水安全、身体健康状况等 |
| | 心理状况 | 生活幸福感、生活满意度、人际关系变化等 |

　　但也有学者根据研究实际情况，简化家庭福利水平测度体系。如在测度流动性偏好对农户家庭福利的冲击效应时，采用了家庭可支配收入、家庭生活消费支出、家庭经营性资产来衡量家庭福利水平[83]；在衡量生产环节外包是否改善了农户福利时，认为收入决定了家庭的消费能力和闲暇享受状况，就能够反映出整个家庭的福利水平，因此，将农户家庭福利水平简化为农户家庭年人均纯收入[84]；在研究健康冲击、劳动参与对农村家庭福利水平的影响中，将家庭福利水平简化为家庭可支配收入和生活舒适度[85]。还有学者在进行家庭福利研究时仅针对家庭某一福利领域进行研究，如家庭的收支情况[86]、幸福感水平和生活满意度的主观福利水平[87]、家庭经济福利水平[88]。综合来看，学者们普遍采用家庭收入水平来反映家庭的福利水平；以幸福感、舒适度、满意度等指标来衡量家庭的主观福利水平。单一维度家庭福利测度如表 1-3 所示。

表 1-3　单一维度家庭福利测度指标

| 测度主题 | 测度维度 | 测度指标 |
|---|---|---|
| 家庭福利 | 客观：物质福利 | 家庭收入水平，家庭消费水平，家庭储蓄水平，消费者剩余等 |
| | 主观：精神福利 | 幸福感感知、生活舒适度感知、满意度感知、抑郁状态等 |

（2）搬迁影响农户家庭福利的相关研究

　　通过对搬迁农户家庭福利的文献研究梳理发现，当前搬迁农户福利研究主要集中在宅基地制度改革、城镇化建设、退耕还林等农村居民集中居住方面。通过对集中居住的农户从家庭经济、居住状况、发展机会等维度分析家庭福利水平变化发现，集中居住通过居住环境、住房结构、公共服务等方面改善了农村居民的居住条件，但由于距离耕地较远损失了家庭拥有的自然资本以及家庭缺少就业渠道和就业技能等原因导致家庭的收入水平降低[89]。通过失地农民搬迁群体在搬迁前后的家庭福利测算发现，集中居住对家庭的发展机会、居住状况等方面具有显著的积极影响，但居住密度的变化可能会导致搬迁群体居住环境会变差，而且集中居住可能对家庭的收入水平以及家庭成员的心理健康状况存在消极影响[90]。集中居住对福利水平的影响也具有地区差异，集中居住对欠发达地区搬迁居民家庭的福利提升作用要高于经济发展较好的区域[91]。家庭的资源禀赋对集中居住家庭的福利水平也具有显著的影响作用，家庭成员的受教育程度、成员从事的职业类别均对家庭福利水平具有显著的影响作用，集中居住家庭成员的心理健康状况、家庭收入水平、居住安全等也与家庭福利水平息息相关，这些因素比政府提升补偿标准具有更明显的福利提升作用。因此，这些因素也应当成为政府积极提升和帮扶的重点工作。针对退耕还林和水库移民群体，学者们也对其搬迁后家庭福利水平进行了测度和研究。发现退耕还林搬迁后，搬迁家庭的福利水平有一定的上升，但上升幅度并不大，体现最为突出的是居住条件福利维度有较大提升，但心理状况、社会保障等福利维度水平还呈现下降的趋势，也说明搬迁家庭在搬迁后存在归属感不强、失业风险较大等问题，这会导致搬迁家庭逐渐被边缘化[92]，从搬迁家庭福利水平的相关性分析来看，各维度之间的相关性较强，而且迁入地的社会、经济环境以及家庭禀赋资源对搬迁家庭的福利水平均具有重要的影响[93]，迁移模式也对家庭的消费存在显著的影响，且异质性差异明显。从水库搬迁群体的福利水平评估测度结果来看，年龄对搬迁家庭的福利水平存在显著的影响，不同年龄阶段的搬迁居民对家庭福利水平的影响具有差异，而且对搬迁居民功能性活动的影响也有所不同[94]。

## 四、文献述评

通过对现有相关文献的梳理发现，目前，特别是近年来国内外在生态移民、工程移民、易地扶贫搬迁问题上进行了广泛的研究，其研究成果颇为丰硕，为本研究奠定了扎实的基础，主要表现在：

1）针对生态移民、工程移民、扶贫移民等搬迁群体，国内外学者对搬迁农户的可持续生计、生计资本、生计策略以及之间的互动关系进行了详细的研究，为本研究探讨易地扶贫搬迁农户生计多样化提供了借鉴。

2）针对各类搬迁群体在搬迁后发展的阻滞因素及破解机制、后续帮扶策略的制定等方面进行了较为详细的研究，为识别易地搬迁农户生计恢复阻滞提供了依据。

3）针对移民搬迁和农民工等群体的社会融入问题取得了丰硕的成果，厘清了社会融入的内涵、维度、指标等关键内容，为本研究的社会融入内涵的界定、指标的选择奠定了基础。

4）近年来，国内外学者针对迁移群体开始实现理论和学科的交叉融合分析，尤其是管理学、经济学、政治学、生物学、地理学和社会学的跨学科分析，这为本研究提供了重要的参考作用。

但通过对现有文献的梳理发现，当前的研究还存在些许不足，具体表现如下：

1）针对易地扶贫搬迁农户社会融入的有效测度和实证研究相对较少，现有研究的社会融入测度与评价主要集中在农民工城市融入、生态移民等群体，针对易地扶贫搬迁群体研究主要是立足于社会融入的路径和策略分析，未构建起完整的理论和实证分析框架。

2）与一般的人口迁移相比，易地扶贫搬迁的社会融入更具特殊性，也关系着脱贫攻坚成果的巩固。但识别社会融入对搬迁家庭福利的影响路径和作用机制较难，且需要一定的时间期限这些影响路径和作用机制才能显现出来。因此，搬迁后社会融入对福利水平、富裕效应等影响的作用机理及实证研究还很缺乏，对"稳得住、能致富"目标之间的关系和相互作用缺少探讨。

3）对社会融入、家庭福利水平等分析缺少差异化分析，不能摸清不同安置模式、不同家庭资源禀赋、不同地理区位之间的差异性。

随着乡村振兴战略、共同富裕进程的深入推进，易地扶贫搬迁农户成为饱含历史色彩又被寄予浓厚时代使命的群体，搬迁家庭能否致富，关系着共同富裕和中国式现代化能否实现，可见，对易地扶贫搬迁农户社会融入能力及其家庭福利水平的研究愈发重要。随着研究的不断深入，对易地扶贫搬迁农户的研究呈现多元化、学科交叉化。学科交叉对于理解搬迁农户在特殊情境中谋生具有重要意义，相关研究做了有益的探索。受这些研究的启发，本书以可持续生计分析框架为基础，结合社会融入理论、可行理论、福利经济学理论，从理论和定量分析两个层面探索易地扶贫搬迁农户社会融入以及社会融入对家庭福利水平的影响，并提出易地扶贫搬迁农户后续发展的改进对策建议。其研究的边际贡献包括：一是构建了搬迁家庭"易地搬迁—社会融入—发展能力—家庭福利"理论分析框架，为易地扶贫搬迁相关研究提供了分析范式；二是基于已有研究文献和立足调研反馈，从经济融入、生活融入、文化融入、心理融入四个维度构建起易地扶贫搬迁家庭社会融入水平测度指标体系，有效测度易地扶贫搬迁家庭的社会融入水平；三是从不同安置模式、不同家庭资源禀赋、不同地理区位之间等方面进行异质性分析，厘清易地扶贫搬迁家庭社会融入差异性特征；四是以"中国式现代化""共同富裕"强调的"物质与精神相协调统一"为指导思想，从物质和精神两个视角考察易地扶贫搬迁家庭的福利水平，采用逻辑推演、数理推导相结合的方式对社会融入影响搬迁家庭福利的微观机理和作用机制进行理论探讨，在刻画样本搬迁户社会融入水平的基础上，运用微观计量模型深入探析社会融入对搬迁家庭福利的定量影响，并有效识别社会融入影响搬迁家庭的作用机制和影响异质性。以期为丰富和拓展易地扶贫搬迁相关研究、优化后续帮扶政策提供理论支撑和经验参考。

# 第三节　研究内容与研究方法

## 一、研究内容

本研究以巩固脱贫攻坚成果、推进乡村振兴和实现共同富裕进程为背景，以凉山彝族自治州易地扶贫搬迁实践为案例，以易地扶贫搬迁农户社会融入为切入点，以社会融入状况以及社会融入对易地扶贫搬迁农户家庭福利的影响为研究主题，通过文献梳理、现实考察和实践应用的结合，确定本书的研究内容。

具体而言，主要涵盖以下几个方面：

（1）易地扶贫搬迁、社会融入、搬迁农户家庭福利的研究进展分析。通过国内外学术文献的梳理，分析当前国内外学术界对于本研究关注的主题的研究趋势、内容、特征和不足。

（2）构建社会融入影响易地扶贫搬迁农户家庭福利的理论分析框架。农户易地搬迁后，自然环境、社会环境、生计环境等环境改变，原有生计模式和社会网络关系被打破，从"村上人"转变为"社区人"，可以依赖和利用的以"土地"为核心的自然资本损失严重，这就要求搬迁农户要融入适应新环境，转变家庭生计策略。本研究旨在农户可持续生计和生计恢复力状况的基础上，立足社会融入、可行能力、福利经济学等相关理论，构建起易地扶贫搬迁农户社会融入影响农户家庭福利水平的"易地搬迁—社会融入—发展能力—家庭福利"的理论分析框架，探讨易地扶贫搬迁农户通过社会融入实现家庭福利水平提升的作用机理与影响渠道。

（3）易地扶贫搬迁农户家庭社会融入测度。参考专家学者[95-98]的研究，以搬迁农户社会融入为切入点，在这一维度下设置若干问题进行访谈调查，基于调研数据，对易地扶贫搬迁农户社会融入程度进行测度，分析不同安置方式、不同地理区位、不同家庭禀赋的易地扶贫搬迁家庭社会融入的差异性，并探讨影响易地扶贫搬迁家庭社会融入的影响因素。

（4）社会融入影响易地扶贫搬迁农户家庭福利水平的实证分析。基于学者[99-101]对农户家庭福利维度的划分，结合易地扶贫搬迁的特性，本研究从搬迁家庭物质福利水平和精神福利水平两个层面对易地扶贫搬迁农户家庭福利水平进行测度，运用实证模型分析社会融入对搬迁家庭福利水平的影响效应；并且通过实证评估社会融入对易地扶贫搬迁农户家庭福利水平的作用机制，检验社会融入对搬迁农户家庭福利水平的影响渠道。

（5）易地扶贫搬迁后续帮扶的对策建议。基于上述理论与实证分析结论，解析凉山彝区易地扶贫搬迁农户家庭社会融入现状及差异，分析社会融入的阻滞因素以及社会融入对农户家庭福利水平的影响机制、渠道和效果，结合当前易地扶贫搬迁后续帮扶政策在实践中的缺失，从政府视角提出较有针对性的对策建议。

## 二、研究方法

（1）文献资料分析法

利用中国知网、Web of Science 数据库以及谷歌学术等渠道进行文献检索，对已有相关研究进行梳理，总结国内外有关搬迁农户搬迁、社会融入、农户福利等研究内容的进展，采用资料与文献归纳的方法凝练现实问题，提出论文研究问题。在阅读现有研究文献、分析相关研究基础理论的基础上，重点梳理国内外有关探讨搬迁农户社会融入与搬迁农户家庭福利关系的文献，利用相关统计资料，整理相关数据，从宏观层面掌握易地搬迁农户搬迁的情况。采用总结评述的方法梳理国内外研究进展，指出现有研究对论文的指导作用，并提出现有研究的不足。

（2）问卷和实地调查法

实地调查法具体涉及座谈法和问卷调查法两个部分。首先基于研究框架和内容，科学设置访谈提纲和调研问卷，通过座谈法宏观掌握样本区域易地扶贫搬迁安置方式、安置规模、后续帮扶等基本情况，通过问卷调查法微观考察样本家庭禀赋、社会融入及福利水平等相关信息。其次，问卷调查法可以分为两个阶段，第一个阶段为预调查，运用小样本的调查数据对初步调查问卷进行前期测试，并与本研究领域的相关专家进行多次讨论，从而修改量表和相关问题的语义、语序和逻辑等，形成通俗易懂，简单清晰的正式问卷（包含量表和主要问题）；第二个阶段为正式调查，利用该阶段获得目标数量的问卷。除特殊说明外，本研究所涉及的数据皆来自实地调研。

（3）比较分析法

比较分析法在本研究中的应用主要体现在3个方面。其一，比较分析不同区位的易地扶贫搬迁农户社会融入情况及对福利水平的影响差异；其二，比较分析不同安置方式的易地扶贫搬迁农户社会融入情况及对福利水平的影响差异；其三，是否具有外出务工经历的易地扶贫搬迁农户社会融入情况及对福利水平的影响差异。

（4）理论分析与实证研究相结合的方法

在明确社会融入、家庭福利的内涵、目标界定依据与方法的基础上，进一步深入探究社会融入影响易地扶贫搬迁农户家庭福利的理论机制及研究理论逻辑思路。以凉山州彝族自治州为实证研究区，在分析研究区易地扶贫搬迁农户社会融入状况及差异性的基础上，运用 OLS 模型、Oprobit 模型、2SLS 模型、CFM 控制方程模型、Ⅳ-Oprobit 模型等实证方法展开社会融入影响易地扶贫搬迁农户家庭福利的实证分析，并运用中介效应检验和调节效应检验等实证方法检验社会融入影响易地扶贫搬迁农户家庭福利的渠道。

# 参考文献

[1] 习近平. 在全国脱贫攻坚总结表彰大会上的讲话 [J]. 求知，2021（3）：4-10.

[2] 时鹏. 基于农户视角的易地扶贫搬迁政策效应研究 [D]. 杨凌：西北农林科技大学，2022.

[3] 田丹. 身体社会学视角下易地扶贫搬迁群体的现代性转型 [D]. 武汉：华中师范大学，2022.

[4] 张会萍，石铭婷. 易地扶贫搬迁女性移民的社会适应研究——基于宁夏"十三五"不同安置方式的女性移民调查 [J]. 宁夏社会科学，2021（3）：163-178.

[5] 周丽，黎红梅，李培. 易地扶贫搬迁农户生计资本对生计策略选择的影响——基于湖南搬迁农户的调查 [J]. 经济地理，2020（11）：167-175.

［6］ 齐放芳，谢大伟，苏颖. 易地扶贫搬迁移民返迁意愿分析——基于新疆南疆深度贫困地区调查数据的实证分析［J］. 新疆社会科学，2021（2）：133-138.

［7］ 郑娜娜，许佳君. 易地搬迁移民社区的空间再造与社会融入：基于陕西省西乡县的田野考察［J］. 南京农业大学学报（社会科学版），2019（1）：58-68.

［8］ 陈胜东，蔡静远，廖文梅. 易地扶贫搬迁对农户减贫效应实证分析:基于赣南原中央苏区农户的调研［J］.农林经济管理学报，2016（6）：632-640.

［9］ 邱俊柯. 嵌入性理论视角下易地搬迁农户的双重融合路径研究［D］. 南昌：南昌大学，2023.

［10］ 孟蓓蓓. 村庄共同体意识与可持续生计能力研究［D］. 昆明：云南民族大学，2022.

［11］ 秦玲玲. 贵州省易地扶贫搬迁农户生计韧性测度及影响因素研究［D］. 贵阳：贵州大学，2022.

［12］ 汪磊，汪霞. 易地扶贫搬迁农户就业能力评价研究:以贵州省为例［J］. 北方民族大学学报，2020（3）：132-138.

［13］ 李聪，高博发，李树茁. 易地扶贫搬迁对农户贫困脆弱性影响的性别差异分析——来自陕南地区的证据［J］. 统计与信息论坛，2019（12）：74-83.

［14］ 卢冲，张吉鹏. 搬迁扶贫对代际流动的长期影响［J］. 经济学（季刊），2023（1）：18-36.

［15］ 涂圣伟. 易地扶贫搬迁后续扶持的政策导向与战略重点［J］. 改革，2020（9）：118-127.

［16］ SEN A. Development as freedom［M］. 2nd ed. New York：Oxford University Press，2001：87-110.

［17］ 武汉大学易地扶贫搬迁后续扶持研究课题组.易地扶贫搬迁的基本特征与后续扶持的路径选择［J］. 中国农村经济，2020（12）：88-102.

［18］ 黄云平，谭永生，吴学榕，温亚昌. 我国易地扶贫搬迁及其后续扶持问题研究［J］. 经济问题探索，2020（10）：27-33.

［19］ 侯茂章，周璟. 湖南省易地扶贫搬迁后续产业发展研究［J］. 经济地理，2017（8）：176-181.

［20］ 谢大伟，苏颖，赵亮，武晓霞. 深度贫困地区易地扶贫搬迁产业扶贫模式与效果评价——来自新疆南疆三地州产业扶贫的实践［J］. 干旱区资源与环境，

2021（1）：8-13.

[21] 谢大伟，张诺，苏颖. 深度贫困地区易地扶贫搬迁产业发展模式及制约因素分析——以新疆南疆三地州为例 [J]. 干旱区地理，2020（5）：1401-1408.

[22] 贺立龙，郑怡君，胡闻涛. 易地搬迁破解深度贫困的精准性及施策成效[J]. 西北农林科技大学学报（社会科学版），2017（6）：9-17.

[23] 徐磊，陶金源，张孟楠，等. 基于多源数据的环京津贫困带县域产业承接潜力测度及分区优化 [J]. 地理与地理信息科学，2021（2）：135-142.

[24] 檀学文. 中国移民扶贫 70 年变迁研究 [J]. 中国农村经济，2019（8）：2-19.

[25] 宁静，殷浩栋，汪三贵，王琼. 易地扶贫搬迁减少了贫困脆弱性吗？——基于 8 省 16 县易地扶贫搬迁准实验研究的 PSM-DID 分析 [J]. 中国人口•资源与环境，2018（11）：20-28.

[26] 王晓毅，梁昕，杨蓉蓉. 从脱贫攻坚到乡村振兴：内生动力的视角 [J]. 学习与探索，2023（1）：29-36.

[27] 李聪，高梦，李树茁，雷昊博. 农户生计恢复力对多维贫困的影响——来自陕西易地扶贫搬迁地区的证据 [J]. 中国人口•资源与环境，2021（7）：150-160.

[28] 刘伟，徐洁，黎洁. 易地扶贫搬迁农户生计适应性研究——以陕南移民搬迁为例 [J]. 中国农业资源与区划，2018（12）：218-223.

[29] 史诗悦. 易地扶贫搬迁社区的空间生产、置换与社会整合——基于宁夏固原团结村的田野调查 [J]. 湖北民族大学学报（哲学社会科学版），2021（1）：2-12.

[30] 张涛，张琦. 新中国 70 年易地扶贫搬迁的就业减贫历程回顾及展望 [J]. 农村经济，2020（1）：39-45.

[31] 郑瑞强，郭如良."双循环"格局下脱贫攻坚与乡村振兴有效衔接的进路研究 [J].华中农业大学学报（社会科学版），2021（3）：19-29.

[32] 刘静，陈美球，刘洋洋. 易地扶贫搬迁社会风险及其防控对策 [J]. 江西农业学报，2017（6）：141-145.

[33] JALILIAN H，KIRKPATRICK C.Financial development and poverty reduction in developing countries [J]. International journal of finance & economics，2002（5）：97-108.

[34] 刘升. 城镇集中安置型易地扶贫搬迁社区的社会稳定风险分析[J]. 华中农业大学学报（社会科学版），2020（6）：94-100.

［35］张世勇. 规划性社会变迁、执行压力与扶贫风险——易地扶贫搬迁政策评析［J］. 云南行政学院学报，2017（3）：20-25.

［36］卢海阳，梁海兵，钱文荣. 农民工的城市融入:现状与政策启示［J］. 农业经济问题，2015（7）：26-36.

［37］Gordon，Milton M. Assimilation in American life［M］. New York：Oxford University press，1964.

［38］Remennick，Larissa. Language acquisition，ethnicity and social intergaration among former Soviet immigrants of the 1990s in Israel［J］. Ethnic and Racial Studies，2004，27（3）：431-454.

［39］WANG D W，CAI F，ZHANG G Q. Factors influencing migrant workers employment and earnings：the role of education and training［J］. Social sciences in China，2010（3）： 123-145.

［40］马西恒. 社区发展中的执政党建设:时代意涵与推进路径［J］. 毛泽东邓小平理论研究，2006（7）：49-54.

［41］田凯. 关于农民工城市适应性的调查与思考［J］. 人口学刊，1996（4）：3-7.

［42］杨菊华. 从隔离、选择融入到融合:流动人口社会融入问题的理论思考［J］. 人口研究，2009（1）：17-29.

［43］张文宏，雷开春. 城市新移民社会融合的结构、现状与影响因素分析［J］. 社会学研究，2008（5）：117-141.

［44］卢海阳，李祖娴. 迁移模式、市民化意愿与农民工消费:基于2016年福建省的调查数据［J］. 调研世界，2018（9）：19-26.

［45］Josine Junger-Tas. Ethnic minorities，social integration and crime［J］. European Journal on criminal policy and research，2001（9）：5-29.

［46］Paul Fearon，Craig Morgan. Environment factors in Schizophrenia：the role of migrant studies［J］. Schizophr Bull，2006（5）：405-408.

［47］姚先国，谢嗣胜. 职业隔离的经济效应——对我国城市就业人口职业性别歧视的分析［J］. 浙江大学学报（人文社会科学版），2006（2）：73-79.

［48］金崇芳. 农民工人力资本与城市融入的实证分析——以陕西籍农民工为例［J］. 资源科学，2011（11）：2131-2137.

［49］张宏如，吴叶青，蔡亚敏. 心理资本影响新生代农民工城市融入研究［J］. 江

西社会科学，2015（9）：61-66.

[50] 何军. 代际差异视角下农民工城市融入的影响因素分析——基于分位数回归方法 [J]. 中国农村经济，2011（6）：15-25.

[51] 童学敏. 浙江省农村合作经济人才培养的研究与实践 [J]. 中国合作经济，2012（4）：49-51.

[52] 李练军. 新生代农民工融入中小城镇的市民化能力研究—基于人力资本、社会资本与制度因素的考察 [J]. 农业经济问题，2015（9）：46-53.

[53] 孔祥利，卓玛草. 农民工城市融入的非制度途径——社会资本作用的质性研究 [J]. 陕西师范大学学报（哲学社会科学版），2016（1）：116-125.

[54] Martion Papillon. Immigration，diversity and social inclusion in Canada's cities [M]. Ottawa: Canadian Policy Research Network Inc，2002.

[55] 沈蓓绯，纪玲妹，孙苏贵. 新生代农民工城市文化融入现状及路径研究[J]. 学术论坛，2012（6）：73-79.

[56] 陈敦山. 西藏积极融入"一带一路"是维护国家安全的需要 [J]. 云南民族大学学报（哲学社会科学版），2016（4）：32-37.

[57] 冯承才. 社会排斥和自我认同：新生代农民工城市生存困局研究 [J]. 社会发展研究，2021，8（1）：162-186.

[58] 王蒙. 公共性生产:社会治理视域下易地扶贫搬迁的后续发展机制 [J]. 中国农业大学学报（社会科学版），2020（3）：77-87.

[59] 王蒙. 后搬迁时代易地扶贫搬迁如何实现长效减贫?——基于社区营造视角 [J].西北农林科技大学学报（社会科学版），2019（6）：44-51.

[60] 吴尚丽. 易地扶贫搬迁中的文化治理研究——以贵州省黔西南州为例 [J]. 贵州民族研究，2019（6）：21-26.

[61] 丁波. 新主体陌生人社区：民族地区易地扶贫搬迁社区的空间重构 [J]. 广西民族研究，2020（1）：56-62.

[62] 李宇军，张继焦. 易地扶贫搬迁必须发挥受扶主体的能动性——基于贵州黔西南州的调查及思考 [J]. 中南民族大学学报（人文社会科学版），2017（5）：156-159.

[63] 高新宇，许佳君. 空间重构与移民社区融入——基于"无土安置"工程的社会学思考 [J]. 社会发展研究，2017（1）：73-93.

［64］何得桂. 山区避灾移民搬迁政策执行研究——陕南的表述［M］. 北京:人民出版社，2016.

［65］辛丽平. 贵州民族地区扶贫移民中的社会适应研究［J］. 贵州民族研究，2019（3）：55-59.

［66］何得桂，党国英. 秦巴山集中连片特困地区大规模避灾移民搬迁政策效应提升研究——以陕南为例［J］. 西北人口，2015（6）：99-105.

［67］郭俊华，赵培. 西部地区易地扶贫搬迁进程中的现实难点与未来重点［J］. 兰州大学学报（社会科学版），2020（2）：134-144.

［68］郭玲霞. 农地城市流转对失地农户福利影响及征地补偿研究［D］. 武汉：华中农业大学，2012.

［69］Pigou.The Economics of Welfare［M］. London：Macmillan，1920.

［70］刘璐，韩浩. 商誉视角下保险公司并购动因研究［J］. 东北财经大学学报，2015（6）：22-27.

［71］阿马蒂亚·森. 以自由看待发展［M］. 北京：中国人民大学出版社，2002.

［72］Easterlin. Incom and Happinese：Towards a Unified TTieory［J］. Economic Journal，2001：465-484.

［73］高进云，乔荣锋. 农地城市流转前后农户福利变化差异分析［J］. 中国人口·资源与环境，2011（1）：99-105.

［74］Mcbride.Relative-income effects on subjective well-being in the cross-section［J］. Journal of Economic Behacior & Organization，2001：251-278.

［75］王湘红. 相对收入与个人效用——来自中国的证据［J］. 经济理论与经济管理，2012（5）：36-46.

［76］苑韶峰，杨丽霞，王庆日. 慈溪市四镇农地转用过程中农户福利变化的定量测度［J］. 中国土地科学，2012（10）：82-90.

［77］方福前，吕文慧. 中国城镇居民福利水平影响因素分析——基于阿马蒂亚·森的能力方法和结构方程模型［J］. 管理世界，2009（4）：17-26.

［78］陈浩，葛亚赛. 基于可行能力的失地农民市民化测度及其影响因素研究［J］. 华中农业大学学报（社会科学版），2016（6）：17-25.

［79］韩雪. 山西省古县易地扶贫搬迁集中安置点住户居住福利改善状况研究［D］. 太原：山西财经大学，2024.

[80] 常诗博. 扶持政策效果对农户可持续生计的影响 [D]. 南宁：广西民族大学，2023.

[81] 孙鹏飞，赵凯，王雅南. 抚养负担对农户宅基地退出前后福利变化的影响——基于教育人力资本的调节效应 [J]. 农业技术经济，2021（11）：113-129.

[82] 汪险生，郭忠兴，李宁. 土地征收对农户就业及福利的影响——基于 CHIP 数据的实证分析 [J]. 公共管理学报，2019（1）：153-168.

[83] 陈治国，陈俭，李成友. 流动性偏好对农户家庭福利的冲击效应——基于 CHIP 数据的实证研究 [J]. 财经论丛，2021（1）：43-53.

[84] 杨志海. 生产环节外包改善了农户福利吗?——来自长江流域水稻种植农户的证据 [J]. 中国农村经济，2019（4）：73-91.

[85] 鲍莹莹. 健康冲击、劳动参与对农村家庭福利水平的影响——基于中国家庭收入调查（CHIP）2013 年数据的实证分析 [J]. 经济经纬，2020（2）：44-51.

[86] 牛晓冬，罗剑朝，牛晓琴. 农户分化、农地经营权抵押融资与农户福利——基于陕西与宁夏农户调查数据验证 [J]. 财贸研究，2017（7）：21-35.

[87] 王鹏，梁城城. 农户健康对收入和主观福利的影响——基于西部民族地区微观调查数据的经验研究 [J]. 西南民族大学学报（人文社科版），2018（5）：116-126.

[88] 李忠旭，庄健. 土地托管对农户家庭经济福利的影响——基于非农就业与农业产出的中介效应 [J]. 农业技术经济，2021（1）：20-31.

[89] 李跃. 农村宅基地置换中的农民福利变化研究——以肥城市为例 [D]. 济南：山东财经大学，2012.

[90] 尹奇，马璐璐，王庆日. 基于森的功能和能力福利理论的失地农民福利水平评价 [J]. 中国土地科学，2010（7）：41-46.

[91] 金云，戴晓云. 土地置换与农民利益保障分析——基于江苏省无锡市的案例分析 [J]. 经济师，2014（12）：264-265.

[92] 张莹. 武陵山退耕还林区生态移民福利变化研究 [D]. 武汉:华中农业大学，2015.

[93] 刘璞，姚顺波. 退耕还林农户的福利状态研究——可行能力分析法的应用 [J]. 西南民族大学学报（人文社科版），2016（6）：114-119.

[94] 陈银蓉，白昊男，甘臣林，梅昀，兰梦婷. 水库移民安置对不同年龄阶段移民的福利影响研究 [J]. 资源开发与市场，2017，33（11）：1378-1383.

［95］Han Entzinger，Renske Biezeveld. Benchmarking in immigrant integration ［J］. Erasmus University Rotterdam，2003（1）：24-28.

［96］朱玉容. 基于流动人口社会融入视角的城市民族工作研究［D］. 拉萨:西藏大学，2023.

［97］张庆武，廉思，冯丹. 新生代农民工经济融入状况研究——以北京为例[J]. 学习与实践，2015（12）：103-112.

［98］郭庆. 社会融入对新生代农民工就业质量的影响及其地区差异［J］. 经济地理，2021，41（3）：161-169.

［99］孙香玉，钟甫宁. 福利损失、收入分配与强制保险：不同农业保险参与方式的实证研究［J］. 管理世界，2009（5）：80-88.

［100］李庆海，李锐，王兆华. 农户土地租赁行为及其福利效果［J］. 经济学（季刊），2012，11（1）：269-288.

［101］张川川，John Giles，赵耀辉. 新型农村社会养老保险政策效果评估——收入、贫困、消费、主观福利和劳动供给[J]. 经济学（季刊），2015，14（1）：203-230.

# 第二章　概念界定、理论基础与分析框架

## 第一节　核心概念界定

### 一、易地扶贫搬迁

"易"在辞典中释义有"交换""改变""变更"之意,"易地"即为改变地方、交换所处区位的含义。易地扶贫搬迁是指在国家扶贫工作的统一规划引导下,将生活在具有生存风险或较低发展机会且通过大量的资源投入都难以改变发展现状区域的贫困居民搬迁至其他适应生存的自然地理条件较为优越的地区安置,并不断改善安置区的条件、增加搬迁安置家庭发展机会、提升搬迁家庭收入水平,帮助易地搬迁安置的家庭逐步实现脱贫致富。易地扶贫搬迁最早的雏形可以追溯到 1982 年的"三西"扶贫开发,通过贫困居民"拉吊庄"的人口迁移模式为中国的扶贫道路积累了可行经验。1994 年 3 月国务院在《八七扶贫攻坚计划》中则明确提出居住在自然地理条件恶劣、信息获取和交流困难、资源和发展机会缺乏等区域的贫困居民只有通过人口迁移的方式,才能从根本上解决居民的贫困问题。随后颁布并实施的《易地扶贫搬迁"十一五"规划》中对搬迁的对象、区域以及任务分解等内容有了更为细致的阐释和规定,逐步开始在云南、宁夏等地开展试点工作,并不断地扩大易地扶贫搬迁工程的实施范围。2015 年,"四个一批"扶贫攻坚行动计划让易地扶贫搬迁成为精准脱贫战略中的重要环节和关键抓手,并在推进集中连片贫困地区的脱贫攻坚战争取得胜利的进程中发挥了积极作用,其战略地位进一步被肯定。在2015 年颁布并开始实施的《"十三五"时期易地扶贫搬迁工作方案》中明确指出要

将生活在偏远山区、自然条件恶劣、缺乏必要生存条件等区域的近 1 000 万贫困居民搬迁到基础设施和公共服务完备、居住和生态环境良好、发展机会丰富的地区居住，在保护脆弱的生态环境基础上，还可以帮助发展安置地产业，不断提升搬迁安置家庭的收入水平，实现长久的脱贫致富。

综上所述，易地扶贫搬迁是一项兼具了生态环境保护和扶贫开发于一体的综合性帮扶建设工程，是改善生存环境恶劣区域贫困居民生产生活条件和发展机会的扶贫开发关键举措。本书研究的主体易地扶贫搬迁为在充分尊重生活在生存条件恶劣区域家庭意愿的基础上，把存在生计风险和搬迁意愿的家庭搬迁至生产生活条件较好、基础设施和公共服务完备、发展机会丰富的城镇或中心村等区域安置居住，并由政府和社会力量给予搬迁家庭技能、资金、产业发展、劳动力转移就业等系列帮扶的精准扶贫战略。

## 二、社会融入

"社会融入"源于"社会融合"，其研究起源于经典社会学理论。在早期，社会融入主要针对跨国移民搬迁群体，在 20 世纪 30 年代，大量的欧洲和美洲居民搬迁至美国，芝加哥大学的研究团队针对这些跨国移民搬迁家庭的特征以及移民搬迁后到达新居住地的融入适应状况，推动了跨国移民搬迁群体社会融入研究的完善和成熟。随着移民搬迁群体的不断扩大和政策的日臻成熟，针对跨国移民群体、生态移民群体、人口城市化等人口迁移群体社会融入的研究开始成为学者们关注的焦点。在 2000 年的欧洲首脑峰会上，居民的身心健康、就业状况以及家庭教育等关系家庭发展的领域也被纳入社会融入的研究范畴。针对社会融入的内涵，学者或者研究机构从不同的研究视角和主体进行了界定，但是搬迁群体的社会融入是一个动态变化过程，而且社会融入是一个系统、复杂的综合性问题，因此学者们关于社会融入的界定呈现多元化特征。一方面，在研究早期，社会融入是从政策领域切入，通常表现为移民群体与迁入地之间的融入和排斥研究，学者认为搬迁群体的社会融入与社会排斥是两个不同的概念，相互之间是独立的，但融入与排斥之间存在紧密联系，不能简单地分割为两个对立的概念[1]，而且社会排斥会呈现明显的地域性特征，社会融入则是国家之间、民族之间的文化和习惯的碰撞，融入和排斥两者之间并不会形成完全的对立[2]。国内学者们的研究也支持社会融入与排斥之间存在差异，两者之间并不能简单地等同，如果存在排斥和被排斥两个群体，其最终的目标是实现两个群体之间相互认同、包容、融合[3-5]。另一方面，学者们的研究也从社会同化视角进行了研究，认为社会同化就是让居民们在思想观念、价值取向等方面能形成同化，因为移民搬迁群体在新安置地只能被动地接受当地的文化、习惯以及生产生活方式等，因此移民搬迁群体能否实现与当地居民的同化成为衡量搬迁群体是否实现社会融入的关键指标[6]，也成为衡量搬迁群体是否适应新环境、实现身份认同并被当地居民接纳的重要内容[7]。随着多学科交叉研究，经济学、管理学、心理学、社会学和人口学等相关学科对社会融入研究的不断深入，社会融入的内涵也在不断拓展，人们发现社会融入本身会从不同方面影响搬迁农户的行为。针对社会融入的复杂维度，学者们也开始对从社会融入的某一部分进行研究，如主观社会融入[8]、社会融入[9]等研究人口的融入问题。

在基于国内外相关学者对社会融入探讨的基础上，结合易地扶贫搬迁农户的实际情况和"稳得住、能致富"目标，本研究将社会融入定义为搬迁农户从原居住地实现搬迁安置后，在家庭主动适应与外部帮扶的双重作用下，能够适应迁入地的文化风俗、生产生活方式和实现心理认同，并不断提升家庭多元化生计技能和家庭能力，从而实现与安置地当地居民的同质化的过程。

## 三、家庭福利

家庭是社会成员重要的福利来源，是社会基本的构成单位，可以为家庭成员提供成长的条件和氛围，也是家庭成员进行情感维系、交流、联络的重要场所，其具有其他社会制度和体系无法提供、取代的重要功能。家庭福利是家庭成员不断提升家庭的收入水平和消费能力，增进家庭幸福感和促进家庭成员身心健康发展，而相互之间获得或支付的能够丰富生活的福利，这些福利既包括物质方面的福利，也包括了精神方面的福利[10]。通过对现有学者们对家庭福利的相关研究进行梳理和总结发现，家庭福利是在可行能力理论内涵的基础上，人们通过某些行为或活动所能获得最终价值的能力，也可以理解为人们可以享受到的红利与发展机会[11]；或是对家庭参与、享受、感知到的包括家庭收入的客观事物的家庭自我评价[12]；又或是在某一行为决策后，家庭在经济状况、环境变化、居住条件以及其他主观感受的评价[13]。因此对福利的衡量，部分专家采用多维度来对家庭福利水平进行衡量，如图 2-1 所示。涵盖了家庭经济状况、居住条件、环境安全、心理感知、基础设施和公共福利等多个维度的综合性评价系统，如从家庭经济状况、社会保障、社会机会、心理因素四个维度；或从家庭经济收入、居住条件、社会保障、社区生活、环境、农户心理状况六个维度进行衡量。

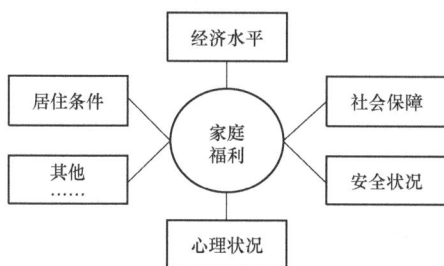

图 2-1 多维度家庭福利衡量的测度

但针对研究的主题、内容、对象等现实情况，专家们也会简化家庭福利量化测度，重点从研究对象最为关键的维度选择指标衡量家庭福利，如图 2-2 所示。如以消费者剩余衡量农业参保农户家庭的福利水平；以农户家庭纯收入、消费支出和年末可支配金融资产余额来衡量参与土地租赁的家庭福利；用家庭收入衡量农户家庭的福利状态。还有学者在家庭收入指标的基础上，增加了贫困发生率、生活舒适度、幸福感水平和生活满意度的主观福利水平等指标与家庭收入指标共同衡量家庭福利水平。

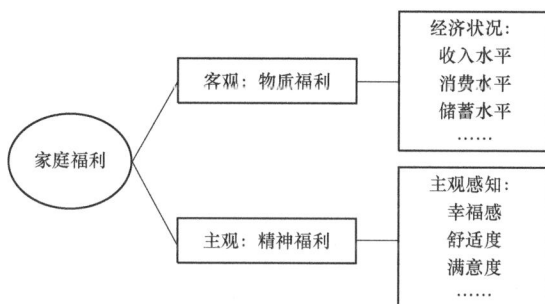

图 2-2 单一维度家庭福利衡量的测度

本研究基于现有家庭福利文献研究，以中国式现代化和共同富裕中"物质与精神相协同"为指导思想，考虑到易地扶贫搬迁农户家庭在区位状况、居住条件、社会保障等维度得益于政府的统一规划，其个体差异较小，重复衡量意义不大，而搬迁后家庭的收入水平和主观感受决定了搬迁家庭能否实现致富奔康、阻断返贫路径和共享发展成果。因此，参考专家们对家庭福利的测度，本研究拟从物质福利和精神福利两个维度衡量搬迁家庭福利水平，拟用家庭人均纯收入反映搬迁家庭的物质福利水平，用幸福感感知反映搬迁家庭的精神福利水平。

# 第二节 理论基础

## 一、社会融入理论

社会融入起源于西方国家针对跨国移民搬迁群体的研究，在研究初期，社会融入与社会融合、社会整合和社会同化等通用，而且不同国家之间由于研究的切入点和视角不同，对社会融入的研究也存在一定的差异性。如，英国更加注重个体，因此在研究中将社会融入与个体的自由向往紧密联系；而欧洲其他国家更加注重从集体层面研究社会融入，因此更加重视国家、集体的目标取向，更多与社会融合紧密联系。从社会融入的相关理论代表梳理总结来看，一类是社会同化理论，认为社会融入是要实现搬迁家庭与迁入地居民在文化、习惯、价值认同等方面实现同化，而且认为社会融入具有单向性特征，这一观点也得到了诸多学者的认同[14]。另一类是多元论理论。同化理论与多元化理论的分歧在于：同化理论认为，移民搬迁群体在融入后会得到国家的认同，但民族或种族之间的认同会消失。多元化理论则认为移民搬迁群体在实现了搬迁安置以后，不仅会得到国家的认同，还会得到民族或种族之间的认同，而且搬迁群体不会实现完全同化，即迁入地对移民搬迁群体具有一定的包容性，在实现了种族认同后，搬迁群体在原居住地所形成的思想观念、民族文化、价值取向等会被保留延续，移民搬迁群体会继续保留与迁入地当地居民之间的差异性[15]。

易地扶贫搬迁后，农户首先面临的就是社会融入问题，社会融入决定了搬迁"稳得住"目标能否实现，也影响了搬迁农户是否"能致富"，本研究立足社会融入理论，将其纳入易地扶贫搬迁农户可持续生计分析框架，并从社会融入视角来探析融入对搬迁农户家庭福利的作用机制和影响渠道。

## 二、可行能力理论

效用价值是福利经济学的理论基础，如功利主义会忽视效用在分配过程中的公平性，更加注重效用的总量，即效用在个体之间的分配状况，而不是效用分配的社会公平性，导致福利水平的测度中未能实现公平与效率的兼顾，因此福利的测度存在缺陷。阿马蒂亚·森在 1972 年提出"可行能力"用以衡量和测度居民的福利水平，对阿罗的"不可能定理"提出挑战。阿马蒂亚·森指出，个体的福利水平测度不能单纯地以其拥有的财富来衡量，也不是由他所用的资源禀赋所能产生的效用价值而决定的，应该由其能够获得的"功能"与实现功能的"能力"来决定。阿马蒂亚·森提出的可行能力理论不仅仅考虑了人与人之间可能存在的差异性，也考虑到了个体决策时的自由程度和选择偏好，不仅考虑到了个体已经获得的福利，也考虑了个体潜在的或可能获得的福利。可行能力理论打破了以往福利水平衡量中不关注人、只关注物的固有缺陷。

阿马蒂亚·森将可行能力解释为居民们可以自由选择和实现功能性活动组合，这些活动包括了居民生产的方方面面，既包括了日常的衣食住行、也包括各类社会、选举、投票等活动，可以将其理解为能够实现的一种状态或者目标。而有价值的功能性活动包括了身体健康、生活必需品、社区活动参与等，也包括了得到的尊重。并且他进一步解释了可行能力对居民家庭福利和社会经济发展作用的五种工具，如表 2-1 所示。他认为可行能力才是福利的本质，福利的产生是居民们获得某一能力的过程。

从阿马蒂亚·森对可行能力的界定可知，政治自由、经济条件、社会机会、透明性担保、防护性保障五种工具性是对农户家庭福利水平起到直接性的作用，本研究立足可行能力理论，以社会融入为切入点，研究易地扶贫搬迁农户家庭福利水平的相关问题。

表 2-1　阿马蒂亚·森的五种工具性自由及其含义

| 工具性自由 | 基本含义 |
|---|---|
| 政治自由 | 确定执政主体与执政原则的机会；监督和批评政府执行政策的可能性 |
| 经济条件 | 个人拥有或可获得的资源和交易条件决定其经济资源的支配权 |
| 社会机会 | 主要包括人们的就业、教育、医疗卫生等方面的机会。这些因素影响人们享有美好生活的"实质的"自由 |
| 透明性担保 | 主要是指人们在社会交往过程中应有的诚信和信用 |
| 防护性保障 | 主要是指人们遭受天灾人祸或突发事件的人建立社会安全网、劳动保障、养老保险以及失业救济和贫困救助等 |

## 三、福利经济学理论

福利经济学的发展历程可以划分为旧福利经济学、新福利经济学、现代福利经济学三个发展阶段，以研究国民收入分配和资源的优化配置为核心，并对某一时期社会经济发展的优劣作出有效评判。因此，福利经济学可以用来分析不同经济状态下社会福利的变化状况。

（1）旧福利经济学。1920 年庇古（Pigou）的著作《福利经济学》正式发行，这既奠定了其"福利经济学之父"的经济学地位，也标志着旧福利经济学的诞生。庇古在著作指出，福利实际是个体所获取的效用或需求满足的一个集合，这个集合中既包括个体所拥有的财产、消费等可以得到实际衡量的福利，也包括个体所拥有的情感、欲望、知识等难以具体衡量的福利。并且他从广义和狭义上对福利进行了划分，认为社会福利属于广义的福利；而居民们常常提及的福利是经济福利，属于狭义福利的范畴，能够用金钱或货币来测度的福利就属于这一范畴，而不能用货币衡量的福利则属于广义范畴的福利。庇古还认为，国民收入越高且分配越公平合理，社会福利水平就越高。

（2）新福利经济学。在经历了经济危机后，经济学家们对庇古的思想和理论进行了吸收和批判，形成了以"序数效用论"为基础的新福利经济学。认为当政府增加一项能够提升社会福利水平的政策时，福利水平受到损害者在得到相应的补偿后，社会福利还会剩余。新福利经济学将"消费者剩余""帕累托最优"等理论思想也放置到重要地位，政策补偿代替了以往社会效用最大化的普遍认同观念，并开始探索分析社会福利函数，萨缪尔森认为，要让社会资源不仅在社会的各个部门实现最优化的配置水平和结构，也要使得社会产品要以最合理的分配结构在消费者之间实现分配，这种最合理的分配结构要以对不同的消费者实施差异化的价格策略。

（3）现代福利经济学。1951 年阿罗（Arrow）在他的经典经济著作《社会选择与个人价值》一书中指出，在使用序数效用前提下，人们很难将个人偏好集结成社会的共同偏好。因为社会并不是由同质化的个人组成的，因此，很难使个人利益与社会利益达成一致。这就是著名的"阿罗不可能定理"。也就是说，阿罗认为，由于个人利益与社会利益达成一致，导致其无法将人际间相关的效用比较信息体现出来，只依靠序数效用提供的信息实际上是无法进行排序的。因此，它的诞生既意味着现代福利经济学的开始，也衍生出向现代福利经济学的发展难题，宣告了福利主义的危机。"公平"和"效率"是福利经济学中争议最大的问题。以庇古为代表的功利主义学派认为，国民收入分配越平均，福利越大。因为对于同样的国民收入来说，富人的效用会比穷人的效用小一些。因此，在新福利经济学中，帕累托提出，效率是在不改善任何一个社会成员境况下，资源配置一种状态。也就是说，在不损害其他社会成员境况的前提下，重新配置社会资源。很显然，效率与资源配置密切相关。萨缪尔森均衡的前提是政府不但拥有消费者的全部信息，而且掌握消费者的效用函数。因为，每个消费者都能真实地表示出他对公共产品的偏好。实际上，消费者主动表达偏好是很困难的。因此，上述政府并不存在。在此基础上，Ameson 认为，人的需求是无限性，人的欲望是无法相互比较的。这就使得社会福利分配目标不能建立在平等的基础上。因此，使每个人都能根据自己的偏好做出选择应当是福利分配重点。只有这样，才能使人们从平等的分配机会中获得同等价值的福利。实际上，Ameson 对福利经济学的分配原则进行了修正。

易地扶贫搬迁的最终目的就是要提升农户家庭福利水平，实现搬迁后家庭资源要素的积累，优化资源要素禀赋结构，实现搬迁农户家庭的可持续生计，达到共同富裕目标。因此本研究借鉴和参考福利经济学理论关于农户福利的内涵和维度划分，选择易地扶贫搬迁农户家庭福利水平评价指标，实现对搬迁农户社会融入对家庭福利水平的影响及渠道机制检验研究，也为后续帮扶策略的设计和政策分析提供最基础的参考。福利经济学理论代表人物及核心观点见表 2-2。

**表 2-2 福利经济学理论代表人物及核心观点**

| 时期 | 代表人物 | 核心观点 |
|---|---|---|
| 旧福利经济学 | 边沁（Benthan），英国经济学家，功利主义学派代表人 | 能将效用最大化的行为，就是正确的。社会行为的目的是追求大多数人的最大福利。功利主义原则是福利经济学的哲学基础 |
| | 庇古（Pigou），英国经济学家，剑桥学派的主要代表之一 | 国民收入水平越高，社会福利越大；国民收入分配越均匀，社会福利越大 |
| 新福利经济学 | 帕累托（Pareto），意大利经济学家，洛桑学派的主要代表之一 | 假定固有的一群人和可分配的资源，从一种分配状态到另一种状态的变化中，在没有使任何人境况变坏的前提下，使得至少一个人变得更好 |
| | 马歇尔（Marshall），近代英国最著名的经济学家，新古典学派的创始人 | 消费者剩余是衡量消费者福利的重要指标。社会福利等于消费者剩余与生产者剩余之和 |
| 现代福利经济学 | 阿罗（Arrow），美国经济学家，1972年获诺贝尔经济学奖 | 社会并不是由同质化的个人组成的。在使用序数效用前提下，个人利益与社会利益难以达成兼容 |
| | 萨缪尔森（Samuelson）美国经济学家，1970年获诺贝尔经济学奖 | 要实现福利最大化，就是要使经济社会资源在各个部门之间达到最优配置，但对不同人群要实行差异化价格 |

# 第三节　理论分析

易地扶贫搬迁家庭多数位于高海拔、自然条件恶劣、交通难以畅通、信息闭塞的高寒山区，这些地区通过巨大的人力、物力和财力投入均难以改变落后和贫穷的面貌。易地扶贫搬迁是解决"一方水土养不活、养不好一方人"的精准扶贫"五个一批"重点工程，通过易地扶贫搬迁这一关键举措，将这些难以发展区域的贫困居民搬迁至交通便利、公共服务和基础设施完善、环境优美的安置地。但搬迁并不意味着工作的结束，帮助搬迁居民融入社会、适应新环境，引导搬迁家庭转变生计策略类型，激活发展的内生动力，重构可持续生计，实现共同富裕等命题仍然是关注的焦点，推进搬迁家庭的社会融入是实现"稳得住、能致富"目标的首要前提[16-17]。通过易地扶贫搬迁，一方面可以直接改善搬迁前落后的基础设施、公共服务水平等薄弱环节，通过安置到区域条件较好的地区，提升搬迁家庭的福利水平；另一方面，通过社会融入也可以转变搬迁家庭的价值观念，增进家庭生计资本积累和结构优化，激活家庭的内生发展动力，帮助搬迁家庭实现生计策略转型，从而提升家庭的福利水平。

## 一、社会融入影响易地扶贫搬迁农户家庭福利的理论分析

（1）社会融入影响搬迁家庭收入的理论分析

社会融入是一个复合系统，它包含了经济、文化、生活、社会关系网络重构等维度。易地扶贫搬迁家庭在融入的过程中，通过学习掌握各类技能、适应生产生活新环境、参与各类活动，从而增进家庭福利水平[18-19]。当搬迁或流动人口实现了社会融入，那么会显著降低搬迁或流动人口的返迁意愿[20]，这也意味着搬迁人口会更坚定地定居在安置地，转变生计策略就成为定居人口保障家庭福利水平的重要手段。

假设易地扶贫搬迁家庭希望可以获得与他技能水平、受教育程度、身体素质等人力资本一致的城市非农就业人员的工资待遇：

$$W = \int_{t=0}^{n} \left[ P(t)Y_u(t) - Y_r(t) \right] e^{rt} \mathrm{d}t - C \qquad (2\text{-}1)$$

式中：$W$ 表示搬迁家庭的非农就业收入；$C$ 表示搬迁家庭非农就业成本（包括岗位寻找成本、住房成本等非农就业支出），而帮扶政策、社会资本等可以有效降低搬迁家庭的非农就业成本；$P(t)$ 表示易地扶贫搬迁家庭成员在第 $t$ 期能够找到与人力资本相匹配的平均工资水平的非农就业岗位工作的概率。

如果 $W > C$，那么就会更加坚定搬迁家庭外出务工的决心，并且实现生计策略从以前的自然资本依赖型向非农就业型转变，也会坚定搬迁居民在安置地定居的意愿，降低搬迁家庭的返迁意愿，实现易地扶贫搬迁"稳得住、能致富"的目标。再者，搬迁居民的就业实际上是搬迁家庭和提供岗位的工作部门之间随机的相互匹配过程。因此，搬迁家庭找到稳定的非农就业岗位的概率 $P(t)$ 和岗位提供部门选择概率 $\pi$ 相关，则我们可以将搬迁家庭在第 $t$ 期找到工作的概率表示为：

$$P(1) = \pi(1)$$
$$P(2) = \pi(1) + [1 - \pi(1)]\pi(2)$$
$$P(3) = \pi(1) + [1 - \pi(1)]\pi(2) + [1 - \pi(2)]\pi(3)$$
$$\cdots\cdots$$
$$P(x) = \pi(1) + \sum_{t=2}^{x} \pi(t) \prod_{s=1}^{t-1} [1 - \pi(s)] \qquad (2-2)$$

由式 1 和式 2 可知，$P(x) > \cdots > P(3) > P(2) > P(1)$。说明随着搬迁家庭在安置地的安置时间越长，搬迁家庭能够找到非农就业岗位的概率越大，因而家庭的收入水平提升更高，从而增进搬迁家庭的福利。

本研究继续通过对 Todaro 模型进行修正拓展进一步分析社会融入对易地扶贫搬迁家庭的收入水平的影响。图 2-3 表示搬迁家庭在搬迁后的家庭劳动力配置行为。图中的横轴表示易地扶贫搬迁家庭在农业生产和非农务工的生计策略中配置的劳动力总数，左纵轴表示的是非农务工收入，右纵轴表示的是家庭农业收入，城市中非农就业岗位劳动力的需求曲线为 $C$，农业种植所需的劳动力的需求曲线为 $D$。当在搬迁时，易地扶贫搬迁群体在非农务工和农业种植的均衡点为 $E_1$，此时从事农业生产的劳动力的数量为 $O_0L_1$，从事非农就业的劳动力数量为 $O_1L_1$，均衡收入水平为 $W_1$。随着安置地周边的产业发展、对口帮扶企业的岗位设置以及搬迁居民外出自主寻求非农就业岗位，此时非农就业的需求曲线向右上方移动，从 $C_1$ 移动到 $C_2$ 的位置。搬迁家庭社会融入程度加深，家庭人力资本和社会资本得到大幅提升，而且在融入过程中发现了非农就业与农业种植收入之间的差距，劳动力转移就业需求旺盛，强化了搬迁家庭青壮年外出务工的拉力，使得均衡点由 $E_1$ 移动至 $E_2$ 的位置，

非农就业的人数从 $O_1L_1$ 增加至 $O_1L_2$，有 $L_1L_2$ 数量的劳动力从农业生产转移至非农就业中，此时非农就业所带来的报酬将均衡工资从 $W_1$ 提升至 $W_2$。

继续考虑社会融入所带来的收入效应。随着社会融入的进一步深化，家庭所掌握的熟练技能和社会资本进一步积累和提升，推动搬迁家庭劳动力转移就业。为了实现利益的最大化，外出务工家庭会流转土地，或者通过种植多年生经济作物减少劳动投入，从而既增加了家庭的非农务工收入，还增加了家庭的财产性收入。而且彝族同胞充分利用民族文化的差异，能在春节等节假日持续为企业提供劳动力，进而进一步扩大了非农就业岗位对劳动力的需求，此时非农就业劳动需求曲线继续向右上方移动至 $C_3$ 的位置，此时均衡点从 $E_2$ 上升至 $E_3$，非农就业劳动力数量为 $O_1L_3$，家庭收入水平也从 $W_2$ 提高 $W_3$ 的水平。在此基础上，进一步考虑社会融入所带来的替代效应。社会融入带来了劳动力转移，导致搬迁居民摆脱土地的限制，但土地是搬迁家庭重要的自然资本，考虑到区域生态环境，可以创新经营模式，发展具有区域特色的青花椒、紫土豆、蜡虫、荞麦、道地药材和高原养殖业，因此农村的就业就会有所增长，从事农业种植的劳动力会提升，同时社会融入提升了搬迁家庭的劳动力素质，使其具备了经营农村新兴产业的能力，因此使得农村的劳动力需求曲线向左上方移动，均衡点从 $E_3$ 移动至 $E_4$，均衡收入从 $W_3$ 提升至 $W_4$，农村就业人口数量从 $O_0L_3$ 增加至 $O_0L_4$。

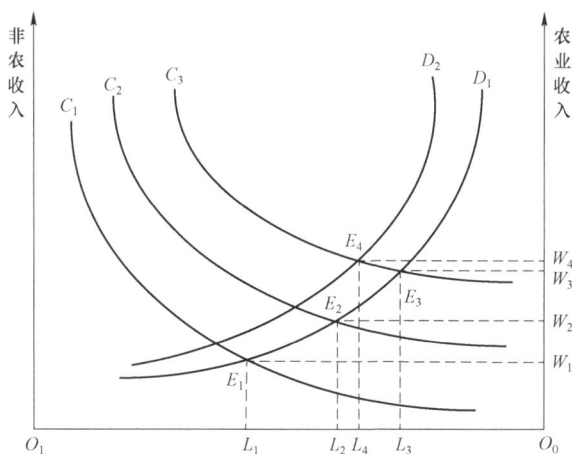

图 2-3　社会融入对易地扶贫搬迁家庭收入的影响

社会融入是实现易地扶贫搬迁农户"稳得住"的首要条件，易地扶贫搬迁具有强大的减贫效应，但也面临着巨大的风险，实现易地扶贫搬迁家庭较高质量、较高水平的社会融入，才能持续释放搬迁的减贫效应和富民效应。在搬迁过程中产生的资源损耗、生产生活环境改变、技能失效、搬迁后面对的各类风险都可能导致易地扶贫搬迁并不是适合所有贫困对象的脱贫策略[21]，对于非自愿搬迁的家庭更可能恶化未来家庭的经济和生活状况[22]，搬迁还可能降低搬迁家庭的社会资本、金融资本和自然资本，这可能会加剧某些家庭应对风险的脆弱性，导致搬迁家庭重新陷入贫困陷阱中。搬迁安置以后，搬迁家庭仍然遭受冲击，原有社会关系网络被打破，社会支持变弱，家庭又缺乏短时间内重构社会关系网络的能力，导致与当地居民产生摩擦和纠纷，作为迁入地"新来者"，会与原居住者产生资源竞争、生活习惯差异等冲突和矛盾，这些矛盾和冲突会拉大搬迁户与原住居民的社交距离和产生隔阂[23]。而产生这些隔阂的原因一方面是由于语言、文化、生活习惯等差异导致搬迁居民内部抱团取暖，从而与迁入地形成割裂局面[24]；另一方面是搬迁居民会在资源、公共设施等方面对迁入地居民形成竞争，从而会受到迁入地居民的排挤[25]，导致易地扶贫搬迁家庭社会融入受阻。融入搬迁环境、寻找适合搬迁家庭需求的发展机会是搬迁后需要解决的关键问题，但由于这些歧视、排挤等因素制约，从偏远地区搬迁的居民也难以在短时间内适应社区生活，并寻找到与个人发展相匹配的生活技能。现实与预想的差异也会导致搬迁农户心理感知问题，从而降低搬迁后生活的适应性、满意度和未来生活的信心。

社会融入中经济融入对满意度存在直接影响路径、非经济融入对满意度存在间接影响路径，而在与人交往、方言掌握等多维度高度的社会融入对生活的满意度影响最为显著，社会融入还对移民政策满意度、休闲满意度等具有显著正向影响特征。社会融入也会对居民的幸福感认知存在影响，能使个体在社会融入中获得成就感和幸福感，如果社会融入受阻，会使得受阻群体的幸福感低于其他群体。易地扶贫搬迁跨区域（县域）安置群体非常少，主要以县域内安置为主，因此搬迁群体在语言、文化、风俗、习惯等方面的差别较小，但社会融入的高低会影响到搬迁家庭参与文化娱乐、集体选举、社区治理等活动的参与，一方面影响了社会网络的拓展、人力资本的积累，进而影响到了家庭的收入能力和收入水平；另一方面，长久的封闭和融入困境也可能导致搬迁家庭的获得感和满足感较低，进而影响到家庭成员的内心世界，甚至出现返迁意愿。社会融入程度较高的家庭普遍更倾向于进行更多活动参与，进而会带来家庭福利的变动[26]。社会融入还与信息获取存在紧密的联系，高度的社会融入意味着信息来源渠道更广泛，可以更容易收集和掌握家庭有用的信息，还可以结交更多的朋友，完善社会网络，进而提升社会资本[27]，社会融入程度高还可以提升就业水平，如果社会融入意识薄弱、融入程度较低，其就业参与水平也就越低[28]，社会融入因素对就业质量也具有显著的正向影响[29]。可见，社会融入程度越高越能增加家庭的就业机会和就业质量，进而提升家庭的收入水平，从而影响搬迁家庭的福利水平。

可见，社会融入可以为易地扶贫搬迁家庭带来物质基础的积累和非物质基础的积累，如图 2-4 所示。一方面，通过社会融入，家庭成员广泛参与各类技能培训、语言培训、岗位招聘等活动，通过活动的参与快速地提升家庭人力资本和拓展家庭社会资本，从而帮助搬迁家庭获得从农业依赖型生计模式向非农型生计模式转变；另一方面，通过活动的参与还可以增加家庭的非物质基础的积累，如在经历和接受新鲜事物、当地风俗习惯、区域文化传统等冲击后，家庭的传统思想观念、价值取向被重塑，一是可以改变搬迁家庭的就业、生活等决策行为，二是也可以丰富搬迁家庭成员的精神世界，增强其满足感和获得感。通过社会融入物质基础和非物质基础的积累，帮助搬迁家庭实现收入的增长，进而影响到搬迁家庭的福利水平。

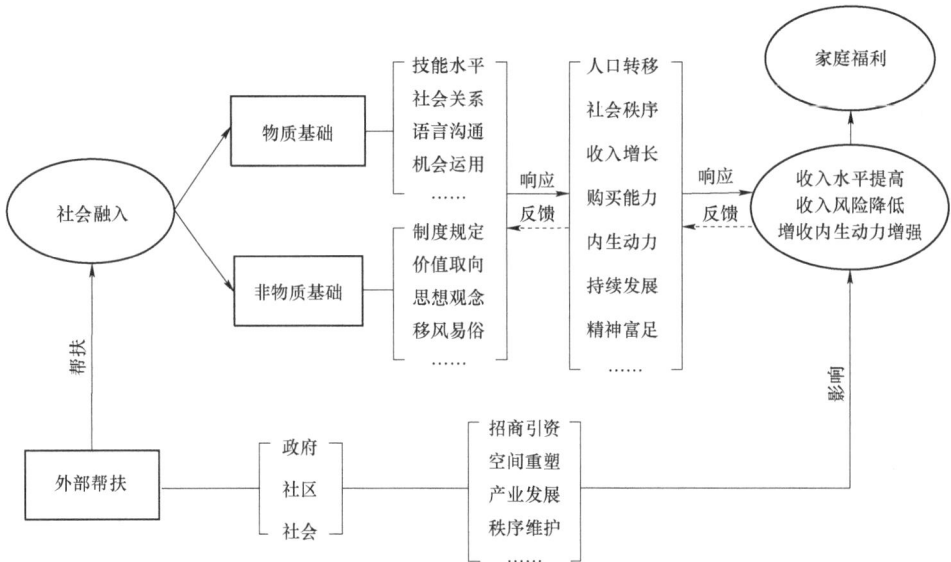

图 2-4　社会融入影响易地扶贫搬迁家庭收入的理论框架

（2）社会融入影响搬迁家庭消费的理论分析

凯恩斯认为，当家庭的收入增加时，家庭的消费也会随之增加，只是家庭消费的增加幅度不会超过家庭可支配收入增加的幅度。我们也可以将其理解为收入与消费之间存在着正相关关系，只是消费的边际效应是递减的。所以如图 2-5 左图所示，因为消费的边际效应存在，所以凯恩斯消费曲线是一条趋于平缓的曲线。在凯恩斯消费曲线上，本研究将社会融入引入易地扶贫搬迁家庭的消费函数中，并从直接影响和间接影响两个方面对社会融入影响搬迁家庭消费进行分析。首先，从社会融入对搬迁家庭消费的直接影响来看，对于易地扶贫搬迁群体，受到的信贷约束往往高于其他的农村居民群体，其家庭消费能力和消费方式，往往直接取决于家庭的收入水平。因此，搬迁家庭的消费水平可能会存在较大的波动。在搬迁安置以后，水电费用、日常生活开支较搬迁前相比更大，为了抵御家庭可能出现生计风险、限制消费、增加储蓄会成为搬迁家庭抵御突发情况带来的生计风险的重要手段。另一方面，社会融入可以重构搬迁家庭的社会网络，从而降低了搬迁家庭的信贷约束，即在遇到突发情况时，可以通过亲朋好友来缓解生计风险。由此可见，社会融入可以降低易地扶贫搬迁家庭对收入和储蓄的过度敏感性，从而增加家庭消费，即相比于未融入或融入程度较低的家庭，社会融入程度较高的家庭更愿意增加支出，从而满足家庭更高层次的消费需求。如图 2-5 左图所示，在考虑了搬迁家庭社会融入以后，相比原始的凯恩斯消费曲线，考虑了社会融入的搬迁家庭的消费曲线更加陡峭，即曲线 $C=C(Y,P)$ 曲线位于原始曲线 $C=C(Y)$ 的上方，社会融入增加了搬迁家庭的边际消费倾向。这也就意味着，搬迁家庭在相同的收入水平上，社会融入程度更高的搬迁家庭消费意愿得到了提升。如图 2-5 所示，在同等的收入水平上，搬迁家庭的原始消费均衡度为 $B$，家庭的支出为 $C_1$。社会网络也降低了生计风险，因此搬迁家庭会将消费水平提升，消费的均衡点从 $A$ 点移动到 $B$ 点，搬迁家庭的支出也提升至 $C_3$ 的水平。

从前面分析可知，社会融入可以带动劳动力转移就业，从而增加家庭的收入。因此社会融入还通过增加搬迁家庭的收入水平从而提升家庭的消费支出。如，易地扶贫搬迁家庭的收入水平从 $Y_1$ 提升至 $Y_2$ 水平，在不考虑社会融入的情况下，消费均衡点从消费曲线的 $E_1$ 点移动到 $E_3$ 点，而家庭的消费水平也相应的从 $C_1$ 提升至 $C_2$ 的水平。在考虑了社会融入的消费曲线中，因为家庭劳动力的转移就业可以持续为家庭带来稳定的收入，因此在综合考虑了家庭的收入和社会网络的重构等社会融入以后，搬迁家庭的消费均衡点位于图中 $E_4$ 点。我们可以发现，在凯恩斯消费曲线的基础上考虑了社会融入后，搬迁家庭的消费支出水平得到了较大程度的提升，从而增加了搬迁家庭的福利水平。

而贝利认为家庭的消费支出会受到周围的消费环境和家庭的消费习惯影响，因此，他认为家庭的消费与收入之间是存在着固定的比例的，因此家庭的长期消费曲线应该是从原点出发的一条曲线。如图 2-5 右图所示。当家庭的收入水平为 $Y_1$ 时，此时家庭相应的消费支出为 $C_1$，在当遇到经济衰退或者家庭收入减少时，家庭的收入水平从 $Y_1$ 降低到 $Y_{t1}$ 的水平。虽然在长期家庭的消费与支出之间存在着固定的比率，但是受到之前的消费习惯和周边消费环境的约束，家庭的消费水平不会沿着消费函数降低至 $C_{t2}$ 的水平，而是会降低到 $C_{t1}$ 的位置。即家庭消费支出下降的比率会低于家庭收入下降的比率。在考虑了社会融入的家庭消费中，拥有社会网络中的亲朋好友的借贷途径，搬迁家庭可以以此筹集到资金用于渡过家庭生计风险，因此其消费水平不会降低至 $C_{t1}$ 的位置，而是只会降低至 $C_p$ 的水平。从以上分析可以发现，社会融入可以平滑易地扶贫搬迁的消费。即社会融入一方面通过社会网络关系的重构，使得搬迁家庭可以拥有金融借贷渠道；另一方面也通过稳定的非农岗位收入来提升家庭的消费能力和消费水平，从而提升家庭的福利水平。

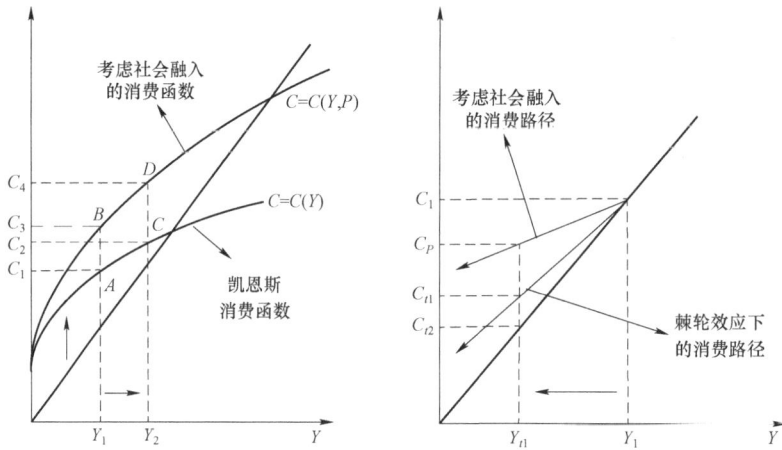

图 2-5　考虑社会融入的易地扶贫搬迁家庭消费理论

社会融入必然会影响到家庭的消费，搬迁一般会增加搬迁家庭的消费成本。在移民搬迁后，搬迁家庭面临着环境、生活方式、生活习惯等诸多方面的改变，如搬迁后水电消费、日常生活必需品消费与搬迁前的消费行为和消费选择会发生根本性的变化，如图 2-6 所示。一方面，群体效应、聚居生活、区域生活方式、信息资源获取等外部环境影响到搬迁家庭的消费感知；另一方面，受到搬迁家庭内部的经济实力、家庭消费偏好，个体的有限理性等内在约束，也会约束和影响搬迁家庭的消费感知。搬迁家庭在社会融入的过程中，通过被迫的消费变迁—参照选择—消费行为等过程，在外部环境和内在约束的影响下，会对消费行为和消费物品进行筛选和分类识别，并对其进行分析比较，进而决定是否购买和使用。而社会融入对家庭消费的影响的直接效应体现在了家庭的消费能力和消费的行为选择上。一方面，社会融入所带来的人力资本提升、社会资本拓展等变化后，最为直观地体现在了搬迁家庭劳动转移就业上，通过转移到非农就业工作岗位后，往往可以获得远高于农业生产所获得的报酬，从而提升了搬迁家庭的收入水平，大大提升了搬迁家庭的购买能力，增加了搬迁家庭消费的总量和种类；另一方面，通过群体参考、区域消费习惯、家庭购买能力等因素的影响，家庭消费行为会得到变革，通过消费策略的不断比较整合，从而优化家庭的消费行为，搬迁家庭也通过消费来提升家庭的福利水平。

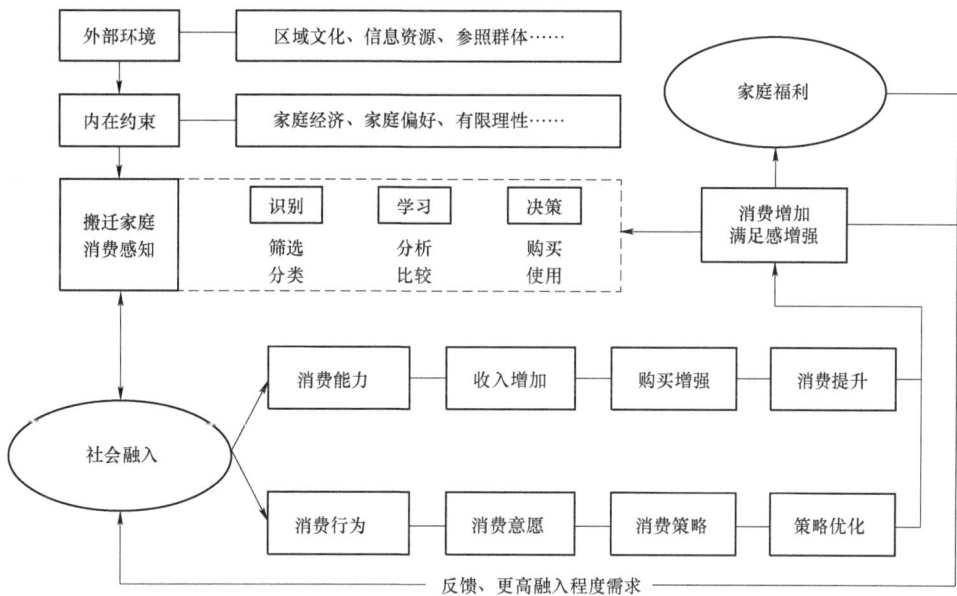

图 2-6 社会融入影响易地扶贫搬迁家庭消费的理论框架

（3）社会融入影响搬迁家庭精神文化生活的理论分析

在易地搬迁安置完成后，解决安置居民的基本公共服务、社区治理、精神文化生活等问题成为了做好易地扶贫搬迁后这篇文章的关键[30-31]。社会融入不仅从家庭收入和家庭消费支出两个层面提升易地扶贫搬迁家庭的物质福利水平，还通过引导搬迁家庭广泛参与选举、社会治理、精神文化活动等途径增强搬迁家庭的精神福利。搬迁前，搬迁家庭位于高寒山区，交通不畅、信息闭塞，精神文化贫瘠。但搬迁家庭的社会融入并不是随机产生的，搬迁家庭对于社会融入及融入程度具有选择特征，因此，在搬迁到新的环境中由于自身的否定、邻里纠纷等因素均会导致搬迁家庭选举活动参与意愿的低下[32]，而社会融入对于影响人民参与选举活动具有显著的影响[33]。社会融入程度高的家庭更愿意也更加广泛地参与到安置地的社区治理和各项精神文化活动中，从而开阔眼界，从各类活动中汲取精神文化素养，并从中实现精神富足和价值认同，从而丰富家庭的精神文化福利。

具体来看，易地搬迁后，生活环境、生产环境、生态环境均得到了大幅的优化，基础环境的改变以及迁入地文化生活氛围的熏陶都会提升搬迁家庭的需求变化，而迁入地文化活动、培训活动、党建生活、选举活动、治理活动等各类活动的丰富也为搬迁家庭提供了需求满足的基本前提，也为搬迁家庭更高层次的精神文化需求提供了潜在的获利机会。通过社会融入，搬迁家庭的思想观念和价值取向得以重塑，相比于搬迁前最低层次的满足基本生活的需求，搬迁家庭在获取物质福利的基础上，也开始追求精神文化生活的富足。为了丰富精神文化，搬迁家庭成员会广泛地参与选举与被选举、基层自治、精神文化活动等等活动中，以此满足需要和被需要的心理需求，并在活动中积极发挥其主观能动性，充实高层次发展的信心和活力，既满足精神文化生活丰富的需求，也增强了心理慰藉的价值取向，从而充实了搬迁家庭成员的精神福利，如图 2-7 所示。

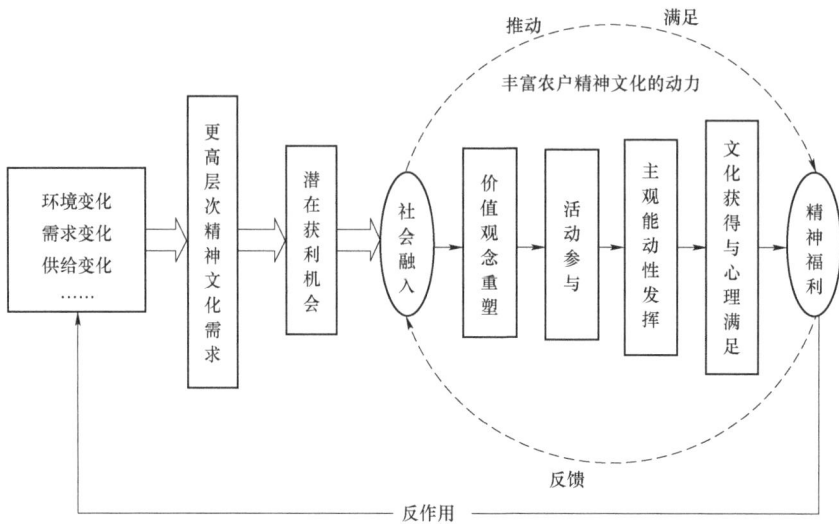

图 2-7　社会融入影响易地扶贫搬迁家庭精神福利的理论框架

通过以上分析综合可知，社会融入对易地扶贫搬迁家庭福利水平具有正向的影响作用。搬迁家庭通过社会融入，一方面，积累非农就业技能、提升家庭的人力资本，增强家庭生计资本总量，优化家庭生计资本结构，推动家庭劳动力转移就业，从而提升家庭收入水平和储蓄水平，增强搬迁家庭的消费能力和改善搬迁家庭的消费方式，实现搬迁家庭物质福利的不断提升。另一方面，通过社会融入，提升搬迁家庭各类活动的参与广度和深度，在活动参与中实现身份认同和价值体现，并在活动参与中丰富搬迁家庭成员的精神世界，实现易地扶贫搬迁家庭的物质福利和精神福利的富足，推动实现共同富裕。基于此，本研究提出以下假说：

H1：社会融入正向影响易地扶贫搬迁家庭的物质福利。

H2：社会融入正向影响易地扶贫搬迁家庭的精神福利。

## 二、社会融入对易地扶贫搬迁农户家庭福利作用机制的理论分析

（1）社会融入、生计多样化与搬迁家庭福利的理论分析

可持续生计与贫困问题、生产力问题、资源问题等问题息息相关，也是农户家庭风险应对的重要指标[34]，单一化的生计策略和面对的生计风险也是贫困人口难以实现稳定脱贫的重要原因。改革开放以后，经济发展迅速，人民收入也大幅提升，促进了居民家庭的生计方式也开始从单一向多样化转变，生计风险也得到了很大程度的缓解，为了抵御风险和提升生活水平，家庭也越来越将收入的多样性和稳定性置于重要地位，生计的多样化开始成为家庭收入持续增加的重要路径。可持续生计的实质是家庭根据家庭资源（或资本）禀赋，通过不同的策略组合，形成不同或多种生计策略活动，以此获得生产生活所需的收入。具体表现为农户农业生产的多样化、非农活动的兼业化、农业生产和非农活动的有机结合化等形式。生计多样化能够通过多个生计活动来抵抗灾害和风险，生计稳定性更高，能够有效降低家庭的生计风险和应对生计的不确定性，富裕家庭因为机会识别把握、社会参与程度等能力均强于贫困家庭，因此具有更高程度的生计多样化水平。目前农村居民生计活动也逐渐向优势型生计活动和多样化生计活动转变[35-36]，这不仅有效地提升家庭抵御风险能力、降低家庭脆弱性风险，还能为实现家庭储蓄创造机会，实现长远可持续发展。但生计策略的选择主要受到家庭资源禀赋以及当下经济社会的限制约束，其中影响最为深远的就是家庭生计资本积累程度以及生计资本结构[37]，其影响的大小还受到所从事行业的调节[38]。此外，农户生计多样化策略实施会受到地域区位和资源环境的限制[39]。

家庭生计多样化最为直观的变化就体现在家庭福利水平的变化上。通过生计多样化，可以显著地提升家庭收入水平[40]，这是因为非农就业是生计多样化的突出特

征和重要表现形式[41]，往往非农就业可以获得远远高于传统农业生产的收入水平[42]，从而大幅提升家庭的收入。而且生计多样化意味着家庭收入来源渠道更为丰富，在提升家庭收入总量的同时，家庭收入也更加具有稳定性，还有利于低收入人群稳定持续增收，有助于共同富裕的实现。生计多样化不仅对家庭客观福利有明显提升作用，也影响着家庭的主观福利。通过生计多样化程度的提高，能不断提升农户生活水平[43]，农户对生活的满意度也随之提升[44]，从而直接增强农户家庭的获得感和幸福感。生计多样化除了直接影响家庭福利水平，通过生计多样化而带来的收入水平提升和收入的稳定性，也间接提升家庭福利的提升。这是因为家庭收入的不断提升，增强了家庭购买能力，进而提升了家庭的福利水平。

如图 2-8 所示，左图刻画了多元化生计策略家庭的福利效应。假设无差异曲线 $W$ 代表搬迁家庭福利水平，横轴表示搬迁家庭的一般消费品数量，纵轴表示其他商品的消费数量。假设搬迁家庭在搬迁前主要依赖以土地核心的自然资本，其家庭收入预算线为 $I_1$，此时均衡点 $E_1$ 为家庭的福利水平。在搬迁后，搬迁在生计策略选择更加具有优势，家庭选择了多元化生计策略，在获得农业生产的基础上，家庭老人和妇女还在安置地周边或者选择家庭手工等灵活就业手段，此时家庭预算约束线从 $I_1$ 上升至 $I_2$，家庭福利均衡点也从 $E_1$ 移动至 $E_2$，家庭福利水平得到了提升。同时通过社会融入，搬迁家庭掌握了非农就业技能、重构和拓展了社会网络，家庭青壮年劳动力可以转移外出务工，获取更高的劳务报酬，将家庭的预算约束线从 $I_2$ 的位置提升至 $I_3$ 的水平，家庭福利进一步增长至 $E_3$ 的水平。而且随着搬迁时间的增长，家庭社会融入程度更高，搬迁家庭的综合能力更强，部分家庭可以获得其他的转移支付和财产性收入，进而推动搬迁家庭的福利水平持续增长至均衡点 $E_4$ 的位置，甚至更高水平。

图 2-8 右图表示了单一化家庭生计策略家庭的福利水平。图中预算线 $I_1$ 和福利曲线 $W_1$ 的均衡点 $E_1$ 表示了家庭搬迁前的福利水平。如果搬迁家庭未能很好地实现社会融入，家庭人力资本和社会资本提升有限，其家庭劳动力转移困难，只能依靠自然资本或政府帮扶为主要生计来源，在搬迁后家庭福利水平从 $E_1$ 提升至 $E_2$ 的水平，此时福利水平提升有限，而且福利水平增长不是由社会融入所带来的，是由搬迁或外部帮扶所带来的。由图也可以直观地发现，当家庭受到外部冲击时，如自然灾害、人力资本受损等突发情况或取消外部帮扶政策时，单一化生计的搬迁家庭福利会很快从 $E_2$ 的水平下降至 $E_1$，但多样化生计家庭的福利水平只会从 $E_4$ 下降至 $E_3$。可见生计多样化搬迁家庭抗击风险的能力更强，可以更好地巩固脱贫攻坚成果，也

可以帮助搬迁家庭有效地缓解生计风险。

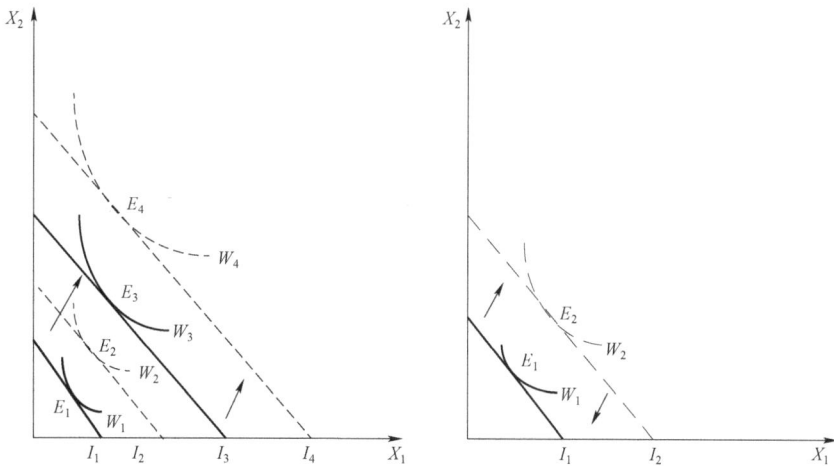

图 2-8　生计多样化和生计单一化对易地扶贫搬迁家庭福利的影响

生计多样化是降低脱贫家庭返贫风险、巩固脱贫成果和实现共同富裕的重要途径，生计策略单一化是易地扶贫搬迁家庭在搬迁前重要的致贫原因。在搬迁前，由于居住地交通不便、信息闭塞，家庭成员与外界的接触较少，家庭成员主要以掌握农业生产技能为主，对非农技能掌握非常匮乏，青壮年劳动力转移较少。而搬迁后，通过社会融入，可以快速地实现搬迁家庭的青壮年劳动力转移，助推搬迁家庭完成生计策略从农业依赖型向多样化生计类型转变。一是在搬迁后，无论是主动融入还是被动融入，都要求搬迁家庭（特别是集中安置家庭）快速地调整思想观念，家庭收入来源要从依赖的自然资本向人力资本、社会资本等生计资本转变，并不断提升家庭生计资本总量和优化家庭生计资本结构。二是社会融入过程中，经济融入可以快速提升家庭人力资本的积累。搬迁后，通过安置地一系列的技能培训和技能资格认定等政策措施，可以快速提升搬迁家庭的劳动力素质，从而推动劳动力转移就业，构建起"非农产业"的稳定脱贫路径。三是随着社会融入的加深，原来被破坏的社会网络得到重构甚至是进一步拓展。搬迁前，家庭主要以血缘、亲缘、地缘关系为主，搬迁后的社会网络可以突破血缘、亲缘、地缘的边界，在趣缘、业缘等基础上搭建起社会网络。在搬迁后的社会融入过程中构建起来的社会网络可以帮助搬迁家庭扩宽就业机会和就业渠道，从而增加搬迁家庭非农就业的比例和就业质量，从而提升家庭的收入水平。

综上所述，搬迁家庭的社会融入可以缓解家庭在搬迁后面临的亟待拓展收入来源、增加家庭收入，从而保障家庭摆脱消费支出的困境。通过社会融入，搬迁家庭缓解了非农岗位技能约束、发展机会约束、信息获取约束、发展资金约束等约束困境，在提升搬迁家庭生计资本总量的基础上，进一步优化家庭生计资本结构，促进家庭合理在外出务工、合作社参与、灵活就业、农业生产种植等收入渠道上合理配置家庭要素，实现搬迁家庭生计多样化，从而增加搬迁家庭收入的来源和收入总量，提升家庭的消费水平，从而实现家庭福利水平的提升。而且社会融入促进搬迁家庭生计多样化还可以降低搬迁家庭返贫的可能性，相比于单一的生计策略，多样化生计能更好地应对突发事件对家庭收入的冲击，保障搬迁家庭的可持续生计，进而保障了搬迁家庭的福利水平，如图 2-9 所示。

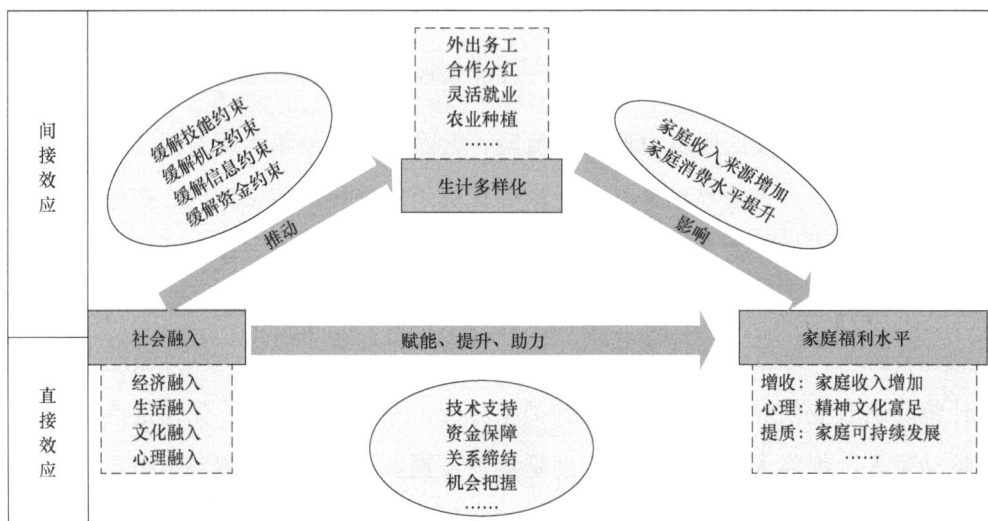

图 2-9　社会融入和生计多样化影响易地扶贫搬迁家庭福利的理论框架

基于上文分析，本研究提出以下假说：

H3：生计多样化在社会融入影响易地扶贫搬迁家庭的物质福利中具有正向的中介作用。

H4：生计多样化在社会融入影响易地扶贫搬迁家庭的精神福利中具有正向的中介作用。

（2）社会融入、内生发展动力与搬迁家庭福利的理论分析

激发脱贫群体的内生发展动力是进一步巩固脱贫攻坚成果和实现精准脱贫可持续性的重要手段。脱贫群体内生发展动力不足不仅仅只体现在生产和脱贫致富行为的积极性和主动性，也表现在行为意识依赖他人或政府、发展精神匮乏[45]；既表

现为农户基于内心偏好而形成的行为偏差，也表现为在特定环境和情境下做出的策略选择[46]。造成内生发展动力不足是内部和外部双重因素作用的结果。从内部原因来看，长久的贫困状态也对脱贫群体的心理健康产生了影响，可能导致贫困群体形成了得过且过的"贫困文化"，从而表现出宿命感和麻木感[47-48]、"勤劳致富、脱贫奔康"的群体发展内部氛围未形成、在现有帮扶政策的帮扶下生活可以继续维持等原因，导致未形成强烈的内生发展观念。此外，贫困地区以少数民族地区为主，少数民族地区往往形成了具有民族特色的文化体系，在与现代文化之间存在一定的冲突，从而造成发展不畅。从外部因素来看简单僵化的外部帮扶政策以及大包大揽的帮扶措施会造成贫困群体行动能力的降低，恶劣的自然条件以及在脱贫过程中参与的程度不足等因素也造成了脱贫群体内生发展动力不足。

内生发展动力是脱贫家庭巩固脱贫攻坚成果和实现脱贫可持续的重要力量。提升家庭的内生发展动力，既是消除家庭依赖思想，解决后扶贫时代相对贫困的关键[49]，又是增加家庭收入的重要源泉[50-51]。区域可以通过新兴技术的使用和提升资源的利用效率，从而提升区域经济发展的内生动力，以此提升贫困人口的收入水平[52]。家庭通过内生发展动力的激活可以形成收入持续提升的良性循环动力机制，从而降低已脱贫家庭的返贫风险。因此要通过技能培训来提升劳动力的素养，为激发贫困群体发展的内生动力，构建起长效的脱贫机制，要重点培育家庭正确的价值观念，帮助其构筑内生发展的动力机制，优化多元主体协同治理模式，有效发挥激励作用，提升低收入主体的内生发展动力。还可以通过文化振兴、社会网络激励、消费帮扶、内隐自尊的重建、旅游减贫等渠道激发区域或家庭的内生发展动力，从而不断提升家庭的福利水平。

激活易地扶贫搬迁农户的内生发展动力是实现易地扶贫搬迁"稳得住、能致富"的关键。社会融入一方面帮助搬迁家庭融入社会和适应新环境，也帮助搬迁家庭在融入的过程中提升家庭的内部发展动力，进而提升家庭的福利水平。一是在融入的过程中帮助搬迁家庭重塑发展观念。在搬迁前，搬迁家庭居住在交通不畅、信息闭塞的高寒山区，搬迁后安置在县城或乡镇周边，地理区位的改变和新事物的接触可以开阔搬迁家庭成员的眼界，并在外部影响的作用下冲击长久贫困状态下形成的"贫困文化"和落后观念，从而重塑搬迁家庭的发展观念。二是社会融入后更高层次的生活需要激活家庭发展活力。搬迁前，搬迁家庭主要的生活需求是满足生存需要，对其他物质需求和精神文化需求不足，从而形成得过且过的落后思想。在搬迁至安置点后，通过社会融入，接触到更多新事物以及追求更高层次的生活需要，从而激活家庭发展的内生动力，以此满足家庭日益增长的物质文化需要。三是社会融入为家庭内生发展动力提供力量源泉。自身发展能力不强、发展机会不多是导致贫困群体内生发展动力不足的重要原因。通过社会融入搬迁家庭在劳动力素养、交流能力、语言能力等方面均得到了长足的进步，并且政府、亲朋好友、新媒体等均可以为搬迁家庭带来发展机会，使得搬迁家庭既具有内生发展的能力，也能捕获发展机会，推进搬迁家庭的生计策略转型，激活搬迁家庭的内生发展动力，以此提升搬迁家庭的福利水平，如图 2-10 所示。

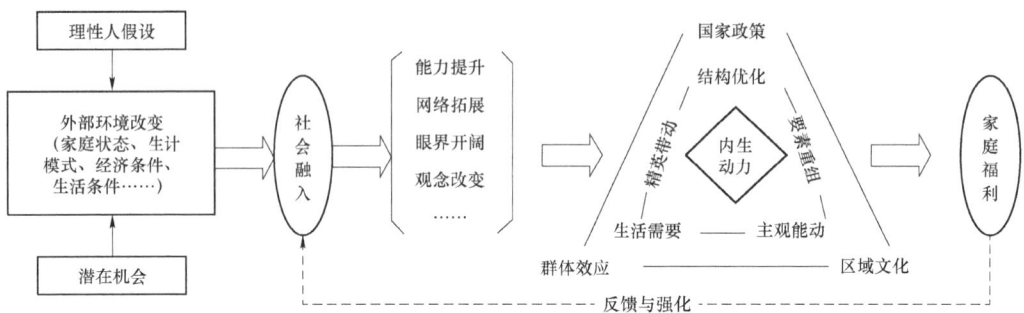

图 2-10　社会融入和内生动力影响易地扶贫搬迁家庭福利的理论框架

基于此，本研究提出以下假说：

H5：内部发展动力在社会融入影响易地扶贫搬迁家庭的物质福利中具有正向的中介作用。

H6：内部发展动力在社会融入影响易地扶贫搬迁家庭的精神福利中具有正向的中介作用。

# 参考文献

［1］ Hugh Collins，Discrimination，Equality and Social Inclusion.the Modern law Review，January 2003.Vol.66.immigrants of the 1990s in Israel［J］. Ethnic and Racial Studies，2004，27（3）：431-454.

［2］ Cameron. Geographics of Welfare and Exclusion：Social Inclusion and Exception［J］. Progress in Human Geography，2006（6）：396-404.

［3］ 彭华民，唐慧慧. 排斥与融入:低收入农民工城市住房困境与住房保障政策［J］.
山东社会科学，2012（8）：20-29.

［4］ 刘柳. 大规模保障房社区中的社会保障问题——基于社会排斥与社会融入的视
角［J］. 苏州大学学报（哲学社会科学版），2015，36（5）：60-65.

［5］ 闫伯汉. 制度排斥、社会距离与农民工社会融入——基于广东省东莞市的分析
［J］.北京社会科学，2015（5）：65-72.

［6］ Lokshin M，Sajaia Z. Maximum likelihood estimation of endogenous switching
regression models［J］. TheStata Journal，2004，4（3）：282-289.

［7］ Birigit Jentsch. Migrant integration in rural and urban areas of new settlement
countries:thematic introduction［J］. International Journal on Multicultural
Societies，2007，9（1）：179-211.

［8］ 肖宝玉，朱宇，林李月. 多维耦合视角下的流动人口主观社会融入研究——以
福厦泉城市群为例［J］. 人文地理，2021，36（2）：120-126.

［9］ 杨菊华. 城乡差分与内外之别：流动人口经济融入水平研究［J］. 江苏社会科
学，2010（3）：99-107.

［10］ 彭大松. 农村劳动力流动对家庭福利的影响［J］. 南京人口管理干部学院学
报，2012，28（2）：31-37.

［11］ 倪念. 宅基地置换中的农户福利变化研究［D］. 武汉:华中农业大学，2013.

［12］ 史耀波. 农户受益、福利水平与农村公共产品供给的关联度［J］. 改革，2012
（3）：97-102.

［13］ 关江华，黄朝禧. 微观福利与风险视角的农户宅基地流转:武汉调查［J］. 改
革，2013（8）：78-85.

［14］ Nee，V.，and B. De Bary. Longtime Californ'：A Documentary Study of an
American Chinatown，New York：Pantheon Books［J］.1973（4）：58-67.

［15］ Berry R A. When do agricultural exports help the rural poor? A political-economy
approach［J］.Oxford Development Studies，2001（7）：125-144.

［16］ 陈祎，成媛. 脱贫攻坚背景下宁夏生态移民心理距离与交往意愿实证研究［J］.
西南民族大学学报（人文社科版），2019，40（7）：186-191.

［17］ 黄祖辉. 新阶段中国"易地搬迁"扶贫战略:新定位与五大关键［J］. 学术月
刊，2020，52（9）：48-53.

[18] 周强，黄臻，张玮. 乡村振兴背景下贵州民族地区扶贫搬迁农户后续生计问题研究 [J]. 贵州民族研究，2020，41（7）：21-27.

[19] 王君涵，李文，冷淦潇，仇焕广. 易地扶贫搬迁对贫困户生计资本和生计策略的影响——基于 8 省 16 县的 3 期微观数据分析 [J]. 中国人口·资源与环境，2020，30（10）：143-153.

[20] 张鹏，郝宇彪，陈卫民. 幸福感、社会融合对户籍迁入城市意愿的影响——基于 2011 年四省市外来人口微观调查数据的经验分析 [J]. 经济评论，2014（1）：58-69.

[21] Yang Du，Albert P，Sargui W.Migration and rural poverty in China [J]. Journal of Cormparatwe，2005，33（4）：688-709.

[22] Kothari S P，Laguerre T E，Leone A J.Capitalization versus expensing：Evidence on the uncertainty of future earnings from capital expenditures versus R & D outlays [J]. Review of accounting Studies，2002，7（4）：355-382.

[23] Gould V. Collective Violence and Group Solidarity：Evidence from a Feuding Society [J]. American Sociological Review，1999，64（3）：356-380.

[24] Anthias F. Ethnic Ties:Social Capital and the Question of Mobilizability [J]. The Sociological Review，2007，55（4）：788-805.

[25] Boswell E，A Split Labor Market Analysis of Discrimination against Chinese Immigrants，1850-1882 [J]. American Sociological Review，1986，51（3）：352-371.

[26] 张晨，马彪，仇焕广. 安置方式、社交距离与社会融入：来自中国 8 省（区）16 县易地扶贫搬迁户的证据 [J]. 中国农村观察，2022（4）：153-169.

[27] 周结友，裴立新. 国外体育运动与社会资本研究：缘起、成果与启示 [J]. 体育科学，2014，34（7）：73-82.

[28] 吕明阳，彭希哲，陆蒙华. 互联网使用对老年人就业参与的影响 [J]. 经济学动态，2020（10）：77-91.

[29] 李强，何龙斌. 人力资本对流动人口的城市融入影响研究——兼论就业的中介作用 [J]. 湖南社会科学，2016（5）：147-151.

[30] 黄承伟. 共同富裕进程中的中国特色减贫道路 [J]. 中国农业大学学报（社会科学版），2020，37（6）：5-11.

［31］刘伟，于倩倩. 易地搬迁对陕南农户生计弹性的影响研究［J］. 地理与地理信息科学，2023，39（1）：105-110.

［32］王俊鸿，董亮. 灾害移民返迁意愿及影响因素研究——以汶川地震异地安置羌族移民为例［J］. 西南民族大学学报（人文社会科学版），2013，34（7）：8-14.

［33］胡荣，陈诗颖. 农民工的城市融入与基层选举参与［J］. 社会科学研究，2022（1）：113-119.

［34］刘永茂，李树茁. 农户生计多样性发展阶段研究——基于脆弱性与适应性维度［J］. 中国人口·资源与环境，2017，27（7）：147-156.

［35］贺雪峰. 农村家庭代际分工分析［J］. 统计与管理，2015（10）：96.

［36］刘永茂，李树茁. 农户生计多样性弹性测度研究——以陕西省安康市为例［J］. 资源科学，2017，39（4）：766-781.

［37］李聪，刘若鸿，许晏君. 易地扶贫搬迁、生计资本与农户收入不平等——来自陕南的证据［J］. 农业技术经济，2019（7）：52-67.

［38］苏芳，尚海洋. 生态补偿方式对农户生计策略的影响［J］. 干旱区资源与环境，2013，27（2）：58-63.

［39］Carr ER，Mc Cusker B.Theco-production of land use and livelihoods change: Implications for development interventions［J］. Geo forum，2009，40（4）：568-579.

［40］KHANAL A R，MISHRA A K.Agritourism and off-farm work: Survival strategies for small farms［J］. Agricultural Economics，2015（S1）：65-76.

［41］罗丞，王粤. 摆脱农村贫困：可持续生计分析框架的解释与政策选择［J］. 人文杂志，2020（4）：113-120.

［42］向晶，钟甫宁. 农村人口转移、工业化和城镇化［J］. 农业经济问题，2018（12）：51-56.

［43］张方圆，赵雪雁. 基于农户感知的生态补偿效应分析——以黑河中游张掖市为例［J］. 中国生态农业学报，2014，22（3）：349-355.

［44］赵雪雁，苏慧珍，何小风，介永庆，母方方，薛冰. 生计风险及其对重点生态功能区农户生活满意度的影响——以甘南黄河水源补给区为例［J］. 地理科学，2020，40（7）：1124-1133.

［45］王强. 贫困群体脱贫内生动力及影响因素研究——基于全国农村困难家庭2014-2016 年面板数据的实证分析［J］. 云南民族大学学报（哲学社会科学版），

2020，37（1）：90-99.

［46］刘欣.内生偏好与社会规范:脱贫内生动力的双重理论内涵［J］.南京农业大学学报（社会科学版），2020，20（1）：33-40.

［47］Mickelson，K. D. and S. L. Williams.Perceived Stigma of Poverty and Depression：Examination of Interpersonal and Intrapersonal Mediators［J］.Journal of Social and Clinical Psychology，2008，27（9）：903-930.

［48］李玉清，吕达奇.边远贫困山区农业产业结构调整路径研究——以贵州省 M 县推进"一减四增"政策为例［J］.贵州社会科学，2020（12）：163-168.

［49］苏芳，范冰洁，黄德林，阚立娜，罗文春.后脱贫时代相对贫困治理：分析框架与政策取向［J］.中国软科学，2021（12）：73-83.

［50］陈光，王娟，王征兵.收入渴望、非农就业与脱贫户收入——以陕西省周至县为例［J］.西北农林科技大学学报（社会科学版），2022，22（2）：74-85.

［51］唐文浩，张震.共同富裕导向下低收入人口帮扶的长效治理：理论逻辑与实践路径［J］.江苏社会科学，2022（1）：150-158.

［52］何雄浪，史世姣.高质量发展视角下我国环境规制减贫致富效应研究［J］.西南民族大学学报（人文社会科学版），2022，43（1）：105-116.

# 第三章　实践溯源、数据来源
与样本特征刻画

## 第一节　易地扶贫搬迁项目的实践溯源

### 一、易地扶贫搬迁的历程与特征

易地扶贫搬迁是解决贫困问题的重要抓手之一，是从根本上改变落后地区、贫困人口资源禀赋的重要手段，为脱贫攻坚战役的全面胜利奠定了坚实的基础。从"吊庄移民"开始，易地扶贫搬迁政策不断丰富和完善，实施范围为从"点"扩展至"线"和"面"。自 2000 年以后，易地扶贫搬迁的规模更是快速增加，移民搬迁的内涵和外延都得到了巨大的扩展和创新，在扶贫减贫政策体系中发挥着重要作用。本书参考目前已有的研究成果[1-4]，结合易地扶贫搬迁的阶段特征和重要节点，将我国易地扶贫搬迁的实施分为初步探索阶段（1982—1993 年）、试点实施阶段（1994—2000年）、全面推进阶段（2001—2010 年）、精准强化阶段（2011—2020 年）四个阶段。

（1）易地扶贫搬迁初步探索阶段（1982—1993 年）

改革开放以后，随着经济的快速发展和家庭联产承包责任制的逐步确立，带动了农村经济的快速发展，农村贫困问题得到了很大程度的解决，但在某些自然条件极端艰苦、社会经济发展严重受阻的地区开始了援助建设。1982 年，援助"三西"农业发展计划正式拉开序幕。"三西"专项扶贫计划是通过国家财政投入资金，鼓励定西、西海固地区的贫困居民到河套、河西等条件较好的地区进行农业生产，兼具促进农业发展、生态修复和改善贫困人口生活水平等多重目标。在这个过程中，就形成了易地扶贫搬迁的最原始雏形"拉吊庄"模式。"拉吊庄"一方面是指贫困居民可以向河西、河套等地流动，可以劳动力转移生产、可以投靠亲友，迁入地和迁出地都给予其在政策上的接纳和便利；另一方面是通过修建工程的方式招募人员，实现以工代赈，在工程结束后，迁移居民可以选择返回原地，也可以选择留下来安家。这就形成了搬迁群体在"迁出地有一个家、在迁入地有一个家"，搬迁群体可以在两个地方自由往来，因此被称为"吊庄"模式。

"吊庄"搬迁模式是易地扶贫搬迁的初始雏形，但其属于"三西"地区农业援助的衍生，而且政府投入资金主要集中在农林业生产发展和水利设施修建两个方面，移民搬迁涉及的资金仅占到5.9%[5]，搬迁的减贫富民效益非常微弱，也导致在援助政策结束后很多居民搬迁回原地居住。但"吊庄"模式极大程度带动了河西、河套地区的粮食生产和居民增收，除了这些直观的经济效益，还保护了原迁出地生态环境问题，缓解了人地矛盾，也是我国第一次有计划、有组织地实现人口的迁移，为易地扶贫搬迁政策的完善和实施提供了经验和借鉴。

（2）易地扶贫搬迁试点实施阶段（1994—2000年）

经过20世纪80年代和90年代初期经济的快速发展、扶贫投入的不断加大和政策不断深化，全国贫困人口大幅下降，剩余的贫困人口呈现出地域性的特征，而致贫原因中自然条件落后、经济发展困难、基础设施薄弱成为最大的困境。在1994年，国家发布的《八七扶贫攻坚计划》中指出，针对资源禀赋差、交通等基础设施薄弱等中西部地区中少数存在生存困境的贫困人口要实施开发式移民。此后《关于尽快解决农村贫困人口温饱问题的决定》《关于农业和农村工作若干重大问题的决定》等文件中也指出要针对少部分生存困难的贫困人口进行开发式移民，至此，移民搬迁成为我国扶贫减贫政策体系中的重要环节。在国家政策的指引下，广西、云南、湖北等多个省区发布了扶贫搬迁系列文件，对移民搬迁标准、资金来源、安置方式、后续发展等环节均有了明确的规定，大大丰富了易地扶贫搬迁的政策探索经验，并取得较高的成效，开发式移民也开始成为解决贫困问题的重要手段。

在这一阶段，由于易地扶贫搬迁尚处于试点实施，可借鉴的相关经验非常少，易地扶贫搬迁的政策还不够丰富，主要在政策引导的基础上，推动具有生存困境的贫困人口资源迁移。但多地的探索实践还是为易地扶贫搬迁的全面推进奠定了诸多有益借鉴，如湖北省的基地安置、插花安置、投靠亲友等特色安置为易地扶贫搬迁安置方式提供了有益参考；广西对移民搬迁标准的规定更是为搬迁补助的制定提供了经验；福建对口支援宁夏的帮扶模式也为后续的协作帮扶提供了借鉴。而且开发式移民群体在搬迁后不仅发展农业产业，也推动了搬迁人员的就业逐渐从第一产业向第二、三产业转移，丰富了搬迁居民的生计策略方式。开发式移民还将搬迁与开发式帮扶相结合，促进搬迁群体发挥主观能动性，激活搬迁群体的内生发展活力，保障扶贫的长远性和可持续性。

（3）易地扶贫搬迁全面推进阶段（2001—2010 年）

经过了国家扶贫攻坚计划的深入实施，进入 21 世纪后，我国贫困地区和贫困人口进一步减少，但剩余的脱贫工作更加艰巨。为了实现社会主义小康社会目标，2001 年颁发了《中国农村扶贫开发纲要》，将"自愿移民搬迁"作为扶贫工作的重要手段，并且强调了搬迁后对搬迁群体后续帮扶的重要性，并要求易地扶贫搬迁要有规划、分阶段地稳步推进，并对 21 世纪初的扶贫工作作出了系统安排。同年颁布了《关于易地扶贫搬迁试点工程的实施意见》，指导云南、宁夏等西部地区的易地扶贫搬迁工作，这也是首次确定和使用"易地扶贫搬迁"一词，对易地扶贫搬迁的内涵、搬迁资金来源、工作内容、搬迁任务等做了细致的界定和安排。2007 年，在总结以往易地扶贫搬迁工作的基础上，颁布了《易地扶贫搬迁"十一五"规划》，《规划》中明确界定了搬迁对象，并对搬迁任务和工作内容进行分解，使易地扶贫搬迁工作更加有政策文件依据，极大程度上推进了搬迁工作的实施。这些政策的颁布也标志着我国的易地扶贫搬迁工作从政策的一个方向转变为国家层面的组织实施的系统扶贫工程。

在这一阶段，借助西部大开发、国家扶贫开发等国家战略，国家不断丰富和完善易地扶贫搬迁的内涵、搬迁对象界定、工作分解以及后续帮扶等内容，让易地扶贫搬迁工作推进更加规范和快速，截至 2011 年在全国范围内易地扶贫搬迁了约 500 万人，并且形成了易地扶贫搬迁与生态移民、易地扶贫搬迁与特色安置、易地扶贫搬迁与特色产业等诸多经验。在搬迁中"稳得住"工作思想也贯穿始终，强调搬迁后的产业发展和劳动力转移就业，不断强调和提升搬迁居民的可持续生计能力。系列文件还明确规定了易地扶贫搬迁肩负的扶贫减贫和改善生态环境的双重目标，推进了易地扶贫搬迁工作从探索试点向全面推进，并对我国的减贫工作释放了巨大的助力。

（4）易地扶贫搬迁精准强化阶段（2011—2020年）

2011年，在"十二五"规划中明确指出要加大易地扶贫搬迁力度，在《中国农村扶贫开发纲要》中明确将易地扶贫搬迁作为了专项扶贫工作之一，要求要改善生存环境恶劣地区贫困人口的生产生活环境，并且提出了移民安置可与城镇化、工业化等发展战略相结合，提升搬迁居民的就业机会和能力，这也是首次在相关文件中出现非农安置或城镇化安置的主张。2012年印发了易地扶贫搬迁"十二五"规划，对安置人口、安置规划、安置资金来源等内容作出统筹安排，并对安置人员补助标准、安置住房面积等细节问题作出部署。精准扶贫战略的提出和深入实施进一步推进了易地扶贫搬迁的进程。在2014年出台的《关于做好新时期易地扶贫搬迁工作的指导意见》更是对易地扶贫搬迁工作的规划、社会保障、生态、工程建设、管理机制体制、土地政策等内容作出详细的规定，至此易地扶贫搬迁政策体系初步完善。在《关于打赢脱贫攻坚战的决定》中强调针对易地扶贫搬迁工作，要创新政策的组合方式。2016年颁发了《全国"十三五"易地扶贫搬迁规划》，规划中对生存条件恶劣的居民搬迁任务做了详细分解，计划在五年时间内搬迁1 000万贫困群众，并按照区域实行差异化的补助政策，对后续的搬迁人口持续脱贫路径作出了安排指引，对相关工作也作出了详尽说明，为攻坚易地扶贫搬迁工作奠定了制度基础。

在这一时期，相比于其他阶段呈现出以下特征：一是资金投入高。相比于前面几个阶段，从2011年开始，易地扶贫搬迁投入资金大幅提升，而且资金来源渠道更加丰富；二是对安置面积严格控制。在这一时期，易地扶贫搬迁政策更加完善，而且对易地扶贫搬迁工作的各个环节作出详尽规定，使得易地扶贫搬迁工作执行更加规范和有制可依；三是安置人口数量巨大。进入精准扶贫时期，攻克所有贫困区域和贫困人口是检验脱贫攻坚成果的唯一标准，对生存条件恶劣的贫困人口实现愿搬尽搬，搬迁人口数量巨大，在"十三五"期间搬迁了900余万人口，相当于一个中等国家的人口水平。四是建设项目更加广泛。除了住房以外，教育、医疗、社会保障、产业发展、非农就业等配套设施，还有商超、集市等服务均一体化建设，致力于不断提升搬迁人口的生活水平。截至2020年底，我国易地扶贫搬迁项目实现了全部顺利验收。如图3-1所示。

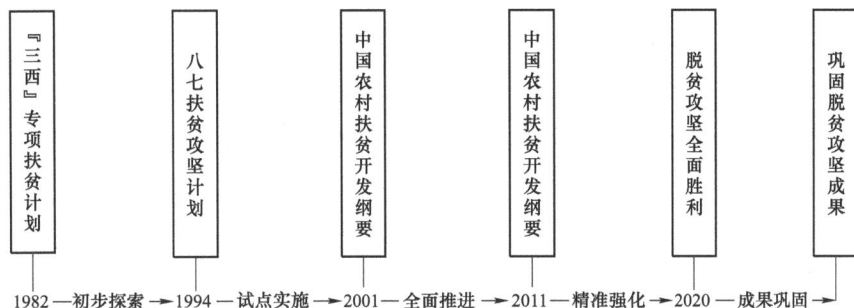

图 3-1　易地扶贫搬迁发展历程

## 二、凉山州易地扶贫搬迁的现状考察

（1）凉山州易地扶贫搬迁的基本情况

凉山州位于四川省西南部川滇交界处，是攀西地区重要组成部分和川西南地区重要的战略要地，是全国最大彝族聚居地，也是曾经的"三区三州"深度贫困地区，精准扶贫启幕时，全州共计 11 个贫困县、2 072 个贫困村、105.2 万贫困人口，被认为是脱贫攻坚最"难啃的骨头"。州内聚集了汉族、彝族、藏族、等十多个民族，少数民族人口为 317.19 万人，占总人口的 58.41%；彝族人口为 298.9 万人，占总人口的 55.04%。彝族人口占比超过 90%的有 4 个县，分别为美姑县（99.14%）、昭觉县（98.65%）、布拖县（97.32%）和喜德县（91.65%）。

自然地理环境制约是导致贫困的重要因素之一[6]。凉山州位于青藏高原、四川盆地和云贵高原的过渡地带，地貌复杂多样、山高谷深，生态环境脆弱，地质灾害频发，导致州内交通可达性差，且家庭可利用的自然资源禀赋贫瘠，自然地理条件的恶劣是导致凉山州深度贫困的根本原因之一。因而地缘地理条件所导致贫困的群体，一方面自然条件限制了产业发展，另一方面要帮助其脱贫人力、物力投入成本巨大，且难以实现有效脱贫。因此，要从根本上解决"一方水土养不活一方人"的生存困境，只能实施易地扶贫搬迁策略。

"十三五"期间，凉山州实施易地扶贫搬迁 7.44 万户 35.32 万人，其中：集中安置 5.37 万户 25.77 万人，集中安置率 73%，分散安置 2.07 万户 9.55 万人，分散安置率 27%；城镇安置 1 万户 4.77 万人，城镇安置率 13%，农村安置 6.44 万户 30.55 万人，农村安置率 87%。从安置的区域情况来看，会理县、会东县和德昌县安置规模非常小，安置总户数和安置总人数分别为 24 户、93 人，24 户、123 人，56 户、156 人。安置方式中会理县和德昌县分散安置均高于集中安置规模，存在这种情况

59

的还有木里县和普格县，这里两县分散安置户数和安置人数分别为 802 户、3 938
人和 3 965 户、19 712 人，均远远高于集中安置的 211 户、973 人和 732 户、3 817
人，普格县是凉山州分散安置规模最大的区域。从安置总体规模和集中安置规模来
看，昭觉县的规模均位列首位，安置户数和安置人数分别为 12 239 户、54 505 人，
其中集中安置规模为 11 529 户、52 098 人；其次是美姑县，这是凉山州另一个安置
户数超过 1 万户、安置人口超过 5 万人的区域。凉山州易地扶贫搬迁具体安置情况
如表 3-1 所示。

表 3-1 凉山州易地扶贫搬迁基本情况统计表

| 地区 | 安置总户数/户 | 安置总人数/人 | 集中安置 | | | 分散安置 | |
| --- | --- | --- | --- | --- | --- | --- | --- |
| | | | 安置点数/个 | 安置户数/户 | 安置人数/人 | 安置户数/户 | 安置人数/人 |
| 会理县 | 24 | 93 | 1 | 7 | 28 | 17 | 65 |
| 会东县 | 24 | 123 | 1 | 22 | 116 | 2 | 7 |
| 德昌县 | 56 | 156 | 1 | 20 | 43 | 36 | 113 |
| 宁南县 | 308 | 1 499 | 12 | 165 | 819 | 143 | 680 |
| 冕宁县 | 528 | 2 386 | 7 | 286 | 1 407 | 242 | 979 |
| 西昌市 | 819 | 3 291 | 11 | 507 | 2 128 | 312 | 1 163 |
| 木里县 | 1 013 | 4 911 | 2 | 211 | 973 | 802 | 3 938 |
| 普格县 | 4 697 | 23 529 | 35 | 732 | 3 817 | 3 965 | 19 712 |
| 雷波县 | 4 947 | 21 532 | 119 | 3 505 | 15 619 | 1 442 | 5 913 |
| 甘洛县 | 4 977 | 21 362 | 150 | 2 726 | 11 909 | 2 251 | 9 453 |
| 喜德县 | 5 429 | 25 565 | 83 | 4 606 | 19 681 | 823 | 5 884 |
| 盐源县 | 6 275 | 28 577 | 62 | 3 222 | 15 575 | 3 053 | 13 002 |
| 布拖县 | 7 279 | 38 910 | 195 | 6 732 | 36 103 | 547 | 2 807 |
| 越西县 | 7 527 | 32 282 | 130 | 4 963 | 22 152 | 2 564 | 10 130 |
| 金阳县 | 7 593 | 41 256 | 133 | 5 738 | 27 311 | 1 855 | 13 945 |
| 美姑县 | 10 694 | 53 223 | 175 | 10 545 | 49 167 | 149 | 4 056 |
| 昭觉县 | 12 239 | 54 505 | 351 | 11 529 | 52 098 | 710 | 2 407 |
| 合计 | 74 429 | 353 200 | 1 468 | 57 416 | 278 946 | 17 013 | 74 254 |

注：数据来源于凉山州乡村振兴局，2021 年。

（2）凉山州易地扶贫搬迁的主要做法与突出成效

凉山州搬迁任务占四川省搬迁总任务的 26%，位居四川省第一，其中四川省 10
个 3 000 人以上的大型集中安置点均位于凉山州，后续扶持工作任务极重。2020 年
以来，在国家、省的大力支持和帮助下，凉山彝族自治州高度重视易地扶贫搬迁后

续工作，从社区治理、群众就业、产业发展、推广以工代赈等方面精准发力，全力推进后续扶持各项工作，取得了较好成效。

1）推进社区治理，帮助搬迁家庭融入美好新生活

一是党建引领，构建多元共治"开新局"。通过建立基层党委、党总支、党支部的形式，实现了800人以上集中安置点全覆盖建立党组织的预期目标，其余小型安置点全部就近纳入村（社区）党组织进行管理。全覆盖建立群众自治组织、群团组织和其他经济社会组织，在社区配套建立共青团、妇联和民兵组织，实现安置点的党建引领。二是创新安置社区治理模式。推行群众民主自治形式，建立社区自治组织，形成群众自治制度的形式强化自治；完善人民调解、行政调解、司法调解联动工作体系，依托社区便民站点建立法律服务平台，推动安置社区的法治；开展"道德模范""四好家庭"等评选活动，推行社区"红黑榜""道德纪实"，组织制定文明公约，设立社区文明监督员，引导群众移风易俗，引导社区德治。三是积极汇聚优秀人才。配强"两委"，由迁入地乡镇优秀年轻干部担任安置点党组织书记或副书记，选配安置点村（社区）干部901人，并进行全覆盖培训。通过定向招募专业社工和西部计划志愿者，配备专兼职网格管理员、设置治理专干，培养储备后备力量等手段夯实治理队伍。制发《关于加强易地扶贫搬迁集中安置点部门派驻力量管理的指导意见》，充分发挥居民小组长、网格员、楼栋长等主导作用、党员示范作用、乡贤引领作用、能人带动作用、群众主体作用，形成安置点治理的最大合力。

2）推进劳动力转移就业，助力搬迁家庭稳定增收

一是摸清搬迁家庭培训意愿，全面提升培训质效。在2021年完成凉山彝族自治州全州200人以上易地扶贫搬迁集中安置点劳动力培训情况全覆盖调研，掌握安置点劳动力培训意愿，制订各县（市）年度培训任务方案，并且通过技能培训、创业培训、劳务品牌培训等方式丰富安置点就业培训内容，尽可能广泛地吸引具有培训意愿的搬迁居民参与其中。鼓励有培训意愿的安置点劳动力参加专项职业能力考核，并帮助技能熟练者取得专项职业能力证书。二是广泛扩展就业渠道，大力促进安置点青壮年劳动力转移就业。一方面加强安置点搬迁家庭的就业监测，建立精准的劳务输出帮扶机制，与广东、浙江等用工大省建立起紧密联系，并在外地成立农民工工作服务站，帮助缺少就业渠道的搬迁家庭外出就业；另一方面积极在易地扶贫搬迁集中安置点举办专场招聘会，吸纳、组织用人单位与安置点建立长期的合作

关系，协调各县向结对县（市、区）派遣驻岗工作队，强化输出就业和稳岗服务。三是优化载体，实现就近就地就业。一方面，通过建设配套扶贫车间、工业园区、农牧业产业基地或园区、商贸物流园区或冷链仓储基地等方式大力发展当地产业，为安置地居民提供就业岗位，解决技能掌握有限或不能外出务工就业的弱势群体就业问题；另一方面通过开发公益性就业岗位、彝绣彝纺等居家就业形式，进一步多元化搬迁家庭的收入渠道，促进搬迁家庭增收稳收。

3）促进产业发展，为搬迁家庭谋长远效益

一是大力推进园区建设。目前，凉山州全州 800 人以上集中安置点已建成 16 个现代农业园区，如美姑县热口肉牛养殖园、昭觉县大樱桃现代农业园区、盐源县梅雨镇八家村设施蔬菜现代农业园区、金阳县生猪养殖园区等产业园区，推荐昭觉县蔬菜+肉牛现代农业园区晋升四川省五星级园区、金阳青花椒现代农业园区晋升四川省四星级园区。通过产业园区的建设既为搬迁家庭带来了就业岗位，也保证了搬迁家庭可持续的收入来源。二是支持发展一批特色产业。根据区域特色和优势，分类发展特色产业。如指导和支持有乡村旅游发展条件的安置点编制乡村旅游专项规划（专项方案），并积极引导其创建乡村旅游 A 类景区、大凉山旅游名镇、大凉山优秀旅游特色小镇等旅游名片。一方面，鼓励和引导有条件的农户开办农家乐（乡村酒店）、乡村民宿，激发农户创业的积极性。另一方面，引导搬迁家庭发展特色种养殖业的新型经营主体、因地制宜帮助安置点发展特色种植业、规范化特色畜禽养殖等方式大力发展具有区域特色的农副产品，并积极引导其培育特色农产品品牌，实现产业发展的提质增效。

4）坚持以工代赈，带动搬迁家庭共建共享

凉山州在农业农村基础设施建设领域大力推广以工代赈方式，建立了 11 部门工作沟通协调机制，制订了《凉山州关于在农业农村基础设施建设领域积极推广以工代赈方式的实施方案》，对项目谋划、劳动力储备及培训、务工组织、劳务报酬发放、验收结算、档案资料、监督管理等内容和要求进行了明确。州级各部门结合行业特点，分别细化制定了《工作方案》，明确州县（市）部门沟通协调机制，保障整体工作均衡推进。相关行业部门定期不定期赴县（市）开展指导督促，及时发现及时解决工作中存在的问题，不断优化工作流程，提高部门参与度，推动推广以工代赈方式政策措施惠及更多群众。在 11 个已脱贫县有近百个农业农村基础设施、投资建设、基层社会管理、公共服务等项目采用以工代赈方式实施，为搬迁家庭带来了丰富的就业岗位和稳定的收入渠道，实现了搬迁家庭共享发展成果。

（3）凉山州易地扶贫搬迁的现实困境

1）产业吸纳居民就业能力不足

一是产业发展后劲不足。一方面是产业发展技术依赖严重，产业的培育与管理过度依赖对口帮扶单位等外部力量，而且村内具有较高技能水平和知识素养的劳动力几乎外出，大学生返乡就业、创业数量较少，导致产业的核心技术掌握不足，技术依赖程度高。以美姑县侯古莫乡的冷水鱼养殖为例，当前繁殖、养殖技术均来自西昌学院的对口帮扶，合作社工作人员主要负责饲料的投喂等工作，核心技术还未掌握。另一方面产品的质量参差不齐，种植养殖的规模效应不足，产业化程度不够，很难形成稳定的高质量产销体系。而且与西昌、冕宁、德昌等县（市）相比，其他区域产业品牌效应不突出，导致产业发展后劲不足。因此，农业产业能够提供的劳动力就业岗位偏少。二是受到区域自然条件影响，除安宁河流域以外的区域，土地相对分散且生态问题较为突出，加上田间道路、农田水利等基础设施建设较为薄弱，导致产业的后续培育壮大较为困难。三是援建扶贫企业带动作用不明显。新建、引进企业是解决不能外出转移就业的人口的生计问题的重要手段，但受到投资成本、运输成本、市场行情、技术等因素的困扰，导致安置点周边的扶贫车间或援建企业的规模较小，而且抗风能力较弱，导致企业的就业带动能力有限，要实现搬迁家庭成员"家门口"就业的增收效应目标在短期内还难以实现。

2）劳动力转移就业不够

一是部分搬迁家庭的主动意识不强。在调研中发现，因为目前帮扶政策仍然存在，在当前补助的优惠政策下，也能勉强维持家庭的日常开支，因此导致了部分搬迁家庭不愿意外出或就近就业。部分享受政策优惠较多的家庭甚至担心在就业以后会取消现在的补助红利，因此不愿意就业，家庭的"等靠要"落后思想仍然存在，通过实地调研数据统计，这部分搬迁家庭占比达到百分之二十左右。二是部分搬迁居民未能通过培训活动掌握技能。为了提升搬迁家庭参与各类技能培训的积极性，大部分培训活动都对参与人员给予一定的现金或者物质奖励，也导致了部分参与培训的人员仅为了得到奖励而未深入地参与到培训中，因此技能水平掌握不够。调研人员在调研中喜德县和布拖县也参与了多个技能培训，发现部分人员在报到登记后离开，培训接近尾声再返回领取培训补贴；又或是在培训中玩手机、做手工等，未真正意义地参与技能培训，技能水平的提升效果有限。三是缺乏良好的语言环境。为了解决搬迁家庭劳动力转移就业中的语言交流问题，政府和社区也开展了多次的普通话培训，以期提升搬迁家庭的普通话流利程度。但在日常的生活和交流中，搬迁家庭仍然以彝语为主，导致语言环境的缺失，很大一部分搬迁居民仍然不能熟练地使用普通话，从而阻碍了劳动力的转移就业。四是劳动力供需失衡。搬迁居民在搬迁前主要居住在交通不畅、信息闭塞的高半山地区，其受到的教育水平、新事物接受、传统观念等因素，导致搬迁居民学习能力较弱，一方面是导致搬迁居民学习技能的时间较长；另一方面是学习的技能可能与就业岗位的需求不匹配。如牛牛坝的安置点扶贫车间可以提供 2 000 个左右的就业岗位，但在招工中仅有近 300 人符合招工要求。这也说明了搬迁居民在就业中可以选择的岗位较少，因此要实现劳动力的持续稳定转移仍然面临较大的挑战。

3）农户适应与转型进程缓慢

一是适应能力较弱。易地扶贫搬迁家庭不同于城市化家庭，城市化家庭在城市化前往往经历了较长时间的适应，因此在城市化后可以快速地融入社会，开启新生活。但易地扶贫搬迁家庭在搬迁前没有过渡期和适应期，在较短的时间内就完成了从"村寨散居"到"县城社区聚居"的转变，相比于"村寨散居"的自由性，社区生活具有较强的约束和管理性，导致部分搬迁家庭社会融入缓慢，甚至出现了"返迁"情绪。在调研过程中发现，存在预留花园变为了菜地、随地扔垃圾和吐痰、就地围坐等现象经常出现，还有门禁系统等智慧化社区设备已经被破坏，短时间内要改变搬迁居民的生活习惯仍然困难重重。二是文化冲突导致搬迁家庭适应与转型缓慢。在搬迁前，搬迁家庭受到彝族传统家支文化影响深远，熟人社会、人情社会特征突出。搬迁后家支分布在原居住地或其他安置点，导致搬迁家庭原来的文化遭受到冲击，从而可能产生焦虑和困惑等心理，因此要在重构家庭心理文化空间，彻底融入搬迁社区还需要长时间的改变和适应。三是自我发展能力较弱。一方面是搬迁前的条件约束导致搬迁家庭与现代社会之间存在"鸿沟"，导致其在搬迁后短时间内难以补齐发展短板；另一方面是搬迁前的"贫困文化""落后思想"等难以适应新环境和发展新方式，导致搬迁家庭自我发展能力还较弱，转移性收入、公益性岗位等帮扶措施仍然在搬迁家庭中占据着重要地位，如若后续帮扶政策的逐步撤销，搬迁家庭可能会面临家庭发展新危机。

4）社区管理服务能力有限

一是社区自治能力水平有限。针对易地扶贫搬迁安置社区的治理问题，凉山州也通过"彝路相伴"等行动计划来帮助搬迁安置社区建立起社区治理模式，而且结合彝族的民族文化和风俗习惯，在大部分安置点特别是大型安置点成立红白理事、禁毒防艾等社区居民自治组织，以期能够建立起社区居民广泛参与的安置社区居民自治管理模式。一方面是搬迁居民在搬迁前未涉及到参与社区治理事项，要其接受和参与社区自治还需要一定的时间适应；另一方面是社区里组织之间和各个组织内部的利益联结机制不紧密，导致了当前安置社区的自治能力还非常有限。二是安置社区物业服务费用支出难。为了促进搬迁居民快速融入和适应社区，也为了减轻搬迁家庭的日常开支，虽然搬迁家庭也需要按照一定的标准缴纳水电和物业管理等费用，但各县（市）均给予了搬迁安置社区巨大的优惠政策。但从长远来看，如果一直给予政策补贴，会对各县（市）的财政造成巨大的压力，但如果将物业管理费用由搬迁家庭买单又会给家庭造成生活成本压力。三是安置社区后续维修和建设资金需求较大。一方面是安置社区还有很多基础设施需要进一步优化，如天网工程、雪亮工程以及其他的公共基础设施的后续维护和优化；另一方面是社区服务、物业管理等的管理专业性和服务能力均需要进一步提升，但这些维护和提升的资金来源压力仍然很大。

# 第二节　数据来源与调研设计

## 一、调研对象

本研究的调研对象主要包括易地扶贫搬迁农户、易地扶贫搬迁集中安置点安置社区工作人员、凉山州以及调研样本县（市）乡村振兴局（原扶贫移民局）的领导和工作人员、安置点所在乡镇政府相关领导和工作人员、驻村干部等。

对调研对象筛选条件如下：针对易地扶贫搬迁农户，在致贫原因、迁出村与安置点距离、搬迁后生计类型等方面尽量涉及全面。针对易地扶贫搬迁对象，通过组建精通彝汉双语、熟悉凉山州风俗习惯的学生形成调研分队，通过一对一的问答、访谈形式，获取研究所需的各项信息；针对乡村振兴局、乡镇政府工作人员和驻村干部等群体，选择对易地扶贫搬迁在搬迁前、搬迁过程中、搬迁安置后的工作了解全面深入，以便调研分队能更加全面、具体地掌握凉山州易地扶贫搬迁工作的详细内容，有利于研究把握整体情况。针对易地扶贫搬迁相关部门和工作人员的调研主要通过座谈会、一对一访谈等方式开展，旨在获取凉山州易地扶贫搬迁相关数据、成果总结、问题分析等相关资料，对研究涉及的相关内容提供指导和建议，并请求协助调研。相关的调研事宜提前与调研点联络人进行对接，以此保证本次调研样本的准确性和可靠性。

## 二、调研区域

在"十三五"期间，凉山州实施易地扶贫搬迁 7.44 万户、35.32 万人。其中：集中安置 5.37 万户、25.77 万人，集中安置率 73%，分散安置 2.07 万户、9.55 万人，分散安置率 27%；城镇安置 1 万户、4.77 万人，城镇安置率 13%，农村安置 6.44 万户、30.55 万人，农村安置率 87%，搬迁安置后，陆续出台了《关于进一步加大易地扶贫搬迁后续扶持工作力度的指导意见》《关于印发 2020 年易地扶贫搬迁后续扶持若干政策措施的通知》等系列文件，从促进就业、产业发展、返贫监测、社区治理等方面促进易地扶贫搬迁家庭重新构建起可持续生计体系。因此，选择凉山州作为研究区域具有非常强的现实意义。凉山州下辖 17 个县（市），且 17 个县（市）均涉及了易地扶贫搬迁，虽然易地扶贫搬迁安置点一般位于区位条件较好的区域，但凉山州县与县之间、县内部距离较远。如果调研覆盖全州，需要投入极大的人力、物力、财力，还要面对安全、调研协调工作等困境。基于这些现实约束和考虑到彝族群体在文化习俗等方面具有一定的趋同性，因此本研究考虑凉山州各个县（市）易地扶贫搬迁安置情况和农村经济社会发展差异，选取研究的调研区域。

从凉山州易地扶贫搬迁基本情况来看，如表 3-2 所示，全州安置规模最大的县在昭觉县，安置户数为 12 239 户，共计安置 54 505 人，其中，集中安置率达到了95.58%，共计 351 个集中安置点、11 529 户 52 098 人，均在全县占比最大。全州最大安置点是位于布拖县的依撒社区，安置户数 2 890 户 14 230 人，也是凉山州唯一一个安置人数超过一万人的易地扶贫搬迁安置小区。会理县、会东县和德昌县易地扶贫搬迁户数和总人口均较少，安置总户数均为超过 100 户，安置总人数均为超过200 人，分别为 24 户、24 户和 56 户，93 人、123 人和 156 人。集中安置点县均只有 1 个，安置搬迁户数和人数均较少。凉山州易地扶贫搬迁基本情况见表 3-2。

表 3-2　凉山州易地扶贫搬迁基本情况统计表

| 地区 | 安置总户数/户 | 安置总人数/人 | 集中安置点个数/个 | 集中安置户数/户 | 集中安置人数/人 |
|---|---|---|---|---|---|
| 会理县 | 24 | 93 | 1 | 7 | 28 |
| 会东县 | 24 | 123 | 1 | 22 | 116 |
| 德昌县 | 56 | 156 | 1 | 20 | 43 |
| 宁南县 | 308 | 1 499 | 12 | 165 | 819 |
| 冕宁县 | 528 | 2 386 | 7 | 286 | 1 407 |
| 西昌市 | 819 | 3 291 | 11 | 507 | 2 128 |
| 木里县 | 1 013 | 4 911 | 2 | 211 | 973 |
| 普格县 | 4 697 | 23 529 | 35 | 732 | 3 817 |
| 雷波县 | 4 947 | 21 532 | 119 | 3 505 | 15 619 |
| 甘洛县 | 4 977 | 21 362 | 150 | 2 726 | 11 909 |
| 喜德县 | 5 429 | 25 565 | 83 | 4 606 | 19 681 |
| 盐源县 | 6 275 | 28 577 | 62 | 3 222 | 15 575 |
| 布拖县 | 7 279 | 38 910 | 195 | 8 632 | 46 103 |
| 越西县 | 7 527 | 32 282 | 130 | 4 963 | 22 152 |
| 金阳县 | 7 593 | 41 256 | 133 | 5 738 | 27 311 |
| 美姑县 | 10 694 | 53 223 | 175 | 10 545 | 59 167 |
| 昭觉县 | 12 239 | 54 505 | 351 | 11 529 | 52 098 |

注：数据来源于凉山州乡村振兴局，2021 年。

　　从各县（市）经济、人口和收入情况来看，如表 3-3 所示，西昌市依靠旅游、工业和特色农业等产业的发展，地区生产总值达到了 630.48 亿元，农村居民可支配收入达到了 23 523 万元，在全州范围内处于领先位置。地区生产总值在 40 亿元以下的县包括普格县、喜德县和布拖县，分别为 35.31 亿元、36.14 亿元和 38.09 亿元，农村居民可支配收入普格县为 13 613 元，要略优于喜德县和布拖县，这两县分别为 11 918 元和 11 975 元。全州最低农村居民可支配收入是美姑县，仅为 11 618 元，只占到西昌市的 49.39%，还未达到西昌市居民可支配收入一半的水平。

表 3-3　2021 年凉山州各县（市）经济、人口和收入基本情况统计表

| 地区 | 地区生产总值/亿元 | 常住人口/万人 | 农村居民可支配收入/元 | 城乡收入差距/元 |
|---|---|---|---|---|
| 会理县 | 200.05 | 39.1 | 22 740 | 15 144 |
| 会东县 | 159.37 | 34.61 | 22 065 | 12 444 |
| 德昌县 | 86.01 | 22.04 | 22 793 | 14 648 |
| 宁南县 | 75 | 20.25 | 20 570 | 13 846 |
| 冕宁县 | 127.7 | 40.73 | 19 314 | 15 089 |

| 地区 | 地区生产总值/亿元 | 常住人口/万人 | 农村居民可支配收入/元 | 城乡收入差距/元 |
|------|------|------|------|------|
| 西昌市 | 630.48 | 96.3 | 23 523 | 21 908 |
| 木里县 | 54.69 | 12.29 | 13 613 | 19 955 |
| 普格县 | 35.31 | 18.01 | 13 988 | 18 598 |
| 雷波县 | 76.55 | 28.88 | 13 366 | 18 325 |
| 甘洛县 | 45.18 | 24.09 | 11 830 | 20 611 |
| 喜德县 | 36.14 | 15.9 | 11 918 | 17 929 |
| 盐源县 | 148.09 | 34.2 | 16 552 | 16 574 |
| 布拖县 | 38.09 | 18.56 | 11 975 | 21 001 |
| 越西县 | 57.88 | 30.4 | 13 221 | 18 750 |
| 金阳县 | 45.72 | 17.01 | 11 968 | 20 476 |
| 美姑县 | 40.77 | 28.49 | 11 618 | 19 567 |
| 昭觉县 | 46.11 | 25.24 | 12 509 | 18 667 |

注：数据来源于凉山州及其各县（市）政府统计公报、门户网站。

通过对凉山州易地扶贫搬迁安置情况和各县经济、居民收入情况的掌握，综合安宁河河谷平原内外区域分布、乡村振兴重点帮扶县与非帮扶县、选点成片具有较紧密联系等因素，在咨询专家和凉山州易地扶贫搬迁工作领导、工作人员的建议下，本研究选择了位于安宁河河谷地带、经济发展较为良好，搬迁安置人数较少但具有一定代表性的西昌市和冕宁县；选择地理区位不占优势、经济发展还需帮扶，安置搬迁户数和人数较多的昭觉县、具有单个安置点安置超过一万人的布拖县、人均可支配收入最低的美姑县；为了使得调研区域连接成片，一方面调研区域相邻，区域对比分析更具有合理性，可以避免地理区位差异太大造成的异质性；另一方面可以更加方便调研，确保调研的可行性。因此，在安置户数和安置人数位于中间区段中选择了喜德县作为调研区域。

## 三、调研设计

为了厘清和检验易地扶贫搬迁社会融入对家庭福利的影响，并验证影响的渠道和机制，本研究调研问卷内容涉及了易地扶贫搬迁家庭特征和受访主体的个人特征、生计资本、生计策略、社会融入、迁出村和安置地特征等多个组成部分。调研设计主要包括以下几个阶段：第一阶段。本研究在获取凉山州以及各县（市）宏观统计资料的基础上，于 2021 年 7 月利用西昌学院暑期社会实践机会，对凉山州昭觉县沐恩邸社区、美姑县新民社区等易地扶贫搬迁安置社区进行走访，了解搬迁居民生活状况、后续帮扶政策等内容。然后整合前期主持、参与的易地扶贫搬迁相关资料，立足现有相关研究的基础上，掌握易地扶贫搬迁社会融入的内涵、维度和评价体系，初步识别搬迁家庭社会融入对家庭福利的影响及其影响机制。同时通过课题组讨论、专家意见征求、易地扶贫搬迁工作人员访谈等途径指导下，初步形成本研究的调研问卷雏形。第二阶段。2022 年 5 月下旬至 6 月上旬，前往凉山州西昌市大兴乡、川兴镇和冕宁县曹古乡、米谷乡开展预调研，获得了易地扶贫搬迁农户调研问卷 93 份，易地扶贫搬迁相关工作人员访谈记录 9 份。通过预调研，对易地扶贫搬迁家庭社会融入对家庭福利的影响有了更深层次的认知，并对搬迁受访主体家庭收入、支出、积蓄、社会融入等相关问题的询问有了新技巧，并结合在预调研中出现的问题，结合相关领导、工作人员、课题组老师的建议，对问卷中的遗漏信息予以补充，对重复和无太大意义的选项设置进行删除，形成了最终调研问卷。第三阶段。于 2022 年 7—8 月，招募精通彝汉双语、熟悉彝族风俗习惯的大学生组建调研团队，在进行系统培训后，深入调研样本区域开展实地调研，获取本研究所需的相关微观数据。

## 四、数据收集与整理

为了保障实地调研数据的质量和真实性，本研究对调研环节作了如下措施：一是选择精通彝汉双语、彝族风俗习惯和具有调研经验的凉山州本地大学生组建调研团队。依托西昌学院校团委学生会、资源与环境学院国土资源调查与保护团队、区域可持续发展团队等团队资源，并且根据彝族"族群"特征，同民族、同家支的彝族同胞更愿意提供家庭真实情况，选拔具有调研经验的凉山州籍大学生组建调研分队，避免在调研中不会因为语言问题产生沟通不畅而导致数据失真的情况出现，从而保障调研数据的准确性。二是调研问卷系统培训。在调研问卷确定后，于 2022 年 7 月 25—26 日在西昌学院对调研团队进行面对面系统培训。25 日主要针对问卷专业问题解释、访谈技巧传授等内容；26 日调研团队针对各选项进行彝语翻译、交流，保证问卷各问题和选项彝语表述的准确性。三是做好调研对接工作，保障调研顺利进行。通过提前与凉山州及调研样本县（市）乡村振兴局联系，对接调研各项事宜，并在前往具体调研社区的前一天与安置社区负责人或工作人员取得联系，为调研事宜提前沟通。并在搬迁农户调研中尽量回避工作人员在场，以此保障调研取得真实数据。四是调研回顾和查漏补缺。每天晚上，调研团队成员对当天调研情况进行总结，从中发现可能存在的问题，并对有用经验予以推广。对当天完成的问卷进行交叉检查、查漏补缺，以此保障问卷质量。本次实地调研中集中安置的 649 份调研样本是调研团队人员与受访对象面对面问答访谈所得；分散安置的 188 份调研样本中，有 113 份调研样本是调研团队人员与受访对象面对面问答访谈所得，有 75 份调研样本是通过电话访谈的方式由调研团队人员与受访对象问答访谈所得。

本研究实地调研针对易地扶贫搬迁农户共发放问卷 837 份，通过对获得的问卷进行整理，剔除关键信息遗漏和重复样本后，最终获得问卷 814 份，其中集中安置调研样本 635 份、分散安置调研问卷 179 份，问卷有效率 97.25%。通过访谈乡村振兴局、安置地乡镇政府（或村委会）、安置社区工作人员获得访谈问卷 56 份。样本具体分布如表 3-4 所示。

表 3-4　调研样本分布情况统计表

| 县/市 | 安置点 | 问卷数量/份 | 县域占比/% | 总量占比/% |
|---|---|---|---|---|
| 喜德县 | 石门社区安置点 | 43 | 25.29 | 5.28 |
| | 彝欣社区安置点 | 50 | 29.41 | 6.14 |
| | 八一社区安置点 | 25 | 14.71 | 3.07 |
| | 且拖乡安置点 | 13 | 7.65 | 1.60 |
| | 分散安置 | 39 | 22.94 | 4.79 |
| 昭觉县 | 昭美社区安置点 | 34 | 19.32 | 4.18 |
| | 南坪社区安置点 | 36 | 20.45 | 4.42 |
| | 沐恩邸社区安置点 | 50 | 28.41 | 6.14 |
| | 四开乡安置点 | 12 | 6.82 | 1.47 |
| | 分散安置 | 44 | 25.00 | 5.41 |
| 美姑县 | 拉马社区安置点 | 32 | 22.86 | 3.93 |
| | 西荣社区安置点 | 21 | 15.00 | 2.58 |
| | 北辰社区安置点 | 25 | 17.86 | 3.07 |
| | 新民社区安置点 | 16 | 11.43 | 1.97 |
| | 巴普镇安置点 | 11 | 7.86 | 1.35 |
| | 分散安置 | 35 | 25.00 | 4.30 |
| 布拖县 | 龙潭社区安置点 | 34 | 25.37 | 4.18 |
| | 依撒社区安置点 | 52 | 38.81 | 6.39 |
| | 拖觉镇安置点 | 11 | 8.21 | 1.35 |

| 县/市 | 安置点 | 问卷数量/份 | 县域占比/% | 总量占比/% |
|---|---|---|---|---|
| 布拖县 | 拉达乡安置点 | 16 | 11.94 | 1.97 |
| | 分散安置 | 21 | 15.67 | 2.58 |
| 冕宁县 | 曹古安置点 | 30 | 29.13 | 3.69 |
| | 米谷安置点 | 34 | 33.01 | 4.18 |
| | 麦地安置点 | 21 | 20.39 | 2.58 |
| | 分散安置 | 18 | 17.48 | 2.21 |
| 西昌市 | 热水河安置点 | 17 | 18.68 | 2.09 |
| | 川兴镇安置点 | 24 | 26.37 | 2.95 |
| | 马鞍山安置点 | 28 | 30.77 | 3.44 |
| | 分散安置 | 22 | 24.18 | 2.70 |

注：数据来源于实地调研整理统计所得。

## 第三节　基本特征

### 一、受访安置社区基本特征

易地扶贫搬迁安置社区选址要以地理区位较优越、交通便利、基础设施和公共服务完善为导向，因此，集中安置社区基本靠近集镇或县城。从受访安置社区调研统计情况来看，也符合此特征，如表 3-5 所示。调研涉及的 18 个集中安置社区距离集镇或县城的距离较近，且都靠近县级主干道，交通出行便利。从公共服务和基础设施建设来看，安置社区距离银行、医院、学校的距离较近，大型集中安置区如彝欣社区、依撒社区、沐恩邸社区、西荣社区、北辰社区在社区内部就设有医疗和基础教育机构，安置社区基础设施和公共服务设施较为完善，社区之间差异性较小。从社区治理来看，均建立了以社区两委为核心、居民广泛参与的"一核多元"基层治理模式，引导搬迁家庭参与到社区治理体系中。在产业配套方面，在安置社区周边基本配置了产业园区，但手工业为主的配套产业主要集中在大型集中安置社区，如西荣社区、北辰社区旁配套了乐美鞋业有限公司，彝欣社区、依撒社区内配置了服装、漆器等手工业作坊。搬迁家庭还可以在家从事彝纺、彝绣等彝族传统手工业，社区基本配备了这些传统手工业制品的采收机构。

表 3-5　受访安置社区基本特征统计表

| 区域 | 社区 | 安置户数/户 | 安置人数/人 | 距离乡镇/千米 | 距离县城/千米 | 是否靠近主干道 | 公共服务是否完备 | 基础设施是否完备 |
|---|---|---|---|---|---|---|---|---|
| 喜德 | 石门社区 | 381 | 1 986 | 2 | 6 | 是 | 是 | 是 |
| | 彝欣社区 | 1 447 | 7 518 | 3 | 3 | 是 | 是 | 是 |
| | 八一社区 | 336 | 1 558 | 2 | 13 | 是 | 是 | 是 |
| 昭觉 | 昭美社区 | 874 | 4 586 | 3 | 3 | 是 | 是 | 是 |
| | 南坪社区 | 996 | 5 135 | 2 | 2 | 是 | 是 | 是 |
| | 沐恩邸社区 | 1 426 | 6 575 | 3 | 3 | 是 | 是 | 是 |
| 美姑 | 拉马社区 | 789 | 3 735 | 0 | 51 | 是 | 是 | 是 |
| | 西荣社区 | 1 212 | 6 325 | 0.5 | 24.5 | 是 | 是 | 是 |
| | 北辰社区 | 1 016 | 5 294 | 0 | 24 | 是 | 是 | 是 |
| | 新民社区 | 214 | 1 098 | 0.5 | 33 | 是 | 是 | 是 |
| 布拖 | 龙潭社区 | 212 | 1 044 | 0.5 | 57 | 是 | 是 | 是 |
| | 依撒社区 | 2 918 | 14 442 | 1 | 2 | 是 | 是 | 是 |
| 冕宁 | 曹古安置点 | 74 | 296 | 0.5 | 20 | 是 | 是 | 是 |
| | 米谷安置点 | 165 | 781 | 1 | 22 | 是 | 是 | 是 |
| | 麦地安置点 | 43 | 156 | 2 | 15 | 是 | 是 | 是 |
| 西昌 | 大兴安置点 | 96 | 423 | 1 | 15 | 是 | 是 | 是 |
| | 川兴安置点 | 185 | 813 | 0.5 | 8 | 是 | 是 | 是 |
| | 马鞍安置点 | 68 | 271 | 1 | 63 | 是 | 是 | 是 |

## 二、受访个体基本特征

本研究从性别、是否户主、年龄、学历、健康状况和安置方式六个方面对受访者个体基本特征展开分析，详细统计情况如表 3-6 所示。实地调研获得的 814 份有效问卷中，女性受访者为 539 人，占比为 66.22%；男性受访者人数为 275 人，占比 33.78%，在调研中女性受访者更高，基本达到了样本问卷总量的三分之二，这主要受到彝族"男主外、女主内"思维约束，男性普遍在外务工，女性在家照顾家庭和小孩，因此女性受访者占比更高。从是否户主选项来看，户主和非户主受访者分别为 293 人和 521 人，占比为 36.00% 和 64.00%，男性受访者比例较低，但男性基本为家庭户主，这也与性别选项结果一致。从受访者年龄来看，40～50 区间段占比最多，人数为 223 人，占比为 27.40%；其次是 50～60、30～40 和 30 以下三个区间段，受访人数分别为 176 人、158 人和 106 人，占比分别为 21.62%、19.41% 和 13.02%；年龄在 70 以上和 60～70 区间段的占比较少，分别为 61 人和 90 人，占比为 7.49%、

11.06%。从调研情况来看，本研究受访对象年龄偏年轻化，年龄均值为 45.97 岁，这也从侧面反映了目前安置点中青年女性较多，促进这部分劳动力就业仍有提升空间。从学历来看，文盲占比最大，占到了 616 人，占比为 75.68%，小学学历人数为 101 人，占比 12.41 人，这两个层次占比达到了 88.08%。初中学历、高中学历和高中以上学历受访者分别为 58 人、18 人和 21 人，占比分别为 7.13%、2.21% 和 2.58%。这说明调研样本教育水平还普遍偏低，这主要是因为受访者 30 岁以上占比很高，属于 90 年代以前出生人群，当时凉山州教育水平偏低，搬迁居民又位于偏远山区，交通、经济、观念等还比较落后，导致受访者整体受教育水平低下。从受访者健康状况来看，身体健康的受访者占到大部分，人数和占比分别为 667 人、81.94%；身体状况一般，具有需要服药的慢性病受访者和身体状况很差的受访者分别为 132 人和 15 人，占比分别为 16.22% 和 1.84%，可见受访者整体健康水平良好。从安置方式来看，集中安置和分散安置受访者分别为 635 人和 179 人，占比为 78.01%、21.99%。

表 3-6 样本农户个体基本特征统计表

| 指标 | 选项分类 | 人数/人 | 占比/% | 累计占比/% |
|---|---|---|---|---|
| 性别 | 女 | 539 | 66.22 | 66.22 |
| | 男 | 275 | 33.78 | 100.00 |
| 是否户主 | 户主 | 293 | 36.00 | 36.00 |
| | 非户主 | 521 | 64.00 | 100.00 |
| 年龄 | 30 以下 | 106 | 13.02 | 13.02 |
| | 30～40 | 158 | 19.41 | 32.43 |
| | 40～50 | 223 | 27.40 | 59.83 |
| | 50～60 | 176 | 21.62 | 81.45 |
| | 60～70 | 90 | 11.06 | 92.51 |
| | 70 以上 | 61 | 7.49 | 100.00 |
| 学历 | 文盲 | 616 | 75.68 | 75.68 |
| | 小学 | 101 | 12.41 | 88.08 |
| | 初中 | 58 | 7.13 | 95.21 |
| | 高中 | 18 | 2.21 | 97.42 |
| | 高中以上 | 21 | 2.58 | 100.00 |
| 健康状况 | 很差 | 15 | 1.84 | 1.84 |
| | 健康 | 667 | 81.94 | 83.78 |
| | 一般 | 132 | 16.22 | 100.00 |
| 安置方式 | 集中安置 | 635 | 78.01 | 78.01 |
| | 分散安置 | 179 | 21.99 | 100.00 |

注：数据来源于实地调研整理统计所得。

## 三、受访家庭基本特征

（1）样本家庭收入特征

根据调研情况，本书将易地扶贫搬迁家庭收入分为 2 万以下、[2～5）万元、[5～8）万元、[8～10）万元、10 万以上五个区间段。从调研农户的家庭收入来看，占比最大的区间段是 [2～5）万元，处于此区间段的受访对象共有 243 人，占比为 29.85%。然后是 2 万元以下区间段和 [5～8）万元区间段，人数为 202 人和 192 人，占比分别为 24.82%、23.59%。家庭年收入在 10 万元以上区间段的受访者共有 111 人，占比为 13.64%。[5～8）万元区间段的占比最低，占比仅为 8.11%，只有 66 户受访家庭处于此区间段。从统计结果来看，样本家庭收入收入区间段统计图呈现 M 型（如图 3-2 所示）。中间区段占比较小，还有很大的提升空间。收入较高的 [8～10）万元和 10 万以上的占比达到了 37.23%，超过了样本的三分之一。易地扶贫搬迁家庭的收入仍然较低，5 万元以下收入的占比达到了 54.67%，提升搬迁家庭收入仍然是后续帮扶工作的重中之重。

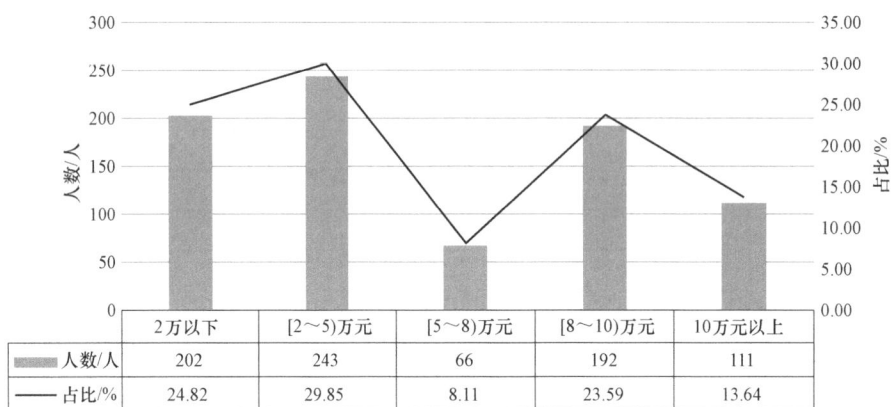

| | 2万以下 | [2～5)万元 | [5～8)万元 | [8～10)万元 | 10万元以上 |
| --- | --- | --- | --- | --- | --- |
| 人数/人 | 202 | 243 | 66 | 192 | 111 |
| 占比/% | 24.82 | 29.85 | 8.11 | 23.59 | 13.64 |

图 3-2　样本家庭收入基本情况统计图

注：数据来源于实地调研整理统计所得。

从调研各县（市）统计情况来看，收入在 10 万元以上占比最高的是冕宁县，占比达到了 37.86%，其次是西昌市，占比为 28.57%。喜德县是四个非安宁河河谷地带唯一一个占比超过 10 个百分点的样本地，占比为 10.59%，布拖县、美姑县和昭觉县在此区间段占比仅为 4.48%、5.00% 和 8.52%。而在 [8～10）万元区间段布拖县、美姑县、冕宁县、西昌市、喜德县、昭觉县五个样本区域占比分别为 14.18%、25.00%、20.39%、46.15%、24.12%、19.32%，其中西昌市占比最大，处于此阶段的受访对象几乎达到了一半，且家庭收入在 8 万元以上的占比达到了 74.72%，是调研样本 6 个县（市）中家庭收入最高的地区。在 2 万元以下区间段，西昌市没有调研样本处于此收入区间段，冕宁县有 3 户受访家庭收入在两万元以下，占比为 2.91%。布拖县、美姑县、喜德县和昭觉县四个样本区域占比分别为 29.10%、25.00%、39.41%和 32.95%。在［2～5）万元区间段，布拖县、美姑县、冕宁县、西昌市、喜德县、昭觉县五个样本区域占比分别为 41.79%、37.14%、23.30%、17.58%、22.35%、32.39%。而从中间区段［5～8）万元统计情况来看，喜德县和昭觉县占比较低，仅为 3.53%和 6.82%；冕宁县和布拖县受访农户家庭收入在此区间段占比超过了 10 个百分点，分别为 15.53%和 10.45%；美姑县和西昌市的占比为 7.86%和 7.69%，具体分布人数和占比如表 3-7 所示。

表 3-7  分区域样本家庭收入基本情况统计表

| 区间段 | 布拖县 | | 美姑县 | | 冕宁县 | | 西昌市 | | 喜德县 | | 昭觉县 | |
|---|---|---|---|---|---|---|---|---|---|---|---|---|
| | 人数/人 | 占比/% | 人数/人 | 占比/% | 人数/人 | 占比/% | 人数/人 | 占比/% | 人数/人 | 占比/% | 人数/人 | 占比/% |
| 2 万以下 | 39 | 29.1 | 35 | 25 | 3 | 2.91 | 0 | 0 | 67 | 39.41 | 58 | 32.95 |
| 2 万～5 万元 | 56 | 41.79 | 52 | 37.14 | 24 | 23.3 | 16 | 17.58 | 38 | 22.35 | 57 | 32.39 |
| 5 万～8 万元 | 14 | 10.45 | 11 | 7.86 | 16 | 15.53 | 7 | 7.69 | 6 | 3.53 | 12 | 6.82 |
| 8 万～10 万元 | 19 | 14.18 | 35 | 25 | 21 | 20.39 | 42 | 46.16 | 41 | 24.12 | 34 | 19.32 |
| 10 万以上 | 6 | 4.48 | 7 | 5 | 39 | 37.87 | 26 | 28.57 | 18 | 10.59 | 15 | 8.52 |

注：数据来源于实地调研整理统计所得。

（2）样本家庭幸福感自评基本情况

从样本家庭幸福感自评统计情况开看来看，如图 3-3 所示，非常幸福、幸福、一般、不幸福和非常不幸福受访对象的人数为 346 人、107 人、316 人、41 人和 4 人，占比分别为 42.51%、13.14%、38.82%、5.04%和 0.49%。从统计结果来看，非常幸福区间段的占比最大，接近一半的受访对象对幸福感知处于此区间段。非常不幸福和不幸福区间段占比较小，合计占比仅为 5.53%，这也说明目前易地扶贫搬迁安置点优越的地理位置和环境以及各项活动为搬迁家庭带来了更高的生活水平和更丰富的精神文化生活。但对幸福感感知认为一般幸福的受访占比还较高，超过了受访对象总量的三分之一，因此还应该进一步针对不同群体采取精准的帮扶措施，以此提升易地扶贫搬迁家庭的精神福利。

从分区域的样本家庭幸福感感知自评基本情况统计来看，在非常不幸福和不幸福区间段六个调研区域占比均较小，冕宁县和西昌市在这两个区间段占比均为 0，未有搬迁受访对象认为当前生活不幸福或者非常不幸福。布拖县、美姑县、喜德县和昭觉县在这两个区间段占比分别为 0.75%、3.73%，0.00%、5.00%，1.18%、12.35%，0.57%、4.55%。在幸福感自评一般区间段的占比整体偏高，布拖县、美姑县、喜德县、昭觉县四县受访对象在此区间段的人数为 67 人、70 人、70 人、94 人，占比分别为 50.00%、50.00%、41.18%和 53.41%。冕宁县和西昌市在此区间段占比为 3.88%和 12.09%。但从总体上看，各区域调研受访对象幸福感感知总体仍处于幸福和非常幸福区间段。布拖县、美姑县、冕宁县、西昌市、喜德县、昭觉县六个样本区域在这两个区间段的人数为 61 人、63 人、99 人、80 人、77 人和 73 人，占比分别为 45.52%、45.00%、96.11%、87.91%、45.3%和 41.48%，具体统计情况如表 3-8 所示。

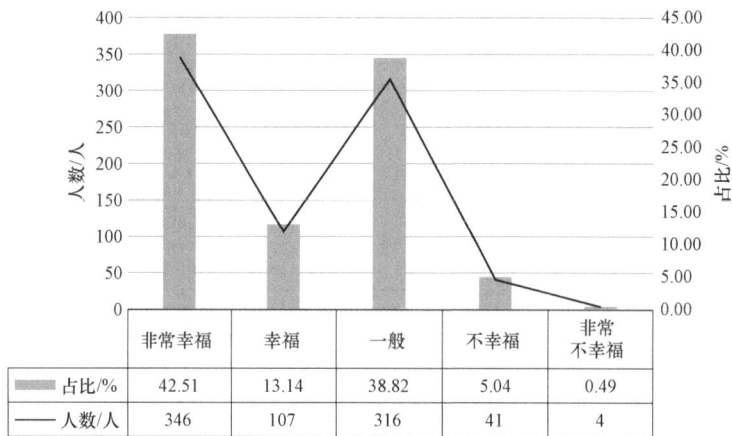

| | 非常幸福 | 幸福 | 一般 | 不幸福 | 非常不幸福 |
|---|---|---|---|---|---|
| 占比/% | 42.51 | 13.14 | 38.82 | 5.04 | 0.49 |
| 人数/人 | 346 | 107 | 316 | 41 | 4 |

图 3-3　样本家庭幸福感自评基本情况统计图

注：数据来源于实地调研整理统计所得。

**表 3-8　分区域样本家庭幸福感感知评价基本情况统计表**

| 区间段 | 布拖县 | | 美姑县 | | 冕宁县 | | 西昌市 | | 喜德县 | | 昭觉县 | |
|---|---|---|---|---|---|---|---|---|---|---|---|---|
| | 人数/人 | 占比/% | 人数/人 | 占比/% | 人数/人 | 占比/% | 人数/人 | 占比/% | 人数/人 | 占比/% | 人数/人 | 占比/% |
| 非常不幸福 | 1 | 0.75 | 0 | 0 | 0 | 0 | 0 | 0 | 2 | 1.18 | 1 | 0.57 |
| 不幸福 | 5 | 3.73 | 7 | 5 | 0 | 0 | 0 | 0 | 21 | 12.35 | 8 | 4.55 |
| 一般 | 67 | 50 | 70 | 50 | 4 | 3.89 | 11 | 12.09 | 70 | 41.18 | 94 | 53.41 |
| 幸福 | 34 | 25.37 | 11 | 7.86 | 27 | 26.21 | 10 | 10.99 | 12 | 7.06 | 13 | 7.39 |
| 非常幸福 | 27 | 20.15 | 52 | 37.14 | 72 | 69.9 | 70 | 76.92 | 65 | 38.23 | 60 | 34.08 |

注：数据来源于实地调研整理统计所得。

（3）样本家庭劳动力占比基本情况

从家庭劳动力占比统计来看（如图3-4所示），家庭劳动力占比在［0.2~0.4）的区间段比重最大，有260位受访者处于此区间段，占比为31.94%，在进一步统计中分析中发现，这部分群体以中年为主，面临赡养老人、哺育子女的重任，家庭劳动力占比较低，这也与受访者平均年龄为45.97岁相吻合。劳动力占比第二高的区间段［0.6~0.8），人数为189人，占比为23.22%。占比在0.8及以上、［0.4~0.6）、0.2以下三个区间段的受访者人数为161人、107人和97人，占比分别为19.78%、13.14%和11.92%。从调研样本整体情况来看，家庭劳动力占比很低，缺乏劳动力的家庭较少，劳动力占比达到0.6以上的占比为43.00%，也从侧面反映了搬迁的大多数未面临劳动力缺乏的困境，但受到民族观念、语言（普通话）阻碍等因素，搬迁家庭女性劳动力未能充分释放对家庭的贡献能力。

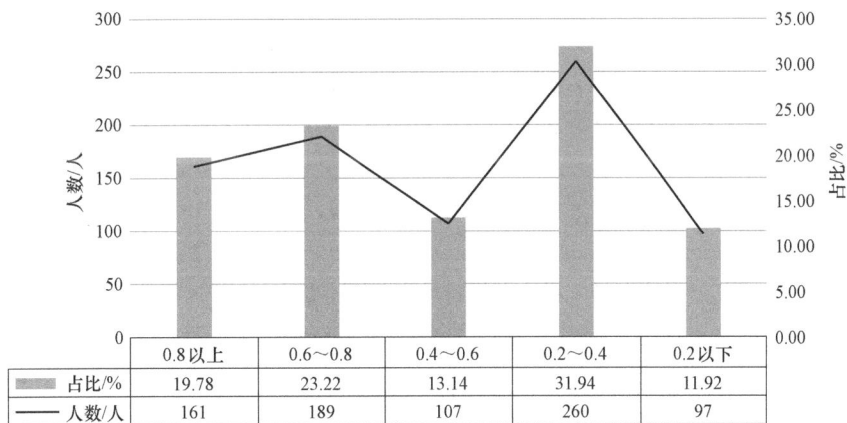

| | 0.8以上 | 0.6~0.8 | 0.4~0.6 | 0.2~0.4 | 0.2以下 |
|---|---|---|---|---|---|
| 占比/% | 19.78 | 23.22 | 13.14 | 31.94 | 11.92 |
| 人数/人 | 161 | 189 | 107 | 260 | 97 |

图3-4　样本家庭劳动力占比基本情况统计图

注：数据来源于实地调研整理统计所得。

（4）样本家庭耕地经营基本情况

从家庭耕地利用情况统计来看（如图3-5所示），家庭未再利用耕地的受访者人数为252人，占比为30.96%。在进一步深入访谈中发现，未利用耕地的原因一方面是搬迁安置点距离原居住地距离很远，且交通不畅通，回家耕种土地非常不便；另一方面是原有耕地质量较差，耕种土地也难以带来收益，因此选择不再耕种土地。但受访主体中仍有接近七成的受访者仍在耕种土地，人数达到了562人，占比达到了69.04%，在调研中发现，美姑为搬迁农户修建了生产性安置用房，喜德的花椒、药材、蜡虫养殖等土地利用转型，还有分散安置和小规模安置离搬迁地较近等原因，都促使搬迁农户仍然在利用耕地。但在耕地经营面积群体中，以经营面积在10亩以内的比例最大，受访者人数为 254 人，占比为 31.20%。经营面积在 10～20 亩的占比也较大，人数为 202 人、占比为 24.82%。而在耕地经营面积在 20～30 亩和 30 亩以上区间段的人数为 81 人和 25 人，占比为 9.95%和 3.07%。在调研中访谈得知，家庭经营耕地在 20 亩以上的搬迁家庭不仅耕种自己家的土地，还流转了其他搬迁家庭、外出务工家庭的土地进行耕种，在满足家庭生活需要的同时，还增加了家庭的收入总量和来源渠道，而且部分家庭还通过转变土地利用类型，通过种植经济作物获取更高的报酬。

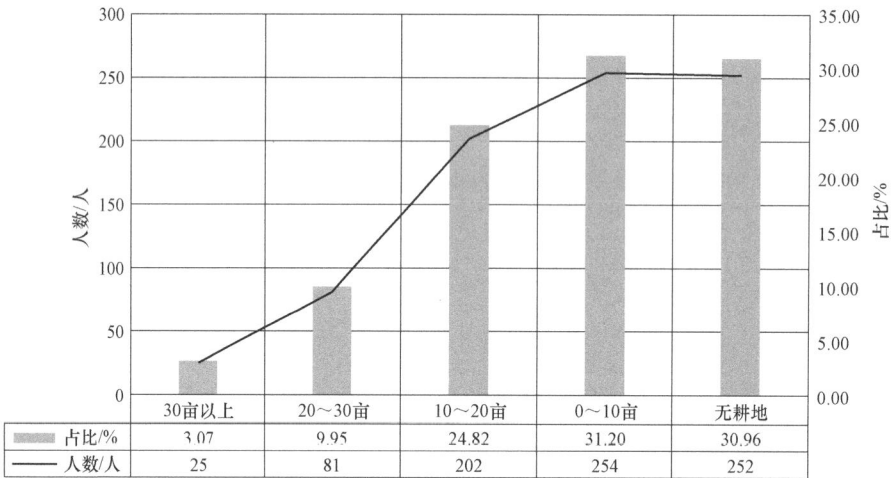

| | 30亩以上 | 20～30亩 | 10～20亩 | 0～10亩 | 无耕地 |
|---|---|---|---|---|---|
| 占比/% | 3.07 | 9.95 | 24.82 | 31.20 | 30.96 |
| 人数/人 | 25 | 81 | 202 | 254 | 252 |

图 3-5　样本家庭耕地经营基本情况统计图

注：数据来源于实地调研整理统计所得。

（5）样本家庭生计风险基本情况

通过对易地扶贫搬迁受访对象家庭生计风险自评情况来看（如图 3-6 所示），认为家庭生计风险很高的受访者占比为 1.84%，家庭生计风险较高的受访者占比为 12.65%，可见认为家庭具有生计风险的受访者占比较低，在 814 份有效问卷中有 118 位受访者认为家庭面临生计风险。在调研中，针对有生计风险的受访者进行更深入的访谈，这部分受访者家庭面临着劳动力缺乏、重疾病等发展制约因素。目前安置地针对此群体主要采取了低保补助、公益岗位安置等手段，保障此群体家庭具有稳定收入来源，在自评中此群体受访者大多表示认为家庭面临生计有风险是担心将来帮扶政策取消后可能导致家庭收入骤减，因而认为家庭面临着生计风险。在家庭生计风险一般区间段占比为 28.87%，占比还比较偏高，此区间受访者主要认为当前疫情、经济等形势导致就业的不稳定性，虽然目前能够支撑家庭支出消费需求，但仍然担心有突发因素会引起家庭生计风险。认为家庭面临较低和很低风险的受访者占比分别为 36.98%、19.66%，此部分受访者表示目前家庭具有比较稳定的收入来源，甚至家庭已有积蓄，坚信在相关帮扶政策的指引下，家庭不会面临生计风险。

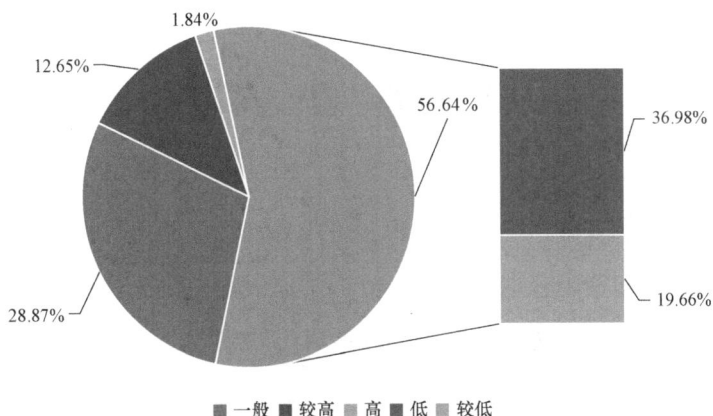

图 3-6　样本家庭生计风险自评统计图

注：数据来源于实地调研整理统计所得。

（6）样本家庭对未来生活的信心

从对受访者未来生活信心的统计情况来看（如图 3-7 所示），家庭对未来生活有信心和非常有信心的占比超过了受访者的六成，达到了 62.78%，其中非常有信心在受访者中占比最大，比例为 42.26%，说明快接近一般受访者对未来生活充满了信心。对未来生活有信心的受访者占比也达到了 20.52%，占比仅次于非常有信心区间段的比重。在占比中处于第三位置的对未来生活信心一般区间段，占比为 18.04%。而在非常没有信心和没有信心两个区间段的受访者占比分别为 4.42%、14.74%。对未来

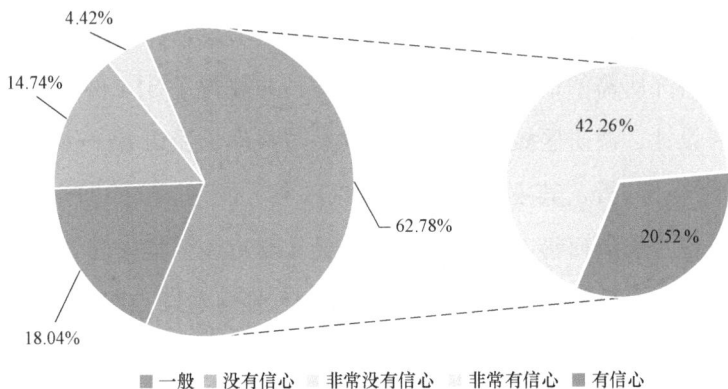

图 3-7　样本家庭对未来生活的信心统计图

注：数据来源于实地调研整理统计所得。

生活信心一般及其以下水平的占比达到了 37.22%，此部分群体几乎与自评家庭面临生计风险的受访者重合，因此在后续的帮扶中，还需要加大对此部分群体精准化、差异化的帮扶措施。

# 第四节　小　结

本章先对易地扶贫搬迁的发展历程和阶段特征进行简要的梳理，并基于凉山州易地扶贫搬迁现状和调研获取的资料，分析了凉山州易地扶贫搬迁后，为实现"稳得住、能致富"的目标，通过一系列工作所取得的成效，以及后续发展中存在的困境。结果发现，我国的易地扶贫搬迁历程可以划分为初步探索、试点实施、全面推进和精准强化四个阶段。凉山州易地扶贫搬迁通过强有力的后续帮扶政策，通过党建引领、创新工作模式、汇聚人才等手段推进了搬迁家庭融入适应社会；充分运用技能培训、就地就业、大型招聘、对口帮扶等措施促进搬迁家庭劳动力的转移就业，增加家庭的收入；通过园区建设、特色产业培育的方式促进产业发展；还通过以工代赈的方式，带动搬迁家庭共建共享。但易地扶贫搬迁也还存在产业吸纳居民就业能力不足、劳动力转移就业不够、社会融入较差、社区管理服务能力有限等现实困境。因此，还需要在不断激发易地扶贫搬迁家庭的内生发展动力和精准化外部帮扶的双重作用下，推进易地扶贫搬迁家庭的社会融入，不断提升搬迁家庭的福利水平，做好易地扶贫搬迁"稳得住、能致富"的下半篇文章。

随后，通过对以往实地调研和项目参与资料整理总结，在现有文献研究和相关理论基础上，在专家、课题组的咨询和指导下，基于凉山州易地扶贫搬迁的现实情况，设计了本研究所需的调查问卷和调研方案，并获得了 814 份有效问卷。再对调研对象、调研设计、调研区域选取、数据收集与整理、受访者个体和家庭特征进行介绍和描述性统计分析，其主要特征总结如下：

一是本研究实地调研涉及了凉山州 6 个县（市）23 个集中安置点 635 份搬迁农户调研问卷和 179 份分散安置搬迁农户调研问卷，且问卷选点综合考虑了地理区位、经济发展水平、是否乡村振兴重点帮扶县、搬迁安置点特征等因素，能够真实客观反映凉山州易地扶贫搬迁农户家庭的社会融入、家庭福利等内容。

二是从受访者个体特征来看，受访者平均年龄 45.97 岁，受访者年纪偏年轻化且以女性受访者为主,说明当前搬迁家庭还有相当部分女性劳动力未实现非农就业。受访者身体状况良好,身体健康的受访者占到样本总量的绝大部分,但受访者受教育年限偏低,主要集中在文盲和小学教育的区间段。

三是从受访者家庭特征来看。家庭收入处于5万元以下的受访家庭占比较大,在分区域的家庭收入统计中,西昌市和冕宁县要远远优于布拖县、美姑县、喜德县和昭觉县。而从家庭幸福感感知来看,大部分搬迁主体认为当前生活幸福,占比达到55.65%,但认为生活幸福感一般的占比仍然较大,超过了受访者总数的三分之一。从劳动力占比来看,家庭劳动力占比很低,劳动力占比达到60%以上的占比为43.00%,也从侧面反映了搬迁的大多数家庭面临着劳动力缺乏的困境。在耕地经营方面,仍有超过七成的受访者家庭仍在利用经营耕地,这与一些学者研究认为自然资本在易地扶贫搬迁农户家庭中不再起作用有一定差异。在生计风险和对未来生活信心方面,大部分搬迁农户自评目前生计风险较低,对未来生活充满了信心,但在生计风险一般和生活信心一般区间段受访者占比仍然较大,还应当针对此群体采取精准化、差异化的措施,降低搬迁家庭的规模性返贫风险。

# 参考文献

[1] 王鑫. 精准扶贫背景下武陵山片区易地扶贫搬迁研究 [D]. 武汉:中南民族大学,2018.

[2] 王宏新,付甜,张文杰. 中国易地扶贫搬迁政策的演进特征——基于政策文本量化分析 [J]. 国家行政学院学报,2017(3):48-53.

[3] 翟绍果,张星,周清旭. 易地扶贫搬迁的政策演进与创新路径 [J]. 西北农林科技大学学报(社会科学版),2019(1):15-22.

[4] 黄征学,潘彪. 易地扶贫搬迁政策演进与"后扶贫时代"政策创新 [J]. 宏观经济管理,2021(9):63-69.

[5] 陆汉文,覃志敏. 我国扶贫移民政策的演变与发展趋势 [J]. 贵州社会科学,2015(5):164-168.

[6] 汪三贵,曾小溪. 从区域扶贫开发到精准扶贫——改革开放40年中国扶贫政策的演进及脱贫攻坚的难点和对策 [J]. 农业经济问题,2018(8):40-50.

# 第四章 易地扶贫搬迁农户
# 社会融入测度及差异性分析

## 第一节 易地扶贫搬迁农户家庭社会融入测度

### 一、测度方法选择

为了提升指标评价的合理性，避免因为人为主观因素导致指标权重偏差问题，本章在确定了易地扶贫搬迁农户家庭社会融入指标体系后，选择使用熵值法来确定各指标权重，然后通过加权平均的方式测算易地扶贫搬迁农户家庭社会融入指数。根据现有取得的 6 个县（市）814 份调研样本、16 个评价指标，得到原始指标体系数值矩阵 $Y = (X_{ij})_{mn}$。指标体系中的 16 个指标均为正向指标，即数值越趋近 5 表示这一指标融入程度更高，越趋近 1 则表示这一指标融入程度较低。因此，在标准化处理时选择正向指标标准化处理公式，得到指标体系标准化数值矩阵 $Y' = (B_{ij})_{mn}$，矩阵中 $B_{ij}$ 数值计算公式为：

$$B_{ij} = \frac{X_{ij} - X_{j\min}}{X_{j\max} - X_{j\min}}, i = 1, 2, \cdots, m; j = 1, 2, \cdots, n \tag{4-1}$$

在标准化矩阵中，第 $j$ 项指标的熵权值为：

$$L_j = -\frac{1}{\ln m} \sum_{i=1}^{m} X_{ij} \ln X_{ij}, j = 1, 2, \cdots, n \tag{4-2}$$

式中：$X_{ij}$ 是第 $i$ 个样本第 $j$ 项指标值占该指标值总和的比重；$L_j$ 取值范围位于 [0～1] 之间。如果 $X_{ij} = 0$ 时，则需要对指标进行修正，因为 $\ln 0$ 无意义。

然后，求取指标权重：

$$W_j = \frac{1 - L_j}{n - \sum_{i=1}^{n} L_j} \qquad （4-3）$$

最后，测算出易地扶贫搬迁农户家庭社会融入指数：

$$LC = \sum_{j=i}^{m} W_j B_{ij}, j = 1, 2, \cdots, n \qquad （4-4）$$

借鉴参考学者们对易地扶贫搬迁社会融入阶段的划分标准，结合凉山彝族自治州易地扶贫搬迁安置点实际情况，本章将易地扶贫搬迁家庭社会融入指数得分划分为：[0，4] 融入滞后阶段、（4，6] 初步融入阶段、（6，8] 良好融入阶段、（8，10] 高度融入阶段。

## 二、指标体系构建

随着城市流动人口、搬迁移民群体的快速增加，社会融入也成为了民族学、社会学、人口学、经济学等学科领域的研究热点。针对人口的融入问题，研究也经历了不断深化的过程，目前已经形成较为成熟的社会融入测度体系。本章在借鉴参考学者[1-4]关于社会融入维度的划分，结合凉山彝族自治州易地扶贫搬迁农户的实际情况和需求，将易地扶贫搬迁农户家庭社会融入测度指标体系划分为经济融入、生活融入、文化融入、心理融入四个维度。经济融入重点衡量搬迁家庭获得物质基础的能力。在经济融入维度，重点考察搬迁农户从传统的农业型主导生计策略向非农务工主导型生计策略转型的能力和现状，衡量搬迁家庭从事非农就业和多样化生计策略的能力，因此设置了信息获取、参与培训、务工渠道、权益保障四个指标。生活融入重点衡量搬迁家庭生活方式和习惯的适应状况。在生活融入维度，重点考察从"散居"到"聚居"的适应性转变，衡量搬迁家庭适应城镇化和集中居住的现实状况，设置生活方式、活动参与、社会交往、规范约束四个指标。文化融入重点衡量搬迁家庭在观念、价值取向等方面的接受状况。因此，在文化融入维度，重点测度从迁出地到迁入地后的观念、价值取向等方面的认同，考虑彝族同胞普遍使用彝语，对普通话的掌握和能力有限，但"推普攻坚"是后扶贫时代重要的攻坚行动，不仅可以帮助搬迁家庭融入适应新环境，更能帮助搬迁家庭提升人力资本和积累社会资本，因此，普通话的掌握情况也应当纳入社会融入的评价指标体系。基于此，设置语言沟通、子女教育、婚丧嫁娶、风俗习惯四个指标。心理融入侧重衡量搬迁农户的心理认同和感知。心理融入是搬迁家庭社会融入的最深层次的融入阶段,意味着搬迁家庭成员是否已经接受成为当地人的身份变化,决定了搬迁家庭是否会具有返迁行为。因此,设置身份认同、信任程度、歧视感知、定居意愿四个指标,具体指标及指标含义如表 4-1 所示。其中信息获取、务工渠道、权益保障通过多项选项设置,在调研结束后根据农户选择选项的丰富程度判断易地扶贫搬迁农户融入的程度,其余指标参考 Likert 五级量表设置非常符合、较为符合、一般、不符合、非常不符合;非常熟练、较为熟练、一般、不熟练、非常不熟练等五级选项,确定搬迁农户家庭某一指标社会融入程度。

表 4-1　易地扶贫搬迁农户社会融入测度指标体系

| 目标层 | 准则层 | 子准则层 | 指标含义 |
|---|---|---|---|
| 社会融入 | 经济融入 | 信息获取 | 了解政策、信息的渠道数量 |
| | | 参与培训 | 主动参与技能培训的频率 |
| | | 务工渠道 | 非农务工渠道 |
| | | 权益保障 | 权益保障的途径 |
| | 生活融入 | 生活方式 | 我已经适应当前生活方式 |
| | | 活动参与 | 活动参与的适应程度 |
| | | 社会交往 | 我能快速与周围人成为朋友 |
| | | 规范约束 | 遵守社区准则情况 |
| | 文化融入 | 语言沟通 | 普通话熟练程度 |
| | | 子女教育 | 我能与城里人教育观念一致 |
| | | 婚丧嫁娶 | 婚丧嫁娶观念 |
| | | 风俗习惯 | 我已经习惯当地风俗习惯办事 |
| | 心理融入 | 身份认同 | 我已经是本地人(社区人)了 |
| | | 信任程度 | 当地人值得信任 |
| | | 歧视感知 | 我没有感受到本地居民的歧视 |
| | | 定居意愿 | 我愿意在这里定居 |

### 三、描述性统计分析

从表 4-2 可知,当前易地扶贫搬迁农户社会融入各项指标均值仍较低,只有婚丧嫁娶观念均值达到了 4.022,处于较好融入的层次,其余指标均值处于一般作用层次。从经济融入维度来看,四个指标均值均在一般以下,分别为 2.953、2.803、2.921 和 2.928。在调研中发现,目前搬迁居民的务工就业、信息获取、权益保障等渠道主要集中在家人、亲朋好友、政府三个主体，来源渠道仍有进一步拓展的空间。在参与各类技能培训中，为了提升参与率，经济奖励仍是重要的吸引手段，对于无经济奖励的技能培训活动参与积极性不足。在生活融入维度，生活方式、活动参与、社会交往、规范约束四项指标均值为 2.915、3.317、2.945、3.592，得分处于一般和较好的层次之间，这主要是在搬迁时，散居状态下生活更加随意、约束较少，而且散居时可以通过喂养家禽、种植蔬菜等方式降低生活成本，在聚居后生活成本的增加也是搬迁农户融入较慢的重要影响因素。在文化融入维度，普通话仍然是搬迁居民融入的薄弱环节，均值仅为 2.726，政府和社区也通过培训、宣传、氛围营造等各类措施提升普通话普及程度，但文化程度限制、自主意识缺乏、语言环境缺失等因素导致目前普通话数量程度还较低。在子女教育上，搬迁农户均认同教育的重要，也赞成和支持子女上学，但由于收入的限制，表示不会和城里人子女教育观念保持一致，不会培养子女除上学以外的才艺教育，因此均值仅为 3.596。此外，大型安置点搬迁农户表示县城的风俗习惯与原居住地仍有一定的差异，适应还需要时间。在心理融入维度，身份认同、信任程度、歧视感知、定居意愿四个指标均值分别是 2.644、3.080、3.801、3.161。受访农户表示，因为搬迁绝大部分均为彝族人，大家风俗习惯具有较大的一致性，因此感受到歧视的时候较少，但对于邻居等周围的人信任度较小，还是更加愿意信任亲朋好友和家支家族的人。在身份认同上，认为本质上仍然是属于农村人，不会因为集中居住而改变身份认同。由于生活上的差异和目前生活成本的增加，因此部分融入较差的农户仍有返迁的意愿。

表 4-2　易地扶贫搬迁农户社会融入指标描述性统计分析

| 目标层 | 主准则层 | 子准则层 | 均值 | 标准差 | 权重 |
|---|---|---|---|---|---|
| 社会融入 | 经济融入 | 信息获取 | 2.953 | 1.318 | 0.069 4 |
| | | 参与培训 | 2.803 | 1.301 | 0.079 8 |
| | | 务工渠道 | 2.921 | 1.350 | 0.076 9 |
| | | 权益保障 | 2.928 | 1.388 | 0.082 1 |
| | 生活融入 | 生活方式 | 2.915 | 1.379 | 0.081 8 |
| | | 活动参与 | 3.317 | 1.364 | 0.047 9 |
| | | 社会交往 | 2.945 | 1.459 | 0.090 4 |
| | | 规范约束 | 3.592 | 1.306 | 0.039 3 |
| 社会融入 | 文化融入 | 语言沟通 | 2.726 | 1.208 | 0.079 2 |
| | | 子女教育 | 3.596 | 1.386 | 0.045 7 |

续表

| 目标层 | 主准则层 | 子准则层 | 均值 | 标准差 | 权重 |
|--------|----------|----------|------|--------|------|
| 社会融入 | 文化融入 | 婚丧嫁娶 | 4.022 | 1.033 | 0.043 2 |
| | | 风俗习惯 | 3.086 | 1.128 | 0.038 5 |
| | 心理融入 | 身份认同 | 2.644 | 1.233 | 0.043 7 |
| | | 信任程度 | 3.080 | 1.097 | 0.037 8 |
| | | 歧视感知 | 3.801 | 1.033 | 0.048 1 |
| | | 定居意愿 | 3.161 | 1.253 | 0.092 6 |

# 第二节　测度结果

## 一、搬迁家庭社会融入综合指数分析

从调研样本来看，易地扶贫搬迁农户家庭社会融入指数为 5.08，处于初步融入阶段，总体融入水平较低，整体情况如图 4-1 所示。从社会融入的区间段来看，融入滞后的调研样本农户达到了 398 户，占比 48.89%，在所有区间段中占比最大，几乎占到了一半的受访群众。其次是高度融入的区间段，有 233 户受访农户的社会融入指数测度在 8 以上，比例占到了 28.62%。良好融入和初步融入的受访者分别为 105 和 78，占比为 12.91% 和 9.58%。从社会融入程度的区间分段来看，高度融入和融入滞后占据的比例更大，而中间层次的良好融入和初步融入占比较小，

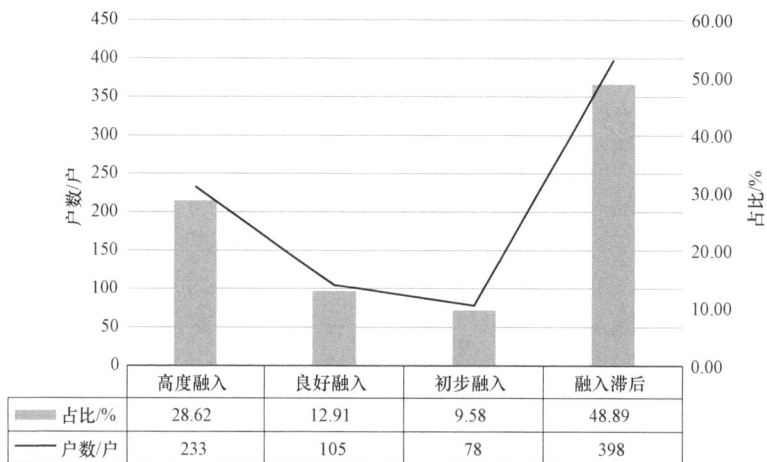

| | 高度融入 | 良好融入 | 初步融入 | 融入滞后 |
|---|----------|----------|----------|----------|
| 占比/% | 28.62 | 12.91 | 9.58 | 48.89 |
| 户数/户 | 233 | 105 | 78 | 398 |

图 4-1　凉山州易地扶贫搬迁社会融入测度总体情况

易地扶贫搬迁农户的社会融入程度还有较大的提升空间。从原因来看，调研样本中涉及了 16 个大型和超大型集中安置点，很多受访者表示是整村搬迁成员，原居住地非常偏远，一方面搬迁后几乎损失了全部的自然资本，另一方面搬迁前与外界接触较少，技能缺乏，因此很难快速地实现生计策略的转变。再加上搬迁后居住环境改变，搬迁前通过自种和家庭饲养的方式可以解决日常温饱需求，搬迁后生活成本增加，因此融入受阻。因而，也导致易地扶贫搬迁社会融入的整体测度水平还较低。

## 二、基于不同地理区位的家庭社会融入指数分析

从调研的 6 个县（市）样本测度结果来看（如表 4-3 所示），西昌市和冕宁县的易地扶贫搬迁农户的社会融入程度最高，分别达到了 7.43 和 7.27，处于良好融入的区间段，并且比较靠近高度融入区间段。布拖县、美姑县、喜德县和昭觉县搬迁农户社会融入总体水平还较低，分别为 4.11、4.53、4.47、4.34，均处于初步融入的阶段。从各县（市）搬迁农户家庭社会融入程度来看，冕宁县高度融入占比最高，达到了 54.37%，其次是西昌市，高度融入占比为 46.15%，喜德县、美姑县、昭觉县和布拖县高度融入占比分别为 27.65%、22.14%、21.02% 和 14.93%。在良好融入区间段，西昌市占比最高，达到了 31.87%，冕宁县、美姑县、昭觉县、喜德县分别为 13.59%、11.43%、11.36% 和 10%，布拖县在良好融入区间段占比最小，仅为 6.72%。可见，在高度融入和良好融入区间段，西昌市和冕宁县易地扶贫搬迁农户家庭社会融入水平更高，这主要是因为西昌市和冕宁县位于安宁河流域核心地带，其经济发展水平远高于其他区县，而且雅西高速的通车带动了西昌市和冕宁县水果等特色产业的快速发展，而易地扶贫搬迁安置点位于较好的区位，这些特色产业为搬迁农户家庭提供了丰富的灵活就业岗位，在调研中得知，通过果园内除草、管护、采摘、包装等工作，日薪报酬在 80～120 元，全年均有稳定的灵活就业岗位。此外，西昌市周边、成凉工业园区、经久工业园区等也为其提供了丰富的就业岗位，使得家庭的经济收益较好，并逐步形成了青壮年劳动力外出务工、老弱妇孺家乡灵活就业的家庭务工主导型生计策略。其次，西昌市和冕宁县以彝汉杂居为主，而距离西昌市区较近，搬迁农户与城市、汉族交流频繁，对相关思想观念、价值取向和生活方式等比较熟悉，因此在搬迁后适应能力较强，能够快速地适应新环境。喜德县高度融入占比达 27.65% 得益于火觉莫社区探索出耕地利用新模式。火觉莫社区大力推进青壮年外出务工就业，针对原迁出村耕地，通过种植青花椒、蜡虫（树上培育）等

方式将耕地利用起来，极大程度地提升搬迁农户的社会融入水平，还增加了搬迁农户家庭的收入。美姑县资源禀赋较差，且属于原来的深度贫困地区，但易地扶贫搬迁农户家庭的社会融入水平却要优于布拖县、喜德县和昭觉县的原因也在于美姑通过在迁出地修建过渡性生产用房，最大程度保留了搬迁农户的自然资本，并在北辰和西荣社区附近引入乐美鞋业等企业，为搬迁家庭提供了一定的就业岗位。在融入滞后区间段，昭觉县、布拖县、喜德县和美姑县的占比仍然较大，达到了 61.93%、60.45%、57.65%和 56.43%，一方面，这四县超大型集中安置点占比较大，安置时间基本集于 2020 年中和年底，距离调研时只有不到 2 年的时间，因此还未实现有效的社会融入；另一方面，整村搬迁农户基本安置于超大型集中安置点，这部分农户原本就是贫困户，家庭资源禀赋、社会适应和融入能力原本就相对较差，这也阻碍了搬迁农户快速地实现社会融入。

表 4-3　不同地理区位易地扶贫搬迁家庭社会融入情况

| 样本区域 | 高度融入 | | 良好融入 | | 初步融入 | | 融入滞后 | | 融入指数 |
|---|---|---|---|---|---|---|---|---|---|
| | 样本数/户 | 占比/% | 样本数/户 | 占比/% | 样本数/户 | 占比/% | 样本数/户 | 占比/% | |
| 布拖县 | 20 | 14.93 | 9 | 6.72 | 24 | 17.91 | 81 | 60.44 | 0.411 |
| 美姑县 | 31 | 22.14 | 16 | 11.43 | 14 | 10.00 | 79 | 56.43 | 0.453 |
| 冕宁县 | 56 | 54.37 | 14 | 13.59 | 15 | 14.56 | 18 | 17.48 | 0.727 |
| 西昌市 | 42 | 46.15 | 29 | 31.87 | 7 | 7.69 | 13 | 14.29 | 0.743 |
| 喜德县 | 47 | 27.64 | 17 | 10.00 | 8 | 4.71 | 98 | 57.65 | 0.447 |
| 昭觉县 | 37 | 21.02 | 20 | 11.36 | 10 | 5.68 | 109 | 61.94 | 0.434 |

## 三、基于不同安置方式的家庭社会融入指数分析

从安置方式来看，分散安置的易地扶贫搬迁农户家庭社会融入平均指数为 7.39，处于良好融入的区间段，且比较靠近高度融入的区间段。集中安置的搬迁农户家庭社会融入平均指数为 4.43，处于初步融入的阶段，融入程度比较低。而从不同安置方式融入区间段占比来看，分散安置搬迁农户家庭社会融入高度融入、良好融入、初步融入、融入滞后四个区间段占总样本比例分别为 11.30%、4.56%、3.81%和 2.33%，可以发现分散安置社会融入占比从高度融入到融入滞后四个区间段占比逐渐下降，而且高度融入区间段占比远远高于其他三个区间段，说明分散安置搬迁家庭社会融入程度较高。而集中安置中，融入滞后区间段农户占比最高，数量达到了

379户，占比高达46.56%，几乎接近调研样本的一半。其次是高度融入区间段，占比达到了17.32%。良好融入和初步融入的占比仅为8.35%和5.77%，占比较低，具体统计情况如表4-4所示。

表4-4　不同安置方式搬迁家庭社会融入情况

| 融入区段 | 集中安置 | | 分散安置 | |
|---|---|---|---|---|
| | 样本数量/户 | 样本占比/% | 样本数量/户 | 样本占比/% |
| 高度融入 | 141 | 17.32 | 92 | 11.30 |
| 良好融入 | 68 | 8.35 | 37 | 4.56 |
| 初步融入 | 47 | 5.77 | 31 | 3.81 |
| 融入滞后 | 379 | 46.56 | 19 | 2.33 |

为了进一步区分，本节对不同安置方式搬迁家庭社会融入四个区间段进行统计，如图4-2所示。从不同安置方式融入四个区间占比来看，分散安置在高度融入、良好融入和初步融入区间段占比均高于集中安置，分别高出29.20%、9.96%和9.92%个百分点，特别是高度融入区间段分散安置搬迁家庭占比达到了51.40%，超过了半数搬迁家庭实现了高度融入。主要的原因在于，分散安置房屋基本以独栋为主，虽然集中居住，但与搬迁前居住方式改变不大，而且分散安置点一般离原迁出村距离较近，搬迁农户仍然通过利用原有土地来过渡生计转型时期。原有的社会关系网络并未完全打破，在保留原有社会网络的基础上在安置地进一步拓展延伸社会关系网络，因此搬迁家庭接受度高、适应性快，社会融入程度也就较高。而集中安置从原来的独栋散居变为社区聚居，且原有关系网络被打破，生活习惯改变较大，因而搬迁家庭社会融入较为缓慢。

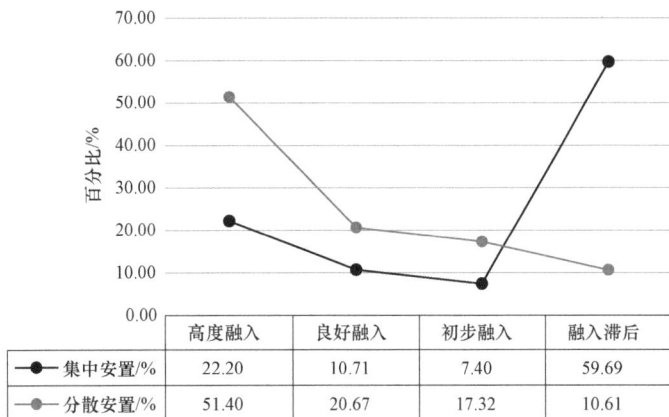

| | 高度融入 | 良好融入 | 初步融入 | 融入滞后 |
|---|---|---|---|---|
| 集中安置/% | 22.20 | 10.71 | 7.40 | 59.69 |
| 分散安置/% | 51.40 | 20.67 | 17.32 | 10.61 |

图4-2　不同安置方式社会融入程度内部占比图

## 四、基于搬迁时是否脱贫的家庭社会融入指数分析

从搬迁时是否脱贫的家庭社会融入统计情况来看（见图4-3），在搬迁前已经实现脱贫的搬迁家庭社会融入情况要优于搬迁前未脱贫的搬迁家庭。具体来看，搬迁前已经脱贫的家庭社会融入处于高度融入区间段的占比最大，达到了58.16%；良好融入的区间段占比排在第二，占比为18.37%；初步融入和融入滞后的占比为14.29%和 9.18%。搬迁前未脱贫的搬迁家庭社会融入在融入滞后区间段占比最大，达到了54.33%；其次是高度融入区间段，占比为24.58%；良好融入和初步融入区间段的占比较小，分别为12.15%和8.94%。搬迁前已经脱贫的搬迁家庭融入层次更高的原因可能是：一是，在搬迁前就已经实现脱贫的搬迁家庭意味着家庭已经具有了一定的稳定收入渠道，在外部帮扶和内生发展的合力下已经构建起可持续生计框架，因此适应能力更强，社会融入进程更快；二是，在搬迁前已经实现脱贫的家庭在人力资本、技能水平等方面更优于未脱贫家庭，在搬迁安置后，基础设施和公共服务的优化改善进一步促进了搬迁家庭的内生发展动力，提升了搬迁家庭的社会融入水平。

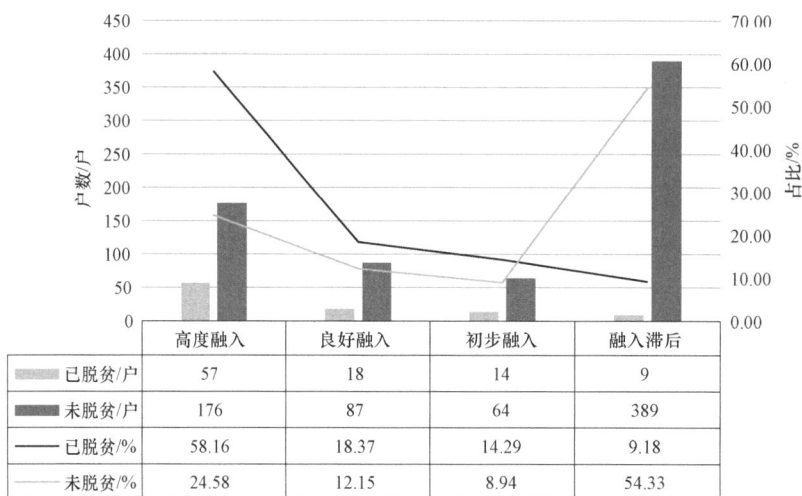

| | 高度融入 | 良好融入 | 初步融入 | 融入滞后 |
|---|---|---|---|---|
| 已脱贫/户 | 57 | 18 | 14 | 9 |
| 未脱贫/户 | 176 | 87 | 64 | 389 |
| 已脱贫/% | 58.16 | 18.37 | 14.29 | 9.18 |
| 未脱贫/% | 24.58 | 12.15 | 8.94 | 54.33 |

图 4-3　搬迁时是否脱贫的家庭社会融入统计图

# 第三节　小　结

基于课题 2022 年 8—9 月在凉山彝族自治州 6 县（市）的调研数据，在可持续

生计框架下耦合社会融入理论，本章测度了凉山州易地扶贫搬迁农户家庭社会融入程度，相比于已有研究，本章着重探讨了凉山州易地扶贫搬迁家庭社会融入的现状，并探讨了不同区域、安置方式、户主工作稳定状态、风险认知和策略、搬迁意愿异质性下，易地扶贫搬迁家庭社会融入的差异。本章的研究可以为凉山州易地扶贫搬迁后续帮扶政策的出台和制定，精准、差异和针对性施策提供一定的参考。

从测度结果来看，当前凉山州易地扶贫搬迁农户家庭社会融入指数还较低，均值为5.08，处于初步融入阶段，且融入区间最为集中的是融入滞后阶段，其次是高度融入阶段，初步和良好融入阶段占比还较小。究其原因主要是凉山州大型集中安置区安置时间还较短，而安置又以偏远山区、高海拔地区、深度贫困地区农户为主，熟练技能缺乏，生计转化能力较弱，生活方式、生活习惯改变还需要较长时间适应，社会融入较慢，导致融入滞后区间段占比较大。而对于家庭劳动力充足、适应能力强的搬迁家庭，能够快速地实现生计从农业型向非农务工型转变，并能保持收入的稳定性，保障家庭的日常开支，使得家庭适应性强，家庭社会融入度较高。

从异质性分析来看，集中安置搬迁家庭社会融入程度低于分散安置搬迁家庭，这也与学者们的研究结论一致[5]，这可能是因为集中安置导致原来关系网络被打碎，社交距离增加，新的社会网络还未搭建完善，导致搬迁农户在文化和心理等方面的认同和感知降低，生活习惯和生活方式的改变还需要时间适应。但分散安置原有关系网络未被完全打破，生产生活方式未完全改变，因而分散安置的搬迁家庭社会融入程度高于集中安置的搬迁家庭。而在区域差异上，西昌市和冕宁县的易地扶贫搬迁农户家庭社会融入程度较高，处于良好融入阶段，而美姑县、喜德县、布拖县和昭觉县搬迁家庭社会融入程度还较低，这主要是西昌和冕宁地处安宁河流域核心地带、特色产业发展充分，能为搬迁家庭提供丰富的灵活就业岗位，且这两地与外界交流较多，对新事物、新环境的接受和融入较快，因而搬迁家庭社会融入程度较高。从户主工作稳定情况来看，户主具有稳定的搬迁家庭社会融入程度高于户主没有稳定工作的家庭，说明户主对家庭融入的带动效应明显。搬迁前已经脱贫的家庭在搬迁后的社会融入速度更快；而搬迁距离原居住较近的搬迁家庭由于生产生活方式、社会网络等冲击较小，社会融入的程度比搬迁距离原居住地较远的家庭更高。

# 参考文献

［1］ SINGH S，JONES A D，DEFRIES R S. The association between crop and income diversity and farmer intrahousehold dietary diversity in India ［J］. Food Security，2020，12（1）：369-390.

［2］ HUM D，SIMPSON W.Economic integration of immigrants to Canada：a short survey ［J］. Canadian Journal of Urban Research，2004：46-61.

［3］ 杨菊华. 流动人口在流入地社会融入的指标体系——基于社会融入理论的进一步研究 ［J］. 人口与经济，2010（2）：64-70.

［4］ 郭庆. 社会融入与新生代农民工就业质量差异 ［J］. 华南农业大学学报（社会科学版），2020，19（4）：56-66.

［5］ 王莎莎. 社会工作助力易地扶贫搬迁安置点老年人社区融入研究 ［D］. 贵阳：贵州财经大学，2022.

# 第五章　社会融入对易地扶贫搬迁农户家庭福利水平的影响效应分析

## 第一节　模型构建与变量选取

### 一、模型构建

（1）被解释变量：家庭物质福利

为了检验社会融入对易地扶贫搬迁家庭物质福利的影响，设定基准回归模型（OLS 模型）如式（5-1）：

$$\text{Welfare}_{i1} = \beta_0 + \beta_1 \text{Integration}_i + \gamma_i Z_i + \delta \text{County} + \varepsilon_i \tag{5-1}$$

式中：$\text{Welfare}_{i1}$ 表示易地扶贫搬迁家庭物质福利水平；$\text{Integration}_i$ 表示搬迁家庭的社会融入程度；$Z_i$ 表示控制变量向量集合；$\text{County}$ 表示地区控制变量；$\varepsilon_i$ 为随机误差；$\beta$、$\theta$、$\gamma$ 为估计系数。

社会融入作为易地扶贫搬迁家庭的个体决策，社会融入与搬迁家庭物质福利之间可能存在反向因果关系，即物质福利水平较高的搬迁家庭可能在活动参与、信息捕获、社会网络构建等方面更加具有优势。再加上可能存在测量误差以及农户风险态度、家支组织等变量选取遗漏等问题，导致模型在处理中可能存在内生性问题。因此，本研究在基准回归模型的基础上构建 2SLS 模型。

$$\widehat{\text{Integration}}_i = \partial_0 + \partial_1 \text{IV} + \gamma_i Z_i + \delta \text{County} + \varepsilon_i \tag{5-2}$$

$$\text{Welfare}_i = \beta_0 + \beta_1 \widehat{\text{Integration}}_i + \gamma_i Z_i + \delta \text{County} + \varepsilon_i \tag{5-3}$$

式中：（5-2）表示 2SLS 模型的第一阶段；

Ⅳ 为工具变量。

在第一阶段中，工具变量可以将内生变量的外生部分剥离出来，形成拟合值 $\overline{\text{Integration}_i}$ 。

式中：（5-3）为 2SLS 模型的第二阶段，通过将拟合值 $\overline{\text{Integration}_i}$ 带入模型（5-3）中来估计其他系数。

（2）被解释变量：家庭精神福利

为了检验社会融入对易地扶贫搬迁家庭精神福利的影响，设定基准回归模型（Oprobit 模型）如式（5-4）：

$$\text{Welfare}_{i2} = \beta_0 + \beta_1 \text{Integration}_i + \gamma_i Z_i + \varepsilon_i \tag{5-4}$$

式中：$\text{Welfare}_{i2}$ 表示易地扶贫搬迁家庭精神福利水平；$\text{Integration}_i$ 表示搬迁家庭的社会融入程度；$Z_i$ 表示控制变量向量集合；$\varepsilon_i$ 为随机误差；$\beta$、$\theta$、$\gamma$ 为估计系数。

假设 $\varepsilon \sim N$（0，1）分布，则模型可表示为：

$$P(\text{Welfare}_{i2} = 1 | \mathcal{X}) = P(\text{Welfare}_{i2}^* \leqslant r_0 | \mathcal{X})$$
$$= \varphi(r_0 - \beta_1 \text{Integration}_i - \gamma_i Z_i) \tag{5-5.1}$$

$$P(\text{Welfare}_{i2} = 2 | \mathcal{X}) = P(r_0 < \text{Welfare}_{i2}^* \leqslant r_1 | \mathcal{X})$$
$$= \varphi(r_1 - \beta_1 \text{Integration}_i - \gamma_i Z_i) - \varphi(r_0 - \beta_1 \text{Integration}_i - \gamma_i Z_i) \tag{5-5.2}$$

$$\cdots\cdots$$

$$P(\text{Welfare}_{i2} = 5 | \mathcal{X}) = P(r_3 \leqslant \text{Welfare}_{i2}^* | \mathcal{X})$$
$$= 1 - \varphi(r_3 - \beta_1 \text{Integration}_i - \gamma_i Z_i - \delta \text{County}) \tag{5-5.3}$$

式（5-5.1）、式（5-5.2）、式（5-5.3）中，$r_0 < r_1 < r_2 < r_3$ 为待估参数；$\text{Welfare}_{i2}$ 的取值分别为 1、2、3、4、5，分别表示"非常不幸福""不幸福""一般""幸福""非常幸福"。通过构造每一位易地扶贫搬迁受访农户家庭幸福感感知自评的似然函数，进而利用极大似然法对模型进行参数估计。

## 二、变量选取

（1）被解释变量

家庭福利水平。根据前面文献综述和概念界定部分关于家庭福利的内涵界定和衡量维度可知，当前学术界普遍存在两种家庭福利衡量方式。一种是通过从家庭经济水平、社会保障、居住条件、心理状况等维度构建家庭福利评价指标体系，运用模糊综合评价法等方法测度农户家庭的福利水平[1-2]。但也有学者根据研究实际情况，侧重选择研究主题最为相关或研究对象亟待解决的关键问题的指标来衡量家庭福利。通过对文献的梳理和总结，专家学者们普遍采用家庭收入水平来反映家庭的福利水平[3-5]；以幸福感、舒适度、满意度等指标来衡量家庭的主观福利水平[6-7]。

　　结合第三章受访安置社区基本概况统计，考虑易地扶贫搬迁家庭与农村一般家庭有所差异，易地扶贫搬迁户是从高海拔地区、自然灾害区、资源匮乏地区等不适宜居住区域，通过搬迁的方式进行分散或集中安置。安置地选址以交通便利、地势平坦、无地质灾害等优势区域为先决条件，安置房屋结构、面积以及室内装修由政府主导修建，农户之间几乎无差异，且安置区教育、医疗、公共设施以及社会保障等福利水平也基本趋同，因此，再考虑易地扶贫搬迁家庭的居住条件、社会保障、治安环境等维度福利意义不大。

　　对于易地扶贫搬迁家庭来讲，家庭收入决定了家庭的生活水平，也是防止搬迁家庭返贫的重要衡量指标，也决定了搬迁家庭的消费能力和闲暇享受水平。除了物质福利，精神上的满足感和获得感也是衡量家庭福利的重要指标，也是响应共同富裕是"物质富裕与精神富裕相协调"的政策指标，因此本研究从物质福利和精神福利两个层面，分别选取家庭人均收入和幸福感感知两个指标衡量易地扶贫搬迁家庭的福利水平（如图 5-1 所示）。为了更加全面地衡量社会融入对易地扶贫搬迁家庭福利的影响，在本研究实证部分分别采用家庭支出水平和生活舒适度对易地扶贫搬迁家庭的物质福利和精神福利进行稳健性检验。

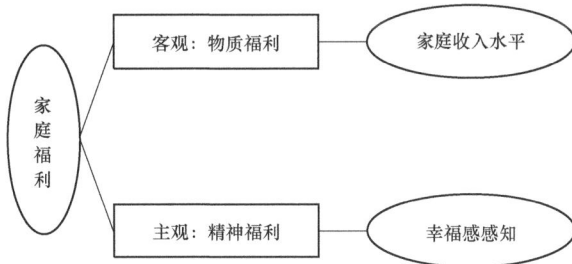

图 5-1　本研究易地扶贫搬迁农户家庭福利衡量维度

　　综上所述，借鉴家庭福利相关专家研究的指标构建和测度思路，结合易地扶贫搬迁的实际情况，本书将易地扶贫搬迁农户家庭福利划分为物质福利和精神福利，并选择家庭年收入和幸福感感知来进行测度。其中家庭年收入以易地扶贫搬迁农户家庭在 2021 年的家庭年人均纯收入表示，幸福感感知运用 Likert 五级量表，通过设置非常不幸福、不幸福、一般、幸福、非常幸福五级选项表示。

（2）解释变量

社会融入指数。本书通过构建易地扶贫搬迁农户家庭社会融入指标体系（具体指标在文章第五章已列出不再重复叙述），运用熵值法对搬迁农户家庭社会融入进行测度。易地扶贫搬迁农户家庭社会融入指数位于［0～10］之间，社会融入指数越趋近于0，表示搬迁农户家庭社会融入程度越低，社会融入指数越趋近于10，表示搬迁农户家庭社会融入程度越高。

（3）控制变量

户主对家庭发展、收入水平、消费特征等具有显著的影响[8-10]，因此，本研究从是否党员身份、受教育程度、年龄三个方面控制易地扶贫搬迁家庭的户主特征。已有研究表明，农户家庭生计资本对其社会融入和家庭福利有重要影响[11-12]。本研究基于可持续生计框架，耦合福利经济学理论，为了尽可能避免其他因素影测度易地扶贫搬迁农户社会融入与家庭福利水平之间的定量关系，本章参考可持续生计框架的核心内容，在实证模型中控制搬迁农户的生计资本，包括：一是人力资本。人力资本是影响家庭福利水平的关键，本书结合实际，选择家庭劳动力占比状况（家庭劳动力/家庭总人口）、家庭健康状况（家庭健康人数/家庭总人口）、家庭受教育状况（家庭高中以上学历人数/家庭总人口）衡量搬迁农户家庭人力资本。二是自然资本。虽然部分研究认为，易地扶贫搬迁后农户家庭自然资本大幅降低，并由于基础设施的恶化，搬迁农户家庭自然资本损失严重，甚至趋近于0[13-14]。但在实地调研过程中发现，自然资本仍是稳定易地扶贫搬迁农户家庭收入和生存供给的重要来源之一，因此，本书选取人均耕地经营面积指标衡量搬迁农户家庭的自然资本。三是物质资本。由于搬迁安置农户住房结构、住房面积、室内装修等均按照易地扶贫搬迁相关政策执行，农户之间差别不明显，因此，本书选择家庭人均固定资产衡量搬迁农户家庭物质资本。四是社会资本。选取家庭年礼金总支出、合作社参与衡量家庭的社会资本。五是金融资本。选取家庭储蓄、贷款、借款作为搬迁农户家庭金融资本衡量指标。除了生计资本以外，为了控制由于地区差异造成的估计偏误，本书在回归中加入地区虚拟变量，为了考察搬迁家庭之间可能存在禀赋差异，因此选取搬迁时家庭是否脱贫作为易地扶贫搬迁家庭特征指标。另外，通过3.3受访安置社区基本特征统计和结合在实地调研中发现，易地扶贫搬迁安置点无论是集中安置还是分散安置，其区位条件都较好，交通便利、地势平坦。且安置地教育可及性、医疗可及性、达到场镇（或县城）的距离均较短，搬迁农户迁入地相关指标几乎无差异性，因此本研究仅选取迁入地与原居住地的距离作为迁入地特征指标。

（4）工具变量。易地扶贫搬迁农户家庭社会融入是一种家庭决策，在凉山彝族自治州，由于少数民族传统思维约束，社会融入甚至是依赖于户主的个人决策，可能因反向因果或遗漏变量而存在潜在的内生性问题，为增加模型识别度，文章借鉴 Kung 选取思路[15]，参照张晨的工具变量选择方法[16]，本书选择迁出村安置到本社区户数作为易地扶贫搬迁农户社会融入的工具变量，迁出村安置到本社区户数涉及搬迁农户原有社交网络、社会资源，还关系着搬迁后社会网络的重构和资源的获取，与易地扶贫搬迁农户社会融入的程度密切相关，但搬迁规模和安置地点的选择由政府分配，原居住地居民被打乱安置到各个安置点，因此，搬迁安置规模对搬迁农户的家庭福利水平难以直接产生影响。综上所述，选择迁出村搬迁户数作为工具变量较为合理。本章节实证模型涉及变量分类、名称及定义见表 5-1。

表 5-1　社会融入影响搬迁农户家庭福利的实证模型变量选择

| 变量类别 | 变量 | 均值 | 标准差 |
|---|---|---|---|
| 被解释变量 | 家庭年收入 | 10.548 | 0.898 |
| | 幸福感感知 | 3.251 | 1.507 |
| 核心解释变量 | 社会融入指数 | 5.079 | 3.126 |
| 户主特征 | 是否党员 | 0.033 | 0.179 |
| | 受教育程度 | 1.793 | 0.392 |
| | 年龄 | 3.811 | 0.333 |
| 人力资本变量 | 家庭劳动力状况 | 0.488 | 0.259 |
| | 家庭受教育状况 | 0.494 | 0.302 |
| | 家庭健康状况 | 0.101 | 0.153 |
| 自然资本变量 | 人均耕地经营面积 | 1.728 | 1.813 |
| 物质资本变量 | 人均固定资产 | 9.155 | 1.148 |
| 社会资本变量 | 家庭年礼金总支出 | 8.154 | 1.804 |
| | 合作社参与 | 0.532 | 0.499 |
| 金融资本变量 | 家庭储蓄 | 6.873 | 4.777 |
| | 贷款 | 0.5 | 0.500 3 |
| | 借款 | 0.6 | 0.491 |
| 家庭特征 | 贫困状况 | 0.034 | 0.182 |
| 迁入地特征 | 迁入地距离 | 2.757 | 0.769 |
| 地区虚拟变量 | 样本所在区域 | — | — |
| 工具变量 | 安置规模 | 2.711 | 0.562 |

# 第二节　实证结果

## 一、社会融入对搬迁农户家庭物质福利的影响

（1）基准回归结果与分析

为了考察核心解释变量社会融入对易地扶贫搬迁农户家庭物质福利的定量影响，本章节在模型回归中采用了逐步添加核心解释变量、县域虚拟变量、控制变量的方法进行检验，表 5-2 报告了社会融入影响易地扶贫搬迁农户家庭物质福利的估计结果。在模型（1）至模型（5）中，依次逐步引入易地扶贫搬迁户主特征、家庭生计资本、家庭特征、迁入地特征等控制变量。从模型估计结果来看，模型拟合优度值随着变量的加入而逐渐加大，这说明模型解释力逐渐提高。

根据表 5-2 的估计结果来看，从模型（1）至模型（5）中，随着控制变量的逐步引入，虽然回归系数大小有所变化，但在加强约束条件后，核心解释变量社会融入均在 1% 水平上显著，且符号为正。根据模型（5）实证结果，在保持户主、家庭和地区特征等其他条件不变的情况下，社会融入对易地扶贫搬迁农户家庭物质福利产生显著的正向影响，从而印证了社会融入能够显著地提升易地扶贫搬迁农户家庭的物质福利水平的研究假说。

在控制变量方面，户主是否党员身份在 10% 的水平上对搬迁家庭物质福利具有显著的正向影响，这可能是因为党员比一般群众具有更高的思想觉悟和政策理解能力，更加善于利用和把握政策机会，可以帮助搬迁家庭利用政策改善家庭物质福利。户主年龄在 1% 的水平上对搬迁家庭物质福利产生负向影响，说明年龄越大对家庭物质福利水平的提升具有阻碍效应。家庭受教育程度却在 5% 的水平上对搬迁家庭物质福利具有显著的负向影响，这与"受教育程度越高越能带来更高收入"的研究结论有所差异[17-18]，这主要是因为精准扶贫的实施大幅提升了凉山居民的教育观念，搬迁家庭中存在子女正就读于高中、大学，目前还未从事工作，因此呈现出负向影响。而家庭健康状况在 5% 的显著水平上对搬迁家庭物质福利具有正向影响，说明家庭健康人数更多，可以为搬迁家庭生产活动提供更多的劳动力，并且通过更多健康劳动力投入获得更加丰富的物质回报。在社会资本方面，家庭年礼金支出在

1%的显著水平上对易地扶贫搬迁农户家庭物质福利具有正向影响,这说明丰富的社会资本可以为提升搬迁家庭物质福利提供契机。在金融资本方面,家庭储蓄和是否有借款途径均在 1%的显著水平上对搬迁家庭物质福利具有正向的影响,说明金融资本对积累和提升搬迁家庭物质福利具有重要意义。搬迁时是否脱贫对搬迁家庭物质福利水平具有显著的正向影响,这主要是因为已脱贫家庭在内生动力和外部帮扶的双重作用下已经寻找到较为稳定的收入来源,这也从侧面说明,随着安置时间的进一步推进,搬迁家庭的可以在融入的过程中积累社会资本、寻找到稳定的收入来源,从而提升和积累家庭物质福利,实现"稳得住"的目标。

表5-2 社会融入影响易地扶贫搬迁农户家庭物质福利的估计结果

|  | （1） | （2） | （3） | （4） | （5） |
|---|---|---|---|---|---|
| 社会融入 | 0.278*** (−0.003) | 0.280*** (−0.003) | 0.190*** (−0.008) | 0.191*** (−0.008) | 0.192*** (−0.008) |
| 户主是否党员 |  | 0.048 (−0.031) | 0.022 (−0.019) | 0.029* (−0.017) | 0.033* (−0.018) |
| 户主受教育程度 |  | −0.054*** (−0.015) | 0.015 (−0.014) | −0.018 (−0.017) | −0.018 (−0.017) |
| 户主年龄 |  | −0.084*** (−0.024) | −0.060*** (−0.020) | −0.060*** (−0.020) | −0.060*** (−0.020) |
| 家庭劳动力状况 |  |  | −0.012 (−0.009) | −0.012 (−0.009) | −0.012 (−0.009) |
| 家庭受教育状况 |  |  | −0.024* (−0.013) | −0.029** (−0.013) | −0.028** (−0.013) |
| 家庭健康状况 |  |  | 0.019** (−0.009) | 0.019** (−0.009) | 0.020** (−0.009) |
| 耕地面积 |  |  | 0.019** (−0.010) | 0.019** (−0.010) | 0.011 (−0.011) |
| 家庭固定资本 |  |  | 0.004 (−0.010) | 0.003 (−0.010) | 0.002 (−0.010) |
| 家庭年礼金支出 |  |  | 0.074*** (−0.009) | 0.074*** (−0.009) | 0.073*** (−0.009) |
| 合作社参与 |  |  | 0.015 (−0.025) | 0.015 (−0.025) | 0.014 (−0.025) |
| 家庭储蓄 |  |  | 0.011*** (−0.003) | 0.011*** (−0.003) | 0.011*** (−0.003) |
| 贷款 |  |  | 0.018 (−0.033) | 0.019 (−0.033) | 0.021 (−0.033) |
| 借款 |  |  | 0.211*** (−0.025) | 0.211*** (−0.025) | 0.212*** (−0.025) |
| 搬迁时是否脱贫 |  |  |  | 0.095*** (−0.034) | 0.091*** (−0.033) |
| 迁入地距离 |  |  |  |  | −0.018 (−0.014) |

续表

|  | （1） | （2） | （3） | （4） | （5） |
|---|---|---|---|---|---|
| 地区变量 | 已控制 | 已控制 | 已控制 | 已控制 | 已控制 |
| 常数项 | 7.571*** | 7.934*** | 7.287*** | 7.325*** | 7.400*** |
|  | −0.023 | −0.094 | −0.127 | −0.128 | −0.144 |
| $R^2$ | 0.939 | 0.94 | 0.961 | 0.961 | 0.961 |
| $N$ | 814 | 814 | 814 | 814 | 814 |

注：\*、\*\*、\*\*\*分别表示在 10%、5%、1%水平上显著，括号内为稳健标准误。

（2）工具变量法的估计结果

社会融入作为易地扶贫搬迁家庭的个体决策，社会融入与搬迁家庭物质福利之间可能存在反向因果关系，即物质福利水平较高的搬迁家庭可能在活动参与、信息捕获、社会网络构建等方面更加具有优势。再加上可能存在测量误差或者变量选取遗漏等问题，导致模型在处理中可能存在内生性问题。因此本章节选取"搬迁安置规模"作为工具变量，用于进一步探讨社会融入对易地扶贫搬迁家庭物质福利影响的内生性问题，"搬迁安置规模"能够反映搬迁家庭原所在村落的搬迁家庭安置在本社区的数量，这与搬迁家庭社会网络的破坏程度具有直接关系，也对搬迁家庭的社会融入存在直接影响，但与搬迁家庭的收入并无直接关联，这满足工具变量的选取标准。从表 5-3 中工具变量有效性检验结果来看，不可识别检验中，Kleibergen-Paap rk LM 统计量对应的 $p$ 值为 0.000，拒绝"不可识别"的原假设，本书选取的工具变量搬迁规模符合秩条件成立的基本要求。弱工具变量检验中，Cragg-Donald Wald 统计量为 27.723，大于 10%偏误下的临界值 8.68，拒绝"存在弱工具变量"的原假设。过度识别检验中，不同方差条件下 Sargan 统计量和 Hansen J 统计量的 $p$ 值均大于 0.1，接受"所有工具变量均外生"的原假设。综上所述，搬迁规模作为工具变量通过了各项有效性检验，证明了其作为工具变量的合理性。

表 5-3 工具变量有效性检验结果

| 检验类别与统计量 | 检验结果 |
|---|---|
| 不可识别检验：Kleibergen – Paap rk LM 统计量 | 24.900（0.000） |
| 弱工具变量检验：Cragg – Donald Wald 统计量 | 27.723 |
| 过度识别检验：Sargan 统计量 | 1.197（0.254） |
| Hansen J 统计量 | 1.095（0.266） |

注：括号内为 $p$ 值。

表 5-4 报告了在控制了内生性偏误后，社会融入影响易地扶贫搬迁家庭物质福利的估计结果。从表 5-4 中 2SLS 第一阶段模型估计结果来看，搬迁规模在 1%的水平上显著为负，说明搬迁安置规模对搬迁家庭社会融入存在显著的负向影响。这主要是搬迁规模越大或者整村搬迁，意味着原居住地的自然条件更加恶劣，这部分的搬迁家庭的受教育程度、技能水平、普通话运用、新事物接触和掌握等方面基础更差，安置后社会融入的进程缓慢，因此搬迁安置规模对搬迁家庭的社会融入产生显著的负向影响。对比 OLS 基准回归估计结果，2SLS 模型在解决了内生性问题和控制了变量后，估计结果显示社会融入仍在 1%的显著水平上对易地扶贫搬迁农户家庭物质福利产生正向的影响。这一模型估计结果证明社会融入对易地扶贫搬迁家庭物质福利具有显著的正向影响仍然具有很强的解释和说服能力，随着搬迁农户家庭社会融入的程度不断提升，可以帮助家庭积累物质福利，提升家庭物质福利水平。

表 5-4　社会融入影响易地扶贫搬迁农户家庭物质福利的内生性检验

| | 被解释变量 | |
| --- | --- | --- |
| | 第一阶段<br>社会融入 | 第二阶段<br>家庭物质福利 |
| 社会融入 | | 0.126***<br>（0.421） |
| 搬迁安置规模 | −0.034***<br>（0.006） | |
| 控制变量 | 已控制 | 已控制 |
| 地区变量 | 已控制 | 已控制 |
| 常数项 | −0.279***<br>（0.070） | 7.049***<br>（0.239） |
| $N$ | 814 | 814 |

注：*、**、***分别表示在 10%、5%、1%水平上显著，括号内为稳健标准误。

另外值得关注的是，在基准回归中，在添加了迁入地特征后，耕地经营面积对搬迁家庭物质福利的影响不再显著，但在解决了内生性问题后，家庭耕地资源在 5%的水平上对易地扶贫搬迁农户家庭物质福利具有显著的正向影响。虽然部分学者认为易地扶贫搬迁农户在搬迁后以耕地为主的自然资本受到了非常大的损失，甚至很多家庭已经不再使用耕地[19-20]。但搬迁后，保持传统耕种方式的搬迁家庭仍然可以获得生活所需的基本口粮保障，部分安置点搬迁后通过耕地利用转型，利用种植经济作物等方式在减少田间管护投入的同时，还能获取较为可观的经济回报，因此耕地的经营面积对搬迁家庭的物质福利具有显著正向的影响，这也说明自然资本对搬迁家庭发展仍然具有重要意义。综合来看，所有的模型结果均支持理论假说 H1：社会融入对易地扶贫搬迁家庭物质福利具有正向影响作用。

（3）稳健性检验

在基准回归中，本研究采用逐步添加控制变量的方式检验社会融入对易地扶贫搬迁农户家庭物质福利水平的影响，其结果均表明了社会融入在 1%的显著水平上对易地扶贫搬迁家庭物质福利具有正向的影响，其模型估计结果具有一定的稳健。本小节还将采取以下策略进一步检验社会融入对搬迁家庭物质福利影响的稳健性：一是更换估计方法，运用 CFM 控制方程法替换 OLS 回归法，在解决内生性问题的基础上再次探讨社会融入对搬迁家庭物质福利的影响；二是更换被解释变量，在前面分析中已经探讨，除了运用家庭人均纯收入来衡量家庭物质福利外，家庭的支出情况，即家庭的消费水平也可以代表家庭物质福利的水平，因此运用家庭年人均总支出替换家庭年人均纯收入作为模型的被解释变量。

表 5-5 报告了社会融入影响易地扶贫搬迁农户家庭物质福利的稳健性检验估计结果。由表 5-5 可知，利用实地调研数据通过变更估计方法和变更被解释变量回归，在控制了户主特征、家庭特征、迁入地特征和家庭生计资本后，社会融入仍然在 1%的水平上显著为正。表 5-5 的模型估计结果说明社会融入对易地扶贫搬迁家庭物质福利的影响不是在严格的约束条件下形成的，而是具有一定的普适性，其估计结果具有稳健性，"社会融入对搬迁家庭物质福利的影响具有正向的影响作用"的理论假说 H1 再次被得到检验印证。

表 5-5　社会融入影响易地扶贫搬迁农户家庭物质福利的稳健性检验

| | 更换方法：CFM 控制方程法 | | | 更换指标 |
| | 社会融入 | 家庭收入 | 家庭收入 | 家庭收入 | 家庭支出 |
|---|---|---|---|---|---|
| 社会融入 | | 0.195*** （0.008） | 0.195*** （0.008） | 0.195*** （0.008） | 0.224*** （0.014） |
| 残差 | | 0.089*** （0.008） | −0.074** （0.037） | −0.082** （0.041） | |
| 搬迁规模 | −0.342*** （0.066） | | | | |
| 户主是否党员 | 0.055 （0.179） | | 0.035** （0.017） | 0.036** （0.017） | 0.021 （0.030） |
| 户主受教育程度 | 0.077 （0.157） | | −0.011 （0.017） | −0.011 （0.018） | 0.077** （0.039） |

| | 更换方法：CFM 控制方程法 | | | | 更换指标 |
|---|---|---|---|---|---|
| | 社会融入 | 家庭收入 | 家庭收入 | 家庭收入 | 家庭支出 |
| 户主年龄 | 0.118<br>（0.084） | | −0.049**<br>（0.020） | −0.048**<br>（0.021） | 0.081**<br>（0.040） |
| 家庭劳动力状况 | 0.134***<br>（0.049） | | −0.004<br>（0.010） | −0.003<br>（0.011） | −0.225***<br>（0.023） |
| 家庭受教育状况 | 0.651***<br>（0.097） | | 0.019<br>（0.027） | 0.024<br>（0.029） | 0.140***<br>（0.027） |
| 家庭健康状况 | 0.221***<br>（0.047） | | 0.038***<br>（0.013） | 0.039***<br>（0.014） | −0.047**<br>（0.021） |
| 耕地面积 | 0.319***<br>（0.058） | | 0.035**<br>（0.017） | 0.037**<br>（0.018） | 0.021<br>（0.025） |
| 家庭固定资本 | 0.376***<br>（0.056） | | 0.031*<br>（0.019） | 0.034*<br>（0.020） | −0.040*<br>（0.021） |
| 家庭年礼金支出 | 0.190***<br>（0.021） | | 0.087***<br>（0.012） | 0.089***<br>（0.012） | 0.032*<br>（0.017） |
| 合作社参与 | 0.103<br>（0.132） | | 0.022<br>（0.025） | 0.023<br>（0.025） | 0.045<br>（0.057） |
| 家庭储蓄 | 0.061***<br>（0.009） | | 0.016***<br>（0.003） | 0.016***<br>（0.003） | 0.008<br>（0.006） |
| 贷款 | 1.474***<br>（0.159） | | 0.130**<br>（0.062） | 0.141**<br>（0.068） | 0.072<br>（0.064） |
| 借款 | 0.251***<br>（0.089） | | 0.228***<br>（0.027） | 0.229***<br>（0.027） | −0.057<br>（0.058） |
| 搬迁时是否脱贫 | −0.558*<br>（0.299） | | 0.046<br>（0.041） | 0.041<br>（0.042） | −0.085<br>（0.075） |
| 迁入地距离 | 0.092<br>（0.066） | | −0.012<br>（0.014） | −0.012<br>（0.014） | 0.014<br>（0.026） |
| 地区虚拟变量 | 已控制 | 已控制 | 未控制 | 已控制 | 已控制 |
| 常数项 | −2.798***<br>（0.701） | 7.541***<br>（0.023） | 7.086***<br>（0.217） | 7.049***<br>（0.231） | 7.617***<br>（0.285） |
| $R^2$ | 0.935 | 0.945 | 0.962 | 0.962 | 0.657 |
| $N$ | 814 | 814 | 814 | 814 | 814 |

注：*、**、***分别表示在10%、5%、1%水平上显著，括号内为稳健标准误。

（4）分位数回归

为了进一步精确社会融入对于易地扶贫搬迁农户家庭福利的条件分布状况和变化范围，深入探讨搬迁家庭福利水平分布的各种情形，本小节运用 Stata 软件对814 个调研搬迁家庭样本使用自助法（重复 400 次）进行分位数回归，回归估计结果如表 5-6 所示。从回归结果来看，在五个分位点回归模型中，社会融入均对搬迁家庭收入水平在 1%的水平上呈现显著的正向影响，再次验证社会融入对搬迁家庭物质福利水平具有显著的提升作用，但各个分位点的影响大小却有所差异，在五个分位点模型回归结果中，模型估计结果表明社会融入对低收入家庭的影响作用更为明显，这主要是因为凉山彝族自治州易地扶贫搬迁农户中以原深度贫困地区的贫困居民为主，这部分家庭原来生存环境恶劣，主要依靠家中的贫瘠耕地生活，家庭收入非常有限。因此，在搬迁后实现社会融入转变生计类型，相对以前的收入水平可以得到很大程度的提升。对于较高收入的家庭受到技能水平、受教育程度、语言、文化观念等多因素的影响，当家庭收入达到一定水平后，社会融入的进一步提升能够带来的收入增长幅度降低。

从控制变量来看，耕地面积、家庭年礼金支出、家庭储蓄、借款对各分位数的搬迁家庭物质福利均有显著的正向影响。而户主是否党员、家庭劳动力状况对 1/10 分位点的低收入农户群体具有显著的正向影响；户主年龄在 1/10、1/4 和 1/2 分位点的农户群体具有显著的负向影响，但对更高分位点的搬迁群体影响不再显著。家庭受教育程度在 1%的水平上对 3/4 分位点的家庭具有显著的正向影响，影响系数为 0.025，而家庭的健康状况对 1/4 和 1/2 分位点的搬迁家庭具有正向影响，影响系数分别为 0.025 和 0.018。搬迁时是否脱贫对 3/4 和 9/10 的高分位家庭福利具有显著的正向影响，影响系数分别为 0.095 和 0.134，这也从侧面说明脱贫时间对家庭物质福利具有正向影响，随着脱贫后各类人力资本的积累，搬迁家庭可以实现家庭收入的不断增长积累，从而达到"稳得住、能致富"的最终目标。

表 5-6 分位数回归模型估计结果

| 变量 | $q=0.1$ | $q=0.25$ | $q=0.5$ | $q=0.75$ | $q=0.9$ |
|---|---|---|---|---|---|
| 社会融入 | 0.174*** (0.012) | 0.161*** (0.008) | 0.153*** (0.008) | 0.151*** (0.009) | 0.147*** (0.012) |
| 户主是否党员 | 0.047 (0.031) | 0.035 (0.023) | 0.038* (0.022) | 0.005 (0.021) | 0.025 (0.028) |
| 户主受教育程度 | 0.004 (0.033) | 0.014 (0.021) | 0.003 (0.019) | −0.011 (0.019) | −0.014 (0.022) |
| 户主年龄 | −0.033 (0.029) | −0.049** (0.021) | −0.043*** (0.016) | −0.024 (0.017) | −0.023 (0.023) |
| 家庭劳动力状况 | −0.015 (0.014) | −0.009 (0.011) | −0.007 (0.008) | −0.001 (0.006) | −0.004 (0.010) |
| 家庭受教育状况 | −0.021 (0.023) | −0.007 (0.016) | 0.008 (0.014) | 0.019* (0.010) | 0.015 (0.015) |

续表

| 变量 | $q=0.1$ | $q=0.25$ | $q=0.5$ | $q=0.75$ | $q=0.9$ |
|------|---------|----------|---------|----------|---------|
| 家庭健康状况 | 0.019<br>（0.014） | 0.012<br>（0.011） | 0.014*<br>（0.008） | 0.001<br>（0.007） | 0.000<br>（0.011） |
| 耕地面积 | 0.023<br>（0.016） | 0.030**<br>（0.013） | 0.032***<br>（0.010） | 0.026**<br>（0.013） | 0.033**<br>（0.017） |
| 家庭固定资本 | 0.001<br>（0.012） | 0.001<br>（0.011） | 0.008<br>（0.010） | 0.016*<br>（0.009） | 0.011<br>（0.011） |
| 家庭年礼金支出 | 0.091***<br>（0.013） | 0.091***<br>（0.012） | 0.078***<br>（0.013） | 0.068***<br>（0.009） | 0.046**<br>（0.023） |
| 合作社参与 | 0.077<br>（0.080） | 0.024<br>（0.038） | −0.001<br>（0.025） | −0.006<br>（0.035） | 0.006<br>（0.041） |
| 家庭储蓄 | 0.020**<br>（0.009） | 0.023***<br>（0.007） | 0.011***<br>（0.003） | 0.009***<br>（0.003） | 0.007**<br>（0.003） |
| 贷款 | 0.031<br>（0.055） | 0.074**<br>（0.036） | 0.138***<br>（0.034） | 0.145***<br>（0.035） | 0.130***<br>（0.050） |
| 借款 | 0.320***<br>（0.077） | 0.257***<br>（0.044） | 0.213***<br>（0.025） | 0.217***<br>（0.028） | 0.237***<br>（0.036） |
| 搬迁时是否脱贫 | 0.088*<br>（0.049） | 0.061*<br>（0.034） | 0.067<br>（0.041） | 0.099**<br>（0.048） | 0.135***<br>（0.050） |
| 迁入地距离 | −0.004<br>（0.014） | 0.005<br>（0.013） | 0.010<br>（0.013） | 0.003<br>（0.014） | 0.002<br>（0.013） |
| 地区变量 | 已控制 | 已控制 | 已控制 | 已控制 | 已控制 |
| 常数项 | 6.824***<br>（0.189） | 7.010***<br>（0.130） | 7.253***<br>（0.140） | 7.355***<br>（0.132） | 7.663***<br>（0.197） |
| $N$ | 814 | 814 | 814 | 814 | 814 |

注：*、**、***分别表示在10%、5%、1%水平上显著，括号内为稳健标准误。

（5）异质性分析

本部分继续沿用前面模型构建方法，对易地扶贫搬迁的安置方式和搬迁家庭是否具有政府就业岗位安排进行异质性分析，实证估计结果如表5-7所示。从安置方式来看，分散安置和集中安置的搬迁农户家庭社会融入均对家庭物质福利在 1%的水平上存在显著的正向影响，但影响的大小却略有差异，实证结果表明集中安置的社会融入对搬迁家庭物质福利的影响更加显著。这可能是因为易地扶贫搬迁安置方式的不同会导致易地扶贫搬迁农户家庭社会融入的方式、融入进程的差异，如分散安置相对于集中安置其生产生活方式改变较小，且大部分分散安置距离原居住地较近，其耕地等自然资本可以继续利用，而集中安置的搬迁农户大部分距离原居住地较远，非农化生计成为搬迁居民生计策略的主导，对社会融入的依赖程度更高，因此社会融入对家庭的增收效应更加明显。从搬迁前家庭成员是否具有外出务工经历来看，有外出务工经历和无外出务工经历家庭社会融入对搬迁家庭物质福利的影响均具有显著的正向影响，但搬迁前无外出务工经历家庭的社会融入对物质福利影响更加显著，这可能是搬迁前无外出务工经历的家庭，在搬迁后通过技能的学习和外部帮扶等因素作用下，能够通过的转移就业较大幅度地提升家庭的收入水平；而搬迁前有务工经历的搬迁家庭在搬迁前就已经具有了稳定的务工渠道和收入，但受到教育水平、就业岗位类型、技能水平等因素限制，有务工经历的家庭在搬迁后通过社会融入来大幅提升家庭收入的可能性较低。这也与分位数回归中"社会融入更能促进低福利家庭的收入"的结论相一致。

表 5-7 安置方式和外出务工经历异质性回归结果

| | 安置方式 | | 有无外出务工经历 | |
|---|---|---|---|---|
| | 分散安置 | 集中安置 | 有经历 | 无经历 |
| 社会融入 | 0.164***<br>（0.010） | 0.217***<br>（0.011） | 0.158***<br>（0.009） | 0.241***<br>（0.014） |
| 控制变量 | 已控制 | 已控制 | 已控制 | 已控制 |
| 地区变量 | 已控制 | 已控制 | 已控制 | 已控制 |
| 常数项 | 9.450***<br>（0.206） | 9.079***<br>（0.177） | 7.646***<br>（0.188） | 7.730***<br>（0.014） |
| $R^2$ | 0.969 | 0.957 | 0.965 | 0.953 |
| $N$ | 179 | 635 | 408 | 406 |

注：*、**、***分别表示在10%、5%、1%水平上显著，括号内为稳健标准误。

## 二、社会融入对搬迁农户家庭精神福利的影响

（1）基准回归结果与分析

表 5-8 报告了社会融入影响易地扶贫搬迁农户家庭精神福利的估计结果。本小节采用逐步回归的方法，在基准回归模型中继续采用逐步添加核心解释变量、地区虚拟变量、控制变量的方法进行检验，考察核心解释变量社会融入对易地扶贫搬迁农户家庭精神福利的定量影响，在模型（1）至模型（5）中，依次逐步引入易地扶贫搬迁家庭户主特征、家庭资本、家庭特征和迁入地特征控制变量。

根据表 5-8 的估计结果来看，从模型（1）至模型（5）中，随着核心解释变量、地区虚拟变量、控制变量的逐步引入，在加强基准回归约束条件后，核心解释变量

社会融入仍然保持在 1%水平上显著，且符号为正。这印证了社会融入对易地扶贫搬迁农户家庭的精神福利水平也具有显著的正向影响作用，并且还说明社会融入对易地扶贫搬迁农户家庭精神福利的影响具有稳定性，研究假说 H2 被得到检验证实。而调研案例同样支持这一实证结果，案例 A 和案例 B 家庭社会融入程度高，参与文化活动、社区活动、志愿活动、治理活动等活动较多，通过这些活动结交新朋友、拓展社会网络，并在活动的过程中自我满足，丰富精神文化生活，认为相比于搬迁前枯燥的农业生产活动，搬迁后丰富的活动更能体会生活的美好和享受到城市舒适的休闲活动，因此幸福感感知更强。而案例 C 融入受阻，参与的活动较少，而且经常返回原居住地进行农业种植活动，社会网络拓展受限，新事物接受的范围和程度不足，精神文化生活获得较少，认为搬迁后与搬迁前精神文化生活差别不大，甚至因为耕地距离边远，这种"摆动型"生计更加导致了生活的不幸福感知。

在控制变量方面，在户主特征中，户主受教育水平和户主年龄分别在 1%和 5%的水平上对搬迁家庭精神福利存在显著的正向影响，影响系数分别为 3.095 和 0.340。这主要是家庭户主的年龄占比中年龄较大的农户占比较多，且由于受教育程度、外出务工经历、新事物接触等约束，搬迁后在安置点享受的各项服务和精神文化活动能够极大程度丰富搬迁家庭的精神文化生活。在自然资本方面，除了在模型（3）至模型（4）中家庭耕地经营面积对搬迁农户家庭精神福利在 10%的显著水平上呈现负向影响，虽然加入了迁入地特征以后，自然资本对易地扶贫搬迁农户家庭精神福利影响不显著。但是值得关注的是，家庭耕地经营面积对搬迁家庭精神福利水平呈现负向的影响作用，说明这种"摆动型"生产生活方式在一定程度上对搬迁居民造成了不便，但自然资本又对易地扶贫搬迁农户家庭物质福利具有显著的正向影响作用，因此创新耕地经营方式应当成为下一步易地扶贫搬迁帮扶的一项重点工作。在物质资本方面，搬迁家庭人均固定资产对家庭精神福利影响并不显著。在金融资本方面，家庭储蓄、是否具有贷款途径、是否有借款途径分别在 5%、10%和 1%的显著水平上对易地扶贫搬迁家庭精神福利具有正向的影响，说明要提升搬迁家庭的精神福利水平增加家庭的金融资本是关键，通过金融资本的积累，才能提高易地扶贫搬迁家庭的消费水平，也能运用积累的金融资本购买更多非日常生活必需品，从而提升家庭的精神福利水平。搬迁时是否脱贫对搬迁家庭精神福利具有显著的负向影响，从实地调研情况来看，这主要是已脱贫农户对精神福利的要求更高，目前安置地的舒适程度与预期还存在一定的差异，因此呈现负向影响。

表 5-8　社会融入对农户家庭精神福利水平影响的基准回归结果

| | （1） | （2） | （3） | （4） | （5） |
|---|---|---|---|---|---|
| 社会融入 | 3.819*** （0.482） | 3.851*** （0.480） | 3.955*** （0.461） | 3.955*** （0.461） | 3.956*** （0.461） |
| 户主是否党员 | | −0.020 （0.416） | 0.095 （0.376） | 0.095 （0.376） | 0.103 （0.378） |
| 户主受教育程度 | | 3.171*** （0.502） | 2.975*** （0.457） | 3.104*** （0.455） | 3.095*** （0.455） |
| 户主年龄 | | 0.319* （0.193） | 0.340* （0.204） | 0.340* （0.204） | 0.340* （0.204） |
| 家庭劳动力状况 | | | 0.144 （0.117） | 0.144 （0.117） | 0.144 （0.117） |
| 家庭受教育状况 | | | −0.331 （0.216） | −0.331 （0.216） | −0.334 （0.216） |
| 家庭健康状况 | | | 0.001 （0.133） | 0.001 （0.133） | 0.001 （0.134） |
| 耕地面积 | | | −0.305* （0.171） | −0.305* （0.171） | −0.320 （0.220） |
| 家庭固定资本 | | | 0.043 （0.145） | 0.043 （0.145） | 0.039 （0.147） |
| 家庭年礼金支出 | | | 0.176 （0.118） | 0.176 （0.119） | 0.176 （0.119） |
| 合作社参与 | | | 0.509 （0.361） | 0.509 （0.361） | 0.509 （0.362） |
| 家庭储蓄 | | | 0.041** （0.020） | 0.041** （0.020） | 0.041** （0.020） |
| 贷款 | | | 0.965* （0.538） | 0.965* （0.538） | 0.961* （0.539） |
| 借款 | | | 1.243*** （0.243） | 1.243*** （0.243） | 1.243*** （0.243） |
| 搬迁时是否脱贫 | | | | −4.686*** （0.857） | −4.719*** （0.855） |
| 迁入地距离 | | | | | −0.027 （0.150） |
| 地区变量 | 已控制 | 已控制 | 已控制 | 已控制 | 已控制 |
| Loglikelihood | −211.264 | −210.103 | −189.375 | −189.375 | −189.361 |
| Pseudo $R^2$ | 0.835 | 0.836 | 0.852 | 0.852 | 0.852 |
| $N$ | 814 | 814 | 814 | 814 | 814 |

注：*、**、***分别表示在 10%、5%、1%水平上显著，括号内为稳健标准误。

（2）解决内生性后的估计结果

社会融入作为易地扶贫搬迁家庭的个体决策，社会融入与家庭精神福利之间可能存在互为因果关系，即精神福利水平较高的搬迁家庭可能在活动参与、信息捕获、社会网络构建等方面更加具有优势。再加上可能存在测量误差或者变量选取遗漏等问题，导致模型在处理中可能存在内生性问题。为了解决模型估计中的内生性问题，本小节继续选用"搬迁安置规模"作为工具变量，运用Ⅳ-Oprobit（采用 CMP 方法进行估计）进行内生性问题讨论，以此回应表 5-9 中的估计结果是否存在内生性问题、是否在特定的环境或者约束下形成了社会融入对易地扶贫搬迁农户家庭精神福利水平具有显著正向影响的伪回归结果。

表 5-9 报告了在控制了内生性偏误后，社会融入影响易地扶贫搬迁家庭精神福利的估计结果。从表 5-9 中第一阶段模型估计结果来看，搬迁安置规模在 1%的水平上显著为负，影响系数为-0.037，模型估计结果显示 lnsig_2 和 atanhrho_12 均显著，说明了工具变量选取有效。对比基准回归估计结果，在解决了内生性问题后，估计结果显示社会融入仍在 5%的显著水平上对易地扶贫搬迁农户家庭精神福利产生正向的影响，影响系数为 1.361。这一模型估计结果证明社会融入对易地扶贫搬迁家庭精神福利具有显著的正向影响仍然具有很强的解释和说服能力。说明在社会融入的过程中，搬迁家庭通过基础设施、居住环境的大幅改善，以及享受更优质的教育、医疗、社会保障，还有丰富的文化娱乐活动等可以不断满足搬迁家庭越来越高的对美好生活的需求，提升搬迁家庭的精神福利水平，在积累家庭物质福利的同时搬迁家庭的精神文化也得到了极大程度的丰富。综合模型报告结果来看，所有的模型结果均支持"社会融入对易地扶贫搬迁家庭精神福利具有正向影响作用"的理论假说 H2。

表 5-9　社会融入影响易地扶贫搬迁农户家庭物质福利的内生性检验

| | 被解释变量 | |
| --- | --- | --- |
| | 第一阶段<br>社会融入 | 第二阶段<br>家庭精神福利 |
| 社会融入 | | 1.361[**]<br>（0.591） |
| 搬迁安置规模 | − 0.337[***]<br>（0.065） | |
| 控制变量 | 已控制 | 已控制 |
| 地区变量 | 已控制 | 已控制 |
| lnsig_2 | | − 0.226[***]<br>（0.025） |
| atanhrho_12 | | 0.520[*]<br>（0.311） |
| $N$ | | 814 |

注：[*]、[**]、[***]分别表示在 10%、5%、1%水平上显著，括号内为稳健标准误。

（3）稳健性检验

在前面基准回归中，本研究采用逐步添加控制变量的方式检验社会融入对易地扶贫搬迁农户家庭精神福利水平的影响，其结果均表明了社会融入在 1%的显著水平上对易地扶贫搬迁农户家庭精神福利具有正向的影响，其模型估计结果具有一定的稳健性。本小节还将采取以下策略进一步检验社会融入对搬迁家庭精神福利影响的稳健性：一是更换估计方法，运用 2SLS 模型方法替换 CMP 方法，在解决内生性问题的基础上再次探讨社会融入对搬迁家庭精神福利的影响；二是更换被解释变量，在前面分析中已经探讨，除了运用幸福感感知来衡量家庭精神福利外，家庭的生活舒适度、获得感、满意度等也可以衡量家庭精神福利，因此运用生活舒适度替换幸福感作为模型的被解释变量。

表 5-10 报告了社会融入影响易地扶贫搬迁农户家庭精神福利的稳健性检验估计结果。由表 5-10 可知，利用实地调研数据通过变更估计方法和变更被解释变量回归，在控制了户主特征、家庭特征、迁入地特征和家庭生计资本后，社会融入分别在 10%和 1%的水平上显著为正。证明表 5-8 的模型估计结果：社会融入对易地扶贫搬迁家庭精神福利的影响不是在严格的约束条件下形成的，而是具有一定的普适性，其估计结果具有稳健性。"社会融入对搬迁家庭精神福利的影响具有正向的影响作用"的理论假说 H2 被得到检验印证。

表 5-10　社会融入影响易地扶贫搬迁农户家庭精神福利的稳健性检验

| 变量 | 2SLS 模型 | 生活舒适度 |
|---|---|---|
| 社会融入指数 | 0.193* （0.109） | 2.948*** （0.299） |
| 户主是否党员 | −0.073 （0.072） | −0.298 （0.422） |
| 户主受教育程度 | −0.097*** （0.036） | 3.965*** （0.491） |
| 户主年龄 | −0.001 （0.056） | 0.236 （0.197） |
| 家庭劳动力状况 | 0.010 （0.029） | 0.149 （0.104） |
| 家庭受教育状况 | 0.014 （0.080） | −0.182 （0.230） |
| 家庭健康状况 | 0.044 （0.036） | −0.054 （0.117） |
| 家庭耕地面积 | 0.048 （0.048） | −0.028 （0.191） |
| 家庭固定资产 | 0.092* （0.050） | 0.049 （0.127） |
| 家庭年礼金支出 | 0.060*** （0.023） | 0.178* （0.105） |
| 合作社参与 | −0.007 （0.081） | 0.001 （0.376） |
| 家庭储蓄 | 0.039*** （0.011） | 0.028 （0.018） |

| 变量 | 2SLS 模型 | 生活舒适度 |
| --- | --- | --- |
| 贷款 | 0.235（0.182） | 1.180（0.782） |
| 借款 | 0.550***（0.083） | 0.967***（0.226） |
| 搬迁时是否脱贫 | −0.153*（0.084） | −4.101***（0.643） |
| 迁入地距离 | −0.023（0.033） | 0.027（0.137） |
| 地区变量 | 已控制 | 已控制 |
| 常数项 | 0.166*（0.581） | |
| Log likelihood | | −244.428 |
| N | 814 | 814 |

注：*、**、***分别表示在10%、5%、1%水平上显著，括号内为稳健标准误。

（4）异质性分析

本部分继续沿用前面模型构建方法，分析安置方式和就业岗位安排状况的社会融入对搬迁家庭精神福利影响的差异性。从异质性回归结果来看，如表5-11所示，分散安置、集中安置、有就业安排和无就业安排的易地扶贫搬迁家庭社会融入均对家庭精神福利具有显著的正向影响。与物质福利的对比来看，精神福利异质性回归结果呈现出同样的方向，即集中安置的社会融入对搬迁家庭精神福利影响大于分散安置，没有就业岗位安排的社会融入对搬迁家庭精神福利影响大于有就业岗位的搬迁家庭。从调研中发现的情况来看，分散安置的大部分家庭仍然在利用耕地等自然资本，而且生活方式等较以前相比差别不大，其主观感受主要集中在交通和住房的变化上，因此对精神福利感受不强。而集中安置的居民基本是从高海拔地区搬迁安置，基础设施、公共设施、娱乐设施、文化活动等影响更加明显，使得集中安置家庭精神福利感受更加明显，因而集中安置社会融入对家庭精神福利的影响更加显著。而从家庭成员搬迁前是否具有外出务工经历来看，有外出务工经历的搬迁家庭社会融入对精神福利的影响远低于无工作安排的搬迁家庭，这可能是无外出工作经历的主要集中在低收入家庭，这部分家庭多数具有缺劳动力、家庭有疾病患者等内生发展动力不足特征，安排的岗位收入较低，如公益岗位每月工资600元，其收入只能满足家庭的日常开支。受到家庭收入和发展动力不足等因素的制约，导致有岗位安排家庭的社会融入对家庭精神福利的影响没有无就业岗位安排家庭的社会融入对家庭精神福利的影响显著。

表 5-11　安置方式和就业岗位安排异质性回归结果

| | 安置方式 | | 有无外出务工经历 | |
|---|---|---|---|---|
| | 分散安置 | 集中安置 | 无经历 | 有经历 |
| 社会融入 | 4.310***<br>（0.575） | 5.356***<br>（0.961） | 4.933***<br>（0.965） | 1.544***<br>（0.398） |
| 控制变量 | 已控制 | 已控制 | 已控制 | 已控制 |
| 地区变量 | 已控制 | 已控制 | 已控制 | 已控制 |
| Pseudo $R^2$ | 0.883 | 0.847 | 0.863 | 0.723 |
| Logpseudolikelihood | −22.994 | −153.462 | −83.975 | −150.049 |
| $N$ | 179 | 635 | 408 | 406 |

注：*、**、***分别表示在 10%、5%、1%水平上显著，括号内为稳健标准误。

# 第三节　小　结

　　本章节利用课题组在凉山彝族自治州 6 个县（市）814 份易地扶贫搬迁农户调研问卷，在可持续生计框架基础上，耦合社会融入理论、福利经济学理论和共同富裕理论，探讨了社会融入是否影响易地扶贫搬迁农户的家庭福利。相比于目前已有的文献，本章节主要的贡献在于从定量的角度识别出社会融入是否对易地扶贫搬迁农户家庭福利存在影响。本章节的相关研究结论可以为凉山州甚至其他地区出台促进易地扶贫搬迁农户家庭社会融入、优化后续帮扶政策等方面的政策制定提供一定的参考价值。

　　本章节的实证结果支持了前面 H1"社会融入对易地扶贫搬迁农户家庭的物质福利具有正向影响"和 H2"社会融入对易地扶贫搬迁农户家庭的精神福利具有正向影响"的研究假说。这一结论对于做好易地扶贫搬迁后半部分工作具有重要的意义，可以帮助有关部门更加准确化和差别化的后续帮扶政策的制定和实施。具体而言，本章节的研究结果表明社会融入对于搬迁家庭福利具有显著的正向影响。一方面，通过社会融入，搬迁家庭可以通过融入过程中培训机会的把握，提升劳动力素质，并通过融入中社会网络的重构和拓展，从而实现生计方式的转型，寻求到更多的家庭收入渠道；另一方面通过社区治理、选举、精神文化活动的参与，在社会融入中实现身份认同和心理认同，实现精神福利的获取，其幸福感知更强。因此，强化提升易地扶贫搬迁家庭的社会融入水平，才能实现易地扶贫搬迁农户家庭"稳得住、能致富"的目标。

从影响家庭福利的其他变量来看，以耕地为主的自然资本对易地扶贫搬迁家庭的物质福利具有显著的正向促进作用，这与一些学者认为搬迁后以土地为主的自然资本很难在家庭生计中发挥作用的观点有一定的偏差。而且耕地面积与搬迁家庭的精神福利呈现负向的影响，这也再次印证自然资本对搬迁家庭福利具有重要影响。因此，在后续的帮扶中应当推进搬迁家庭耕地经营的新模式，一方面为搬迁家庭增加一定的收入，另一方面减少土地—安置地"摆动"所带来的负向影响。喜德县火觉莫（八一）社区的青花椒、蜡虫种植等土地形式可以成为凉山州其他地区土地利用模式的借鉴模式。金融资本也是影响搬迁家庭福利水平的重要因素，是否具有借款途径和家庭储蓄均对家庭福利具有正向的显著影响，而是否具有贷款途径对家庭精神福利具有显著的正向影响，说明通过家庭金融资本的积累，一方面意味着搬迁家庭具有稳定的收入来源，又或在遇到困难之时能够有渠道应对危机；另一方面也意味着增加家庭的金融资本，是提升家庭购买和消费能力的关键，才能从根本上提升家庭的精神福利。

此外，在异质性分析发现，集中安置的社会融入对于家庭福利的影响更大，这主要是集中安置比分散安置的社会融入面临的挑战更多，如生计转型要求程度更高、社会网络破坏得更彻底、生活方式和习惯改变更大。而且集中安置居民原居住地大部分属于高寒地区，因而社会融入对家庭的可持续生计框架重构尤为重要。而从就业安排来看，公益岗位、园区就业岗位可以用于满足内生发展动力缺乏，并在短时间内无法实现非农化生计策略的搬迁家庭。对于家庭拥有青壮劳动力的家庭还是应当着重提升其技能水平和语言沟通能力，引导其外出务工就业，获取更高层次的收入水平。

基于上述分析，本章也得到了一些政策启示。社会融入对于提升搬迁家庭福利具有显著的正向效应，因此要进一步引导提升搬迁家庭的社会融入水平，特别是针对社会融入处于较低水平的搬迁家庭要因类施策，找准搬迁家庭融入过程中的阻滞因素，差异化施行后续帮扶政策。在深入推进乡村振兴，实现中国式现代化的新形势下，要创新土地经营模式，既要盘活搬迁家庭闲置的土地资源，也要保护凉山彝区脆弱的生态环境，实现生态效益和经济效益的有机融合发展。

# 参考文献

[1] 高进云，乔荣锋，张安录. 农地城市流转前后农户福利变化的模糊评价——基于森的可行能力理论 [J]. 管理世界，2007（6）：45-55.

[2] 朱红根，宋成校. 产业扶贫政策的福利效应及模式比较研究 [J]. 农业经济问题，2021（4）：83-98.

[3] 陈飞，翟伟娟. 农户行为视角下农地流转诱因及其福利效应研究 [J]. 经济研究，2015（10）：163-177.

[4] 李博，王霄，张辉. 从"居者有其屋"到"住有所居"——保障性租赁住房的经济与福利效应 [J]. 经济学（季刊），2024，24（5）：1477-1495.

[5] 褚保金，卢亚娟，张龙耀. 信贷配给下农户借贷的福利效果分析 [J]. 中国农村经济，2009（6）：51-61.

[6] 周烁，张文韬. 互联网使用的主观福利效应分析 [J]. 经济研究，2021（9）：158-174.

[7] 温兴祥，郑凯. 户籍身份转换如何影响农村移民的主观福利：基于 CLDS 微观数据的实证研究 [J]. 财经研究，2019（5）：58-71.

[8] 陈光金. 中国农村贫困的程度、特征与影响因素分析 [J]. 中国农村经济，2008（9）：13-25.

[9] 齐红倩，马溪君. 互联网促进中国家庭消费结构升级研究 [J]. 社会科学战线，2021（11）：86-91.

[10] 尹志超，仇化，潘学峰. 住房财富对中国城镇家庭消费的影响 [J]. 金融研究，2021（2）：114-132.

[11] 肖宝玉，朱宇，林李月. 基于融入-隔离双向对比的流动人口主观社会融合及其影响因素研究——以福厦泉城市群为例 [J]. 地理研究，2020（12）：2796-2807.

[12] 马国璇，周忠发，朱昌丽. 改进可持续生计框架下易地扶贫搬迁前后农户生计对比分析 以贵川省贞丰县者相镇安置点为例 [J]. 中国农业资源与区划，2022（5）：207-217.

［13］徐锡广，申鹏. 易地扶贫搬迁移民的可持续性生计研究——基于贵州省的调查分析［J］. 贵州财经大学学报，2018（1）：103-110.

［14］夏艳玲. 易地扶贫搬迁移民的可持续生计研究——以广西巴马瑶族自治县为例［J］. 西南民族大学学报（人文社科版），2019（9）：7-13.

［15］KUNG J K S.Off-farm labor markets and the emergence of land rental markets in rural China［J］. Journal of comparative economics，2002（10）：395-414.

［16］马丛辉. 不同安置方式下移民社会融入研究［D］. 宁夏:宁夏大学，2021.

［17］夏庆杰，王大树，张延. 城市化与贫困［J］. 学习与探索，2017（11）：127-137.

［18］唐宝珍，宋尚辰. 基于模糊集理论的城镇家庭多维贫困测度［J］. 统计与决策，2019（9）：81-85.

［19］李聪，高梦. 新型城镇化对易地扶贫搬迁农户生计恢复力影响的实证［J］. 统计与决策，2019（18）：89-94.

［20］龚一莼. 水库移民家庭生计系统及生计可持续发展研究［D］. 北京：华北电力大学（北京），2021.

# 第六章　社会融入影响易地扶贫搬迁农户家庭福利水平的作用机制分析：基于中介效应检验

## 第一节　模型构建与变量选取

### 一、模型构建

在本研究的第五章探讨了社会融入对易地扶贫搬迁农户家庭福利水平的影响，从家庭物质福利和精神福利两个方向构建了实证模型。本章节继续采用多元回归 OLS 模型和 OProbit 模型分别讨论社会融入对搬迁农户家庭物质福利和精神福利影响的作用机制。模型构建的具体过程，可参见第五章模型构建的相关内容。

在前面理论分析中，本研究基于可持续生计框架，耦合社会融入理论、福利经济学理论、共同富裕理论，构建起本研究的理论分析框架，探讨社会融入影响易地扶贫搬迁农户家庭福利水平的驱动机制。通过前面理论分析可知，社会融入不仅对易地扶贫搬迁具有直接影响路径，还会通过改善增强搬迁农户家庭生计资本类型，并实现搬迁家庭生计资本结构优化，从而多元化搬迁农户生计类型来影响到搬迁家庭的福利水平，并且还通过社会融入，强化易地扶贫搬迁农户的心理认同，激发搬迁农户家庭发展的内生发展动力，实现家庭福利水平的提升。首先，在搬迁前，搬迁农户主要依靠薄弱的自然资本为生计的主要依赖资本。在搬迁后，安置地与耕地之间距离大幅增加，再加上原居住地交通不便等因素，搬迁农户利用耕地的可能性大大降低。其次，在生计恢复和可持续生计的诉求下，搬迁家庭会逐渐融入新环境并调整家庭生计策略类型，即会逐步从自然资本依赖的农业生产型生计向非农型生计转变，通过多元渠道的方式，即多元化生计策略来增加家庭收入，从而实现保障家庭生活开支。再次，通过社会融入，搬迁居民更好地适应了安置地的生活习惯和文化氛围，强化了搬迁农户的心理认同，能够更好地参与到各项事务和生活文化活动，从而实现家庭内生发展动力的提升。

本章将检验社会融入是否通过影响易地扶贫搬迁家庭生计多样化和搬迁农户家庭的内生发展动力，进而影响搬迁家庭福利水平。因此，本章节将搬迁家庭生计多样化和心理认同作为社会融入影响搬迁家庭福利水平的中介，探索中介效应是否存在。在借鉴相关研究的基础上[1]，构建中介效应的识别思路：第一步，验证社会融入对搬迁家庭福利水平的影响，如果存在显著影响，则进入第二步；第二步，验证社会融入对中介变量（生计多样化和内生发展动力）的影响，若有显著影响则进入第三步；第三步，将社会融入和中介变量（生计多样化和内生发展动力）纳入统一变量框架，检验社会融入和中介变量（生计多样化和内生发展动力）两者对搬迁农户家庭福利水平的影响，并通过社会融入系数的显著性变化来判断生计多样化和内生发展动力是否起到了中介变量的作用，并且判断是完全中介还是部分中介的作用。

本研究依据中介效应检验步骤，构建如下估计模型：

$$\text{Welfare}_i = \beta_0 + \beta_1 \text{Integration}_i + \beta_2 Z_i + \beta_3 \text{County} + \varepsilon_i \tag{6-1}$$

$$\text{Mediator}_i = \gamma_0 + \gamma_1 \text{Integration}_i + \gamma_2 Z_i + \gamma_3 \text{County} + \varepsilon_i' \tag{6-2}$$

$$\text{Welfare}_i = \delta_0 + \delta_1 \text{Integration}_i + \delta_2 \text{Mediator}_i + \delta_3 Z_i + \delta_4 \text{County} + \varepsilon_i'' \tag{6-3}$$

式中：$\text{Welfare}_i$ 表示家庭福利水平；$\text{Integration}_i$ 表示社会融入；$\text{Mediator}_i$ 表示中介变量（生计多样化和内生发展动力）；$Z_i$ 表示控制变量；$\text{County}$ 表示地区虚拟变量；$\varepsilon$ 为随机误差；$\beta$、$\gamma$、$\delta$ 为估计系数。

## 二、变量选取

本书在第五章的基础上，引入易地扶贫搬迁农户生计多样化指数和内生发展动力作为中介变量，以此探讨社会融入影响易地扶贫搬迁农户家庭福利水平的机制和路径，被解释变量、解释变量和控制变量与第五章设定一致，在此不再赘述。

（1）生计多样化指数

家庭生计策略多样化的衡量测度方式多样，有学者直接将家庭生计策略分类为农业型、非农型、兼业型（可继续细分农兼型、兼农型、农兼补等类型），以此关注家庭生计策略的多样性。也有学者通过家庭收入的来源测度家庭生计的多样化，如将家庭收入分为农业经营收入、务工收入、转移支付、财产性收入等收入来源，再运用生计多样化指数测度公式测算家庭的生计多样化指数，本研究采用收入来源来衡量测度易地扶贫搬迁家庭的生计多样化。目前收入来源的生计多样化指数测度方法主要包括以下三种方式：一是累积法。对家庭生计活动进行分类，每一类生计活动赋值 1，进行累加。如家庭只从事农业生产活动则生计多样化指数为 1，从事农业生产活动和务工活动则家庭生计指数为 2，以此类推得到家庭生计多样化指数[2-4]。二是占比法。同样对生计活动进行分类，得到生计活动类型总数 M，计算某一家庭生计活动数量 N，测算出家庭生计多样化指数 N/M[5]。三是家庭收入多样化指数。通过测度家庭收入的来源渠道、均衡程度来衡量农户家庭生计多样化指数，不再是简单地测度生计活动的数量和占比。如果家庭收入来源渠道丰富、各类收入越均衡则家庭生计多样化指数就越高，反之则越低[6-7]。收入多样化指数测度的原理一致，但具体测度公式略有细微差别，本书以香农威纳（Shannon·wiener）多样性测算方法作为中介变量测算方法。测度公式如式（6-4）：

$$K_i = -\sum_{n=1}^{m} P_n \ln P_n \tag{6-4}$$

式中：$K_i$ 表示农户收入多样性指数；$P_n$ 表示第 $n$ 种收入来源下农民家庭纯收入与总收入之比；$m$ 表示收入来源的种类。

（2）内生发展动力

当前针对已脱贫群体的内生发展动力并未形成明确的界定，这是因为内生发展动力难以直接观测、识别和测量[8]。但学者们对内生发展动力形成了一些共识，普遍认为内生发展动力表现为居民在脱贫致富过程中所表现出来的主动性和积极性[9-11]。也有学者将健康状况[12]、技能水平[13]、受教育情况[14]、价值观念[15]等作为内生发展动力的内涵体现。根据现有文献[16-17]，结合凉山彝区易地扶贫搬迁家庭实际情况，本研究将"我认为家庭致富奔小康更应该依靠自身的努力"（五级量表）作为易地扶贫搬迁家庭内生发展动力的衡量指标。实证模型涉及变量分类、名称及定义如表 6-1 所示。

表 6-1　社会融入与生计多样性影响农户家庭福利水平的实证模型变量定义

| 变量类别 | 变量 | 均值 | 标准差 |
| --- | --- | --- | --- |
| 被解释变量 | 家庭年收入 | 10.548 | 0.898 |
| | 幸福感感知 | 3.251 | 1.507 |
| 核心解释变量 | 社会融入指数 | 5.079 | 3.126 |
| 中介变量 | 生计多样化指数 | 0.550 | 0.415 |
| | 内生发展动力 | 3.630 | 1.306 |
| 户主特征 | 是否党员 | 0.033 | 0.179 |
| | 受教育程度 | 1.793 | 0.392 |
| | 年龄 | 3.811 | 0.333 |
| 人力资本变量 | 家庭劳动力状况 | 0.488 | 0.259 |
| | 家庭受教育状况 | 0.494 | 0.302 |
| | 家庭健康状况 | 0.101 | 0.153 |
| 自然资本变量 | 人均耕地经营面积 | 1.728 | 1.813 |
| 物质资本变量 | 人均固定资产 | 9.155 | 1.148 |
| 社会资本变量 | 家庭年礼金总支出 | 8.154 | 1.804 |
| | 合作社参与 | 0.532 | 0.499 |
| 金融资本变量 | 家庭储蓄 | 6.873 | 4.777 |
| | 贷款 | 0.500 | 0.500 3 |
| | 借款 | 0.600 | 0.491 |
| 家庭特征 | 贫困状况 | 0.034 | 0.182 |
| 迁入地特征 | 迁入地距离 | 2.757 | 0.769 |
| 地区虚拟变量 | 样本所在区域 | — | — |

# 第二节　作用机制Ⅰ：基于生计多样化的中介机制检验

## 一、社会融入、生计多样化与搬迁农户家庭物质福利

（1）主要结果

根据前面模型构建设定，表 6-2 报告了社会融入与生计多样化对易地扶贫搬迁农户家庭物质福利的定量影响的估计结果。其中，模型（1）探讨了社会融入对易地扶贫搬迁农户家庭物质福利是否存在直接的影响，被解释变量是搬迁农户家庭总收入，选用模型是 OLS 模型；模型（2）探讨了社会融入对易地扶贫搬迁农户家庭

生计多样化的影响，被解释变量是搬迁家庭的生计多样化指数，选用模型是 OLS 模型；模型（3）探讨了社会融入与生计多样化对易地扶贫搬迁农户家庭物质福利水平的影响，被解释变量是搬迁农户家庭总收入，选用的模型为 OLS 模型。

根据模型估计结果表 6-2 的可知，在模型（1）中解释变量社会融入对易地扶贫搬迁农户家庭物质福利水平具有显著的正向影响，影响系数为 0.192；在模型（2）中社会融入对易地扶贫搬迁农户家庭生计多样化的影响系数为 0.107，且在 1% 的显著水平上显著，表明社会融入对易地扶贫搬迁农户家庭生计多样化具有显著的正向影响；在模型（3）中，社会融入与家庭生计多样化对易地扶贫搬迁农户家庭物质福利均具有显著的正向的影响，影响系数分别为 0.157 和 0.322，且均在 1% 的显著水平上显著，而且和模型（1）相比，社会融入对搬迁家庭的物质福利影响系数从 0.192 减小为 0.157，也表明了生计多样化在社会融入对搬迁家庭物质福利水平的影响中中介效应明显。根据模型构建设定，实证估计结果证明了生计多样化是社会融入影响易地扶贫搬迁农户家庭物质福利的中介变量，而且中介效应是部分中介，中介效应占总效应的比重为 0.179，说明了社会融入对搬迁家庭物质福利的影响大约有 17.9% 是通过生计多样化中介效应实现的。

说明社会融入不仅直接影响了搬迁家庭的物质福利，还会通过优化多元搬迁家庭生计策略，从而形成多元化生计类型间接影响易地扶贫搬迁农户家庭的物质福利。因此，从易地扶贫搬迁农户家庭物质福利层面而言，假说 H3 "生计多样化在社会融入影响易地扶贫搬迁家庭的物质福利中具有正向的中介作用" 得到了实证估计结果的印证。

表 6-2  社会融入与生计多样化对农户家庭物质福利水平的定量影响的估计结果

|  | （1）<br>家庭收入 | （2）<br>生计多样化（结构） | （3）<br>家庭收入 |
| --- | --- | --- | --- |
| 社会融入 | 0.192***<br>（0.008） | 0.107***<br>（0.005） | 0.157***<br>（0.010） |
| 生计多样化（结构）构 | | | 0.322***<br>（0.054） |
| 户主是否党员 | 0.033*<br>（0.018） | 0.037**<br>（0.017） | 0.021<br>（0.017） |
| 户主受教育程度 | −0.018<br>（0.017） | 0.027*<br>（0.014） | −0.027<br>（0.018） |
| 户主年龄 | −0.060***<br>（0.020） | 0.000<br>（0.012） | −0.060***<br>（0.020） |

续表

| | （1）<br>家庭收入 | （2）<br>生计多样化（结构） | （3）<br>家庭收入 |
|---|---|---|---|
| 家庭劳动力状况 | −0.012<br>（0.009） | −0.009<br>（0.006） | −0.009<br>（0.009） |
| 家庭受教育状况 | −0.028**<br>（0.013） | 0.042***<br>（0.009） | −0.041***<br>（0.013） |
| 家庭健康状况 | 0.020**<br>（0.009） | 0.006<br>（0.005） | 0.018**<br>（0.009） |
| 耕地面积 | 0.011<br>（0.011） | 0.019<br>（0.013） | 0.004<br>（0.011） |
| 家庭固定资本 | 0.002<br>（0.010） | 0.007<br>（0.007） | −0.000<br>（0.010） |
| 家庭年礼金支出 | 0.073***<br>（0.009） | −0.004*<br>（0.003） | 0.075***<br>（0.009） |
| 合作社参与 | 0.014<br>（0.025） | −0.018<br>（0.028） | 0.020<br>（0.026） |
| 家庭储蓄 | 0.011***<br>（0.003） | 0.004**<br>（0.002） | 0.010***<br>（0.003） |
| 贷款 | 0.021<br>（0.033） | 0.031<br>（0.027） | 0.011<br>（0.032） |
| 借款 | 0.212***<br>（0.025） | −0.002<br>（0.017） | 0.213***<br>（0.025） |
| 搬迁时是否脱贫 | 0.091***<br>（0.033） | 0.035<br>（0.026） | 0.080**<br>（0.035） |
| 迁入地距离 | −0.018<br>（0.014） | 0.001<br>（0.008） | −0.018<br>（0.014） |
| 地区虚拟变量 | 已控制 | 已控制 | 已控制 |
| 常数项 | 7.400***<br>（0.144） | −0.086<br>（0.085） | 7.428***<br>（0.142） |
| $R^2$ | 0.961 | 0.933 | 0.963 |
| $N$ | 814 | 814 | 814 |

注：*、**、***分别表示在10%、5%、1%水平上显著，括号内为稳健标准误。

（2）稳健性检验

为了确保社会融入与生计多样性对农户家庭物质福利水平的影响模型估计结果是稳健的，本小节将采用两种策略来进行检验。首先，通过更换易地扶贫搬迁农户家庭生计多样化指数的测度方式来检验社会融入与生计多样性对农户家庭物质福利水平的影响。在表 6-2 中，搬迁农户家庭生计多样化指数测度值采用的是香农·威纳的生计多样化测算方式，通过计算家庭收入构成来确定搬迁家庭的生计多样化指数。在本小节，易地扶贫搬迁农户家庭生计多样化的测算方式采用当前仍被广泛采用的占比法进行测算，测算方式前面已经详细描述，这里不再赘述。

在实证中，采用的模型设定与表 6-2 设定一致。根据模型估计结果表 6-3 可知，在更换了易地扶贫搬迁农户家庭生计多样化指数测度方法后，在控制了户主特征、生计资本、家庭特征、迁入地特征和地区虚拟变量后，模型（2）估计结果显示，社会融入依然在 1% 的显著水平上显著地正向影响易地扶贫搬迁农户的生计多样化，模型（3）估计结果显示，社会融入与生计多样化仍然显著正向影响易地扶贫搬迁农户家庭的物质福利水平。与模型（1）对比发现，社会融入对易地扶贫搬迁家庭的物质福利影响系数有所降低，且三个回归结果参数均显著且同号，也再次验证生计多样化仍然是社会融入影响易地扶贫搬迁家庭物质福利的中介变量，而且中介效应仍然是部分中介。由此可见，表 6-3 与表 6-2 的模型估计结果一致，进一步印证了 H3 社会融入与生计多样化正向影响易地扶贫搬迁农户家庭的物质福利的假说。

表 6-3　社会融入与生计多样性对农户家庭物质福利水平的定量影响的稳健性估计结果

|  | （1）家庭收入 | （2）生计多样化（途径） | （3）家庭收入 |
| --- | --- | --- | --- |
| 社会融入 | 0.192***（0.008） | 0.064***（0.004） | 0.180***（0.009） |
| 生计多样化（途径） |  |  | 0.177***（0.064） |
| 控制变量 | 已控制 | 已控制 | 已控制 |
| 地区虚拟变量 | 已控制 | 已控制 | 已控制 |
| 常数项 | 7.400***（0.144） | 0.023（0.062） | 7.396***（0.144） |
| $R^2$ | 0.961 | 0.933 | 0.963 |
| $N$ | 814 | 814 | 814 |

注：\*、\*\*、\*\*\*分别表示在 10%、5%、1%水平上显著，括号内为稳健标准误。

虽然表 6-2 和表 6-3 的实证模型估计结果都验证了社会融入与生计多样化正向影响易地扶贫搬迁农户家庭的物质福利的研究假说，并且也显示了生计多样化仍然是社会融入影响易地扶贫搬迁家庭物质福利的中介变量。但为了更加精准地分析生计多样化的中介效应，避免因为逐步回归法和因果步骤法的缺陷而导致的模型估计结果不准确，本研究继续采用 Bootstrap 检验法和 Sobel 检验法两种方法来再次检验生计多样化作为中介变量的稳健性。Bootstrap 检验法是通过从总样本中重复抽样，形成 Bootstrap 样本并得到 ai*bi 的系数乘积值，从而获得 $N$ 个总体和特定中介效应，将这些估计值按照从小到大的顺序排列就可以获得 95%的置信区间，如果置信区间中不包括 0，那么就可以印证存在中介效应[18-20]。而 Sobel 检验法则是通过对比标准误得到模型估计的一个 $Z$ 值，并通过对比其与标准正态分布的 $Z$ 值的大小，从而判断是否存在中介效应[21-22]。

表 6-4 报告了 Bootstrap 检验法和 Sobel 检验法两种方法的稳健性检验结果。在 Bootstrap 检验法中，生计多样化（结构）和生计多样化（途径）在 95%的置信区间分别为［0.138 3，0.176 3］和［0.162 8，0.198 0］，中介效应比例分别为 17.97%和 5.93%，说明生计多样化的中介效应估计结果是稳健的。而 Sobel 检验结果与表 6-2 和表 6-3 中汇报的估计结果一致，Sobel 检验结果均在 1%的水平上显著，说明了中介效应成立，进一步说明了中介效应估计结果的稳健性。也进一步印证了 H3 社会融入与生计多样化正向影响易地扶贫搬迁农户家庭的物质福利的研究假说。

**表 6-4 基于 sobel 和 Bootstrap 的稳健性检验结果**

| 中介路径 | sobel 检验 | | Bootstrap 检验 | 中介效应比例% |
|---|---|---|---|---|
| | 直接效应 | 间接效应 | 95%置信区间 | |
| 生计多样化（结构）—收入结构 | 0.157*** | 0.034*** | ［0.138 3，0.176 3］ | 17.97 |
| | （0.010） | （0.006） | | |
| 生计多样化（途径）—收入 | 0.011*** | 0.180*** | ［0.162 8，0.198 0］ | 5.93 |
| | （0.005） | （0.009） | | |

注：***表示估计结果在 1%的水平上显著。

## 二、社会融入、生计多样化与搬迁农户家庭精神福利

（1）主要结果

根据前面模型构建设定，表 6-5 报告了社会融入与生计多样化对易地扶贫搬迁农户家庭精神福利的定量影响的估计结果。其中，模型（1）探讨了社会融入对易地扶贫搬迁农户家庭精神福利是否存在直接的影响，被解释变量是搬迁农户家庭幸福感感知自评，选用模型是 Oprobit 模型；模型（2）探讨了社会融入对易地扶贫搬迁农户家庭生计多样化的影响，被解释变量是搬迁家庭的生计多样化指数，选用模型是 OLS 模型；模型（3）探讨了社会融入与生计多样化对易地扶贫搬迁农户家庭精神福利水平的影响，被解释变量是搬迁农户家庭幸福感感知自评，选用的模型为 Oprobit 模型。

根据模型估计结果表 6-5 可知，在模型（1）中解释变量社会融入对易地扶贫搬迁农户家庭精神福利水平在 1% 的显著水平上具有显著的正向影响；在模型（2）中社会融入对易地扶贫搬迁农户家庭生计多样化具有显著的正向影响，同样在 1% 的显著水平上显著；在模型（3）中，社会融入与搬迁农户家庭生计多样化对易地扶贫搬迁农户家庭精神福利具有显著的正向的影响，分别在 1% 和 5% 的水平上显著，对比模型（1）和模型（3）可知，在添加了中介变量生计多样化后，社会融入对搬迁家庭幸福感感知的影响系数有所降低，从而也验证了生计多样化在社会融入影响搬迁家庭精神福利中具有中介效应。根据模型设定，实证估计结果证明了生计多样化是社会融入影响易地扶贫搬迁农户家庭精神福利的中介变量，而且中介效应是部分中介，中介效应占比为 0.032。即，社会融入对搬迁家庭精神福利的影响大约有 3.2% 是通过家庭生计多样化带来的。说明社会融入不仅直接影响了搬迁家庭的精神福利，还会通过优化多元搬迁家庭生计策略进而增加农户家庭收入和消费购买能力，从而间接影响易地扶贫搬迁农户家庭的精神福利。因此，研究假说 H4 得到了实证估计结果的印证。

表 6-5 社会融入与生计多样性对农户家庭精神福利水平的定量影响的估计结果

| | （1）<br>幸福感感知 | （2）<br>生计多样化（结构） | （3）<br>幸福感感知 |
|---|---|---|---|
| 社会融入 | 3.956***<br>（0.457） | 0.105***<br>（0.005） | 3.840***<br>（0.450） |
| 生计多样化（结构） | | | 1.203**<br>（0.529） |
| 户主是否党员 | −0.087<br>（0.393） | 0.042**<br>（0.018） | −0.208<br>（0.396） |
| 户主受教育程度 | 3.419***<br>（0.497） | 0.025*<br>（0.014） | 3.504***<br>（0.494） |
| 户主年龄 | 0.325<br>（0.199） | −0.004<br>（0.012） | 0.323<br>（0.200） |
| 家庭劳动力状况 | 0.150<br>（0.117） | −0.008<br>（0.006） | 0.162<br>（0.119） |
| 家庭受教育状况 | −0.293<br>（0.253） | 0.042***<br>（0.009） | −0.359<br>（0.250） |
| 家庭健康状况 | −0.015<br>（0.132） | 0.005<br>（0.005） | −0.020<br>（0.133） |
| 耕地面积 | −0.310<br>（0.199） | 0.023*<br>（0.013） | −0.352*<br>（0.201） |

续表

| | （1）<br>幸福感感知 | （2）<br>生计多样化（结构） | （3）<br>幸福感感知 |
|---|---|---|---|
| 家庭固定资本 | 0.043<br>（0.146） | 0.008<br>（0.007） | 0.036<br>（0.142） |
| 家庭年礼金支出 | 0.158<br>（0.116） | −0.004<br>（0.003） | 0.154<br>（0.111） |
| 合作社参与 | 0.533<br>（0.358） | −0.015<br>（0.029） | 0.582<br>（0.355） |
| 家庭储蓄 | 0.040**<br>（0.020） | 0.005***<br>（0.002） | 0.033<br>（0.021） |
| 贷款 | 1.006*<br>（0.534） | 0.031<br>（0.028） | 0.913*<br>（0.537） |
| 借款 | 1.238***<br>（0.246） | −0.007<br>（0.017） | 1.259***<br>（0.248） |
| 搬迁时是否脱贫 | −5.169***<br>（0.730） | 0.032<br>（0.025） | −5.382***<br>（0.758） |
| 迁入地距离 | −0.006<br>（0.148） | −0.000<br>（0.008） | 0.001<br>（0.149） |
| 地区虚拟变量 | 已控制 | 已控制 | 已控制 |
| Pseudo $R^2/R^2$ | 0.851 | 0.931 | 0.853 |
| $N$ | 814 | 814 | 814 |

注：*、**、***分别表示在10%、5%、1%水平上显著，括号内为稳健标准误。

（2）稳健性检验

为了确保社会融入与生计多样性对农户家庭精神福利水平的影响模型估计结果是稳健的，本小节将沿用前面采用的两种策略来进行检验。首先，通过更换易地扶贫搬迁农户家庭生计多样化指数的测度方式来再次检验社会融入与生计多样化对农户家庭精神福利的影响，其测算方式、模型设定与前面一致，这里不再赘述。

根据模型估计结果表 6-6 可知，在更换了易地扶贫搬迁农户家庭生计多样化指数测度方法后，模型控制了搬迁家庭户主特征、家庭特征、家庭生计资本变量、迁入地特征和地区虚拟变量后，模型（2）估计结果显示，社会融入依然在 1%的水平上显著的正向影响易地扶贫搬迁农户的生计多样化，模型（3）估计结果显示，社会融入与生计多样化仍然在1%的水平上显著正向影响易地扶贫搬迁农户家庭的精神福利水平，且三个回归结果参数均显著且同号，这表明生计多样化仍然是社会融入影响易地扶贫搬迁家庭精神福利的中介变量，而且中介效应仍然是部分中介。由此可见，表 6-6 与表 6-5 的模型估计结果一致，进一步印证了 H4 社会融入与生计多样化正向影响易地扶贫搬迁农户家庭的精神福利的研究假说。

表 6-6　社会融入与生计多样性对农户家庭精神福利水平的定量影响的稳健性估计结果

| | （1）<br>幸福感感知 | （2）<br>生计多样化途径 | （3）<br>幸福感感知 |
|---|---|---|---|
| 社会融入 | 3.953***<br>（0.457） | 0.064***<br>（0.004） | 3.902***<br>（0.517） |
| 生计多样化途径 | | | 5.593***<br>（1.797） |
| 控制变量 | 已控制 | 已控制 | 已控制 |
| 地区虚拟变量 | 已控制 | 已控制 | 已控制 |
| 常数项 | | 0.018<br>（0.062） | |
| $R^2$ | 0.865 | 0.928 | 0.851 |
| Log−pseudolikelihood | −171.780 | | −190.046 |
| $N$ | 814 | 814 | 814 |

注：*、**、***分别表示在 10%、5%、1%水平上显著，括号内为稳健标准误。

虽然表 6-5 和表 6-6 的实证模型估计结果都验证了社会融入与生计多样化正向影响易地扶贫搬迁农户家庭的精神福利的研究假说，并且也显示了生计多样化仍然是社会融入影响易地扶贫搬迁家庭精神福利的中介变量。但为了更加精准地分析生计多样化的中介效应，本小节继续采用 Bootstrap 检验法和 Sobel 检验法两种方法来再次检验生计多样化作为中介变量的稳健性。

表 6-7 报告了 Bootstrap 检验法和 Sobel 检验法两种方法的稳健性检验结果。在 Bootstrap 检验法中，生计多样化（结构）和生计多样化（途径）在 95%的置信区间分别为 [0.337 1，0.433 4] 和 [0.324 0，0.400 6]，中介效应比例分别为 5.14%和 10.82%，说明生计多样化的中介效应估计结果是稳健的。而 Sobel 检验结果与表 6-4 和表 6-5 中汇报的估计结果一致，Sobel 检验结果均在 1%的水平上显著，说明了中介效应成立，进一步说明了中介效应估计结果的稳健性。也进一步印证了 H4 社会融入与生计多样化正向影响易地扶贫搬迁农户家庭的精神福利的研究假说。

表 6-7　基于 sobel 和 Bootstrap 的稳健性检验结果

| 中介路径 | sobel 检验 | | Bootstrap 检验 | 中介效应比例% |
|---|---|---|---|---|
| | 直接效应 | 间接效应 | 95%置信区间 | |
| 生计多样化（结构）—收入 | 0.385*** | 0.021*** | ［0.337 1，0.433 4］ | 5.14 |
| | （0.024） | （0.015） | | |
| 生计多样化（途径）—收入 | 0.362*** | 0.044*** | ［0.324 0，0.400 6］ | 10.82 |
| | （0.022） | （0.012） | | |

注：***表示估计结果在 1%的水平上显著。

# 第三节　作用机制Ⅱ：基于内生发展动力的中介机制检验

## 一、社会融入、内生发展动力与搬迁农户家庭物质福利

（1）主要结果

本小节继续沿用前面模型构建设定，表 6-8 报告了社会融入与内生发展动力对易地扶贫搬迁农户家庭物质福利的定量影响的估计结果。其中，模型（1）探讨了社会融入对易地扶贫搬迁农户家庭物质福利是否存在直接的影响，被解释变量是搬迁农户家庭总收入，选用模型是 OLS 模型；模型（2）探讨了社会融入对易地扶贫搬迁农户家庭内生发展动力的影响，被解释变量是搬迁家庭的内生发展动力，选用模型是 Oprobit 模型；模型（3）探讨了社会融入与内生发展动力对易地扶贫搬迁农户家庭物质福利水平的影响，被解释变量是搬迁农户家庭总收入，选用的模型为 OLS 模型。

根据模型估计结果表 6-8 的可知，在模型（2）中社会融入对易地扶贫搬迁农户家庭内生发展动力的影响系数为 0.356，且在 1%的显著水平上显著，表明社会融入对易地扶贫搬迁农户家庭内生发展动力具有显著的正向影响；在模型（3）中，社会融入与内生发展动力对易地扶贫搬迁农户家庭物质福利具有显著的正向的影响，且均在 1%的显著水平上显著，而且和模型 1 相比，社会融入对搬迁家庭的物质福利影响系数从 0.192 减小为 0.181，但也表明了内生发展动力在社会融入对搬迁家庭物质福利水平影响中的中介效应明显。根据模型构建设定，实证估计结果证明了内

生发展动力是社会融入影响易地扶贫搬迁农户家庭物质福利的中介变量，而且中介效应是部分中介。中介效应占总效应的比重为 0.078，即，社会融入对搬迁家庭物质福利的影响大约有 7.8% 是通过激活搬迁家庭内生发展动力而实现的。说明社会融入不仅直接影响了搬迁家庭的物质福利，还会通过激发搬迁农户家庭的内生发展动力，更好地发挥主观能动性，从而间接影响易地扶贫搬迁农户家庭的物质福利。因此，从易地扶贫搬迁农户家庭物质福利层面而言，研究假说 H5 得到了实证估计结果的印证。

表6-8 社会融入与内生发展动力对农户家庭物质福利水平的定量影响的估计结果

| | （1）<br>家庭收入 | （2）<br>内生发展动力 | （3）<br>家庭收入 |
|---|---|---|---|
| 社会融入 | 0.192***<br>（0.008） | 0.356***<br>（0.050） | 0.181***<br>（0.008） |
| 内生发展动力 | | | 0.042***<br>（0.007） |
| 户主是否党员 | 0.033*<br>（0.018） | −0.542**<br>（0.249） | 0.049***<br>（0.017） |
| 户主受教育程度 | −0.018<br>（0.017） | −0.087<br>（0.293） | −0.013<br>（0.017） |
| 户主年龄 | −0.060***<br>（0.020） | 0.118<br>（0.131） | −0.063***<br>（0.020） |
| 家庭劳动力状况 | −0.012<br>（0.009） | 0.101<br>（0.069） | −0.015<br>（0.009） |
| 家庭受教育状况 | −0.028**<br>（0.013） | −0.026<br>（0.127） | −0.025*<br>（0.013） |
| 家庭健康状况 | 0.020**<br>（0.009） | −0.129*<br>（0.067） | 0.023***<br>（0.009） |
| 耕地面积 | 0.011<br>（0.011） | −0.132*<br>（0.079） | 0.014<br>（0.011） |
| 家庭固定资本 | 0.002<br>（0.010） | 0.157*<br>（0.085） | −0.003<br>（0.010） |
| 家庭年礼金支出 | 0.073***<br>（0.009） | 0.016<br>（0.035） | 0.072***<br>（0.009） |
| 合作社参与 | 0.014<br>（0.025） | 0.137<br>（0.209） | 0.010<br>（0.024） |
| 家庭储蓄 | 0.011***<br>（0.003） | 0.038**<br>（0.016） | 0.009***<br>（0.003） |
| 贷款 | 0.021<br>（0.033） | −0.784***<br>（0.234） | 0.044<br>（0.032） |
| 借款 | 0.212***<br>（0.025） | 0.200<br>（0.156） | 0.200***<br>（0.024） |

续表

| | （1）<br>家庭收入 | （2）<br>内生发展动力 | （3）<br>家庭收入 |
|---|---|---|---|
| 搬迁时是否脱贫 | 0.091***<br>（0.033） | 0.803<br>（0.677） | 0.084***<br>（0.033） |
| 迁入地距离 | −0.018<br>（0.014） | −0.188**<br>（0.086） | −0.011<br>（0.014） |
| 地区虚拟变量 | 已控制 | 已控制 | 已控制 |
| 常数项 | 7.400***<br>（0.144） | | 7.331***<br>（0.144） |
| $R^2$/Pseudo $R^2$ | 0.961 | 0.245 | 0.963 |
| $N$ | 814 | 814 | 814 |

注：*、**、***分别表示在10%、5%、1%水平上显著，括号内为稳健标准误。

（2）稳健性检验

为了确保社会融入与内生发展动力对农户家庭物质福利水平的影响模型估计结果是稳健的，本小节将采用两种策略来进行检验。首先，通过更换被解释变量，在前面的分析中可知，家庭收入和家庭支出是衡量家庭物质福利的重要指标，前面采用了家庭总收入作为搬迁家庭物质福利的衡量指标，在本小节，本研究采用易地扶贫搬迁农户家庭的总支出来衡量家庭的物质福利水平。

在实证中，采用的模型设定与前面的章节设定一致。根据模型估计结果表 6-9 可知，在将被解释变量更换为搬迁家庭总支出，并在控制了户主特征、家庭生计资本、家庭特征、迁入地特征和地区虚拟变量后，模型（1）估计结果显示，社会融入对搬迁家庭的支出在 1%的水平上具有显著的正向影响；模型（3）估计结果显示，社会融入与内生发展动力仍然在 1%的水平上显著正向影响易地扶贫搬迁农户家庭的物质福利水平，与模型（1）对比发现，社会融入对易地扶贫搬迁家庭的支出影响系数也从 0.224 降低为 0.209，但回归结果中的三个参数均显著且符号相同，也再次验证内生发展动力仍然是社会融入影响易地扶贫搬迁家庭物质福利的中介变量，而且中介效应仍然是部分中介，中介效应占比为 0.094。由此可见，表 6-9 与表 6-8 的模型估计结果一致，进一步印证了 H5 社会融入与内生发展动力正向影响易地扶贫搬迁农户家庭的物质福利的研究假说。

表6-9 社会融入与内生发展动力对农户家庭物质福利水平的定量影响的稳健性估计结果

| | （1）<br>家庭支出 | （2）<br>内生发展动力 | （3）<br>家庭支出 |
|---|---|---|---|
| 社会融入 | 0.224***<br>（0.014） | 0.356***<br>（0.050） | 0.209***<br>（0.014） |
| 内生发展动力 | | | 0.059***<br>（0.015） |
| 控制变量 | 已控制 | 已控制 | 已控制 |
| 地区虚拟变量 | 已控制 | 已控制 | 已控制 |
| 常数项 | 7.617***<br>（0.285） | | 7.520***<br>（0.281） |
| Pseudo $R^2$ | 0.657 | 0.245 | 0.665 |
| $N$ | 814 | 814 | 814 |

注：*、**、***分别表示在10%、5%、1%水平上显著，括号内为稳健标准误。

虽然表6-8和表6-9的实证模型估计结果都验证了社会融入与内生发展动力正向影响易地扶贫搬迁农户家庭的物质福利的研究假说，但为了更加精准地分析内生发展动力的中介效应，本小节继续采用Bootstrap检验法和Sobel检验法两种方法来再次检验内生发展动力作为中介变量的稳健性。表6-10报告了Bootstrap检验法和Sobel检验法两种方法的稳健性检验结果。在Bootstrap检验法中，内生发展动力在95%的置信区间分别为［0.167 0，0.195 8］，中介效应比例分别为5.41%，说明生计多样化的中介效应估计结果是稳健的。而Sobel检验结果与表6-8和表6-9中汇报的估计结果一致，Sobel检验结果均在1%的水平上显著，说明了中介效应成立，进一步说明了中介效应估计结果的稳健性。也进一步印证了H5社会融入与内生发展动力正向影响易地扶贫搬迁农户家庭的物质福利的研究假说。

表6-10 基于sobel和Bootstrap的稳健性检验结果

| 中介路径 | sobel 检验 | | Bootstrap 检验 | 中介效应比例% |
|---|---|---|---|---|
| | 直接效应 | 间接效应 | 95%置信区间 | |
| 内生发展动力 | 0.181***<br>（0.008） | 0.010***<br>（0.002） | ［0.167 0，0.195 8］ | 5.41 |

注：***分别表示在1%水平上显著，括号内为稳健标准误。

## 二、社会融入、内生发展动力与搬迁农户家庭精神福利

（1）主要结果

遵循前面模型构建设定，表6-11报告了社会融入与内生发展动力对易地扶贫搬

迁农户家庭精神福利的定量影响的估计结果。其中，模型（1）探讨了社会融入对易地扶贫搬迁农户家庭精神福利是否存在直接的影响，被解释变量是搬迁农户家庭幸福感感知自评，选用模型是 Oprobit 模型；模型（2）探讨了社会融入对易地扶贫搬迁农户家庭内生发展动力的影响，被解释变量是搬迁家庭的内生发展动力，选用模型是 Oprobit 模型；模型（3）探讨了社会融入与内生发展动力对易地扶贫搬迁农户家庭精神福利水平的影响，被解释变量是搬迁农户家庭幸福感感知自评，选用的模型为 Oprobit 模型。

根据模型估计结果表 6-11 的可知，在模型（1）中解释变量社会融入对易地扶贫搬迁农户家庭精神福利水平在 1%的显著水平上具有显著的正向影响；在模型（2）中社会融入对易地扶贫搬迁农户家庭内生发展动力在 1%的显著水平上具有显著的正向影响；在模型（3）中，社会融入与搬迁农户家庭内生发展动力对易地扶贫搬迁农户家庭精神福利具有显著的正向的影响，且均在 1%的水平上显著，对比模型（1）和模型（3）可知，在添加了中介变量内生发展动力，社会融入对搬迁家庭幸福感感知的影响系数有所降低，从 3.953 降低为 3.896，而且回归结果三个参数均显著且同号，从而也验证了内生发展动力在社会融入影响搬迁家庭精神福利中具有中介效应，中介效应占总效应比重为 0.017，即社会融入影响家庭精神福利中大约有 1.7%是通过激活内生发展动力实现的。根据模型构建设定，实证估计结果证明了内生发展动力是社会融入影响易地扶贫搬迁农户家庭精神福利的中介变量，而且中介效应是部分中介，研究假说 H6 得到了实证估计结果的印证。

表 6-11　社会融入与内生发展动力对农户家庭精神福利水平的定量影响的估计结果

| | （1）<br>幸福感感知 | （2）<br>内生发展动力 | （3）<br>幸福感感知 |
|---|---|---|---|
| 社会融入 | 3.956***<br>（0.457） | 0.327***<br>（0.048） | 3.895***<br>（0.463） |
| 内生发展动力 | | | 0.207***<br>（0.071） |
| 户主是否党员 | −0.087<br>（0.393） | −0.487*<br>（0.248） | −0.028<br>（0.389） |
| 户主受教育程度 | 3.419***<br>（0.497） | −0.084<br>（0.291） | 3.171***<br>（0.500） |
| 户主年龄 | 0.325<br>（0.199） | 0.076<br>（0.129） | 0.300<br>（0.203） |
| 家庭劳动力状况 | 0.150<br>（0.117） | 0.114*<br>（0.068） | 0.115<br>（0.118） |

| | （1）<br>幸福感感知 | （2）<br>内生发展动力 | （3）<br>幸福感感知 |
|---|---|---|---|
| 家庭受教育状况 | −0.293<br>（0.253） | −0.025<br>（0.129） | −0.308<br>（0.241） |
| 家庭健康状况 | −0.015<br>（0.132） | −0.143**<br>（0.066） | 0.023<br>（0.129） |
| 耕地面积 | −0.310<br>（0.199） | −0.153<br>（0.099） | −0.282<br>（0.199） |
| 家庭固定资本 | 0.043<br>（0.146） | 0.178**<br>（0.084） | 0.012<br>（0.148） |
| 家庭年礼金支出 | 0.158<br>（0.116） | 0.024<br>（0.035） | 0.162<br>（0.118） |
| 合作社参与 | 0.533<br>（0.358） | 0.183<br>（0.209） | 0.421<br>（0.342） |
| 家庭储蓄 | 0.040**<br>（0.020） | 0.046***<br>（0.016） | 0.033<br>（0.021） |
| 贷款 | 1.006*<br>（0.534） | −0.801***<br>（0.230） | 1.031*<br>（0.546） |
| 借款 | 1.238***<br>（0.246） | 0.154<br>（0.155） | 1.225***<br>（0.248） |
| 搬迁时是否脱贫 | −5.169***<br>（0.730） | 0.784<br>（0.671） | −4.928***<br>（0.735） |
| 迁入地距离 | −0.006<br>（0.148） | −0.203**<br>（0.087） | 0.059<br>（0.153） |
| 地区虚拟变量 | 已控制 | 已控制 | 已控制 |
| Pseudo $R^2$ | 0.851 | 0.239 | 0.854 |
| Log − pseudolikelihood | −190.046 | −924.771 | −186.329 |
| $N$ | 814 | 814 | 814 |

注：*、**、***分别表示在10%、5%、1%水平上显著，括号内为稳健标准误。

（2）稳健性检验

为了确保社会融入与内生发展动力对农户家庭精神福利水平的影响模型估计结果是稳健的，本小节将沿用前面的两种策略进行检验。首先，通过更换被解释变量，将家庭幸福感感知更换为家庭生活舒适度感知，再次检验社会融入与内生发展动力对农户家庭精神福利的影响。根据模型估计结果表6-12可知，在更换了被解释变量以后，模型控制了搬迁家庭户主特征、家庭特征、家庭生计资本变量、迁入地特征和地区虚拟变量后，模型（1）估计结果显示，社会融入对易地扶贫搬迁农户家庭生活舒适度同样在1%的水平上具有显著的正向影响，影响系数为2.948；模型

（3）估计结果显示，社会融入与内生发展动力仍然在1%和5%的水平上显著正向影响易地扶贫搬迁农户家庭的精神福利水平，影响系数分别为2.880和0.152，三个回归结果均显著且同号。这表明内生发展动力仍然是社会融入影响易地扶贫搬迁家庭精神福利的中介变量。由此可见，表6-12与表6-11的模型估计结果一致，进一步印证了H6社会融入与内生发展动力正向影响易地扶贫搬迁农户家庭的精神福利的研究假说。

表6-12　社会融入与内生发展动力对农户家庭精神福利水平的定量影响的稳健性估计结果

| | （1）<br>生活舒适度 | （2）<br>内生发展动力 | （3）<br>生活舒适度 |
|---|---|---|---|
| 社会融入 | 2.948***<br>（0.299） | 0.327***<br>（0.048） | 2.880***<br>（0.302） |
| 内生发展动力 | | | 0.152**<br>（0.064） |
| 控制变量 | 已控制 | 已控制 | 已控制 |
| 地区虚拟变量 | 已控制 | 已控制 | 已控制 |
| Pseudo $R^2$ | 0.809 | 0.239 | 0.811 |
| Log-pseudolikelihood | -244.429 | -924.771 | -241.892 |
| $N$ | 814 | 814 | 814 |

注：*、**、***分别表示在10%、5%、1%水平上显著，括号内为稳健标准误。

本小节继续采用Bootstrap检验法和Sobel检验法两种方法来再次检验内生发展动力作为中介变量的稳健性。表6-13报告了Bootstrap检验法和Sobel检验法两种方法的稳健性检验结果。在Bootstrap检验法中，内生发展动力在95%的置信区间为［0.338 6，0.405 1］，中介效应为8.5%，说明内生发展动力的中介效应估计结果是稳健的。而Sobel检验结果与表6-12和表6-11中汇报的估计结果一致，Sobel检验结果均在1%的水平上显著，说明了中介效应成立，进一步说明了中介效应估计结果的稳健性。也进一步印证了H6社会融入与内生发展动力正向影响易地扶贫搬迁农户家庭的精神福利的研究假说。

表6-13　基于sobel和Bootstrap的稳健性检验结果

| 中介路径 | sobel检验 | | Bootstrap检验 | 中介效应比例% |
|---|---|---|---|---|
| | 直接效应 | 间接效应 | 95%置信区间 | |
| 内生发展动力 | 0.372***<br>（0.019） | 0.034***<br>（0.006） | ［0.338 6，0.405 1］ | 8.5 |

注：***分别表示在1%水平上显著，括号内为稳健标准误。

# 第四节　小　结

　　本章节利用课题组在凉山彝族自治州六县（市）获取的814份易地扶贫搬迁农户调研问卷，在可持续生计框架基础上，耦合社会融入理论、福利经济学理论和共同富裕理论，探讨了社会融入如何影响易地扶贫搬迁农户家庭的福利。相比于目前已有的文献，本章节主要的贡献在于从定量的角度识别出社会融入对易地扶贫搬迁农户家庭福利的影响机制，结果发现并检验印证了生计多样化和内生发展动力是社会融入影响易地扶贫搬迁农户家庭福利的中介变量。此外，作用机制中生计多样化比内生发展动力的中介效应更为明显。本章节的相关研究结论可以为凉山州甚至其他地区出台促进易地扶贫搬迁农户家庭社会融入、优化搬迁家庭生计资本结构、多样化搬迁家庭生计策略等方面的政策制定提供一定的参考价值。

　　本章节的实证结果也支持了前面H3、H4"社会融入与生计多样化正向影响易地扶贫搬迁农户家庭的福利水平"和H5、H6"社会融入与内生发展动力正向影响易地扶贫搬迁农户家庭的福利水平"的研究假说。这一结论对于易地扶贫搬迁后续帮扶政策的进一步实施，深入推进易地扶贫搬迁农户家庭"稳得住、能致富"的目标具有十分重要的意义。具体而言，本章实证模型估计结果印证了生计多样化和内生发展动力在社会融入影响易地扶贫搬迁农户家庭福利水平中具有正向的中介作用，且中介效应为部分中介。其中，社会融入对搬迁家庭物质福利的影响大约有17.9%是通过生计多样化中介效应实现的；社会融入对搬迁家庭精神福利的影响大约有3.2%是通过家庭生计多样化中介效应实现的；社会融入对搬迁家庭物质福利的影响大约有7.8%是通过搬迁家庭内生发展动力中介效应实现的。社会融入对搬迁家庭精神福利的影响大约有1.7%是通过搬迁家庭内生发展动力中介效应实现的。即，社会融入不仅直接影响了易地扶贫搬迁农户家庭的物质福利和精神福利，还通过多样化生计和内生发展动力的提升间接影响搬迁家庭的物质福利和精神福利。这表现为社会融入可以让搬迁农户快速地适应和融入新环境，从而摆脱原来的自然资本依赖为主要生计策略的生计类型，从而提升家庭收入水平，提升家庭的物质福利水平，也通过安置地更加完善和便利的教育、医疗、基础设施、公共设施、精神文化活动等丰富了搬迁家庭的精神文化活动，从而提升了搬迁家庭的精神福利水平。而且社会融入还可以通过提升搬迁家庭的人力资本和社会资本，强化搬迁家庭的信息获取能力等增进搬迁家庭的生计资本总量和优化搬迁家庭生计资本结构，从而能让搬迁家庭成员可以匹配到更多类型的生计策略，提高多样化搬迁家庭的生计策略，并增进易地扶贫搬迁农户的家庭福利。通过再融入过程中的技能、语言、交际等能力的提升，和更广阔的眼界拓展，唤醒搬迁居民的内生发展动力，从而影响搬迁家庭的福利水平。

从前面统计分析中仍可发现，当前生计多样化指数较高和内生发展动力较强的易地扶贫搬迁家庭数量占比还较低。多数搬迁家庭，特别是整村搬迁和集中安置的搬迁家庭生计多样化水平还较低，可持续生计框架还未搭建起来，依赖公益岗位和转移支付的生计策略占比仍然较高，妇女转移就业比例较低，这都导致很多易地扶贫搬迁家庭的抗风险能力还较弱，家庭福利水平也较低。因此，在巩固脱贫攻坚成果和深入推进乡村振兴的发展契机下，还要进一步提高易地扶贫搬迁农户家庭的社会融入程度和融入质量，多样化搬迁家庭生计策略，激活搬迁家庭的内生发展动力，从而提升搬迁家庭的福利水平，补齐实现共同富裕的薄弱环节。

# 参考文献

[1] 温忠麟. 张雷，侯杰泰. 中介效应检验程序及其应用［J］. 心理学报，2004（5）：614-620.

[2] ASFAWS，PALLANTEG，PALMAA.Diversification strategies and adaptation deficit：evidence from rural communities in Niger［J］. World development，2018（4）：2019-234.

[3] JOHNYJ，WICHMANNB，SWALLOWBM.Characterizing social networks and their effects on income diversification in rural Kerala，India［J］. World development，2017（11）：375-395.

[4] 王晶，吕开宇. 共同富裕目标下缩小农村内部收入差距的实现路径——基于生计多样化视角的分析［J］. 华中农业大学学报（社会科学版），2021（5）：34-44.

[5] 徐爽，胡业翠. 农户生计资本与生计稳定性耦合协调分析——以广西金桥村移民安置区为例 ［J］. 经济地理，2018（7）：142-148.

［6］刘永茂，李树茁. 农户替代生计弹性测度研究［J］. 农业技术经济，2017（10）：54-67.

［7］董晓林，熊健. 市场化进程中社会网络对农户生计多样化的影响［J］. 华中农业大学学报（社会科学版），2019（5）：71-77.

［8］王明哲，周迪，黄炜. 扶贫先扶志——脱贫家庭内生动力对返贫风险的影响［J］. 世界经济文汇，2022（5）：1-18.

［9］刘姣. 主体性视角下贫困农户内生动力不足的原因及对策［J］. 农业经济，2021（6）：86-88.

［10］李晗冰，王志涛. 身份认同、乡村治理与返贫阻断——基于脱贫村创业减贫实践的多案例研究［J］. 公共管理与政策评论，2022（6）：77-95.

［11］白雪军. 民族地区巩固拓展脱贫攻坚成果同乡村振兴有效衔接研究——基于新内生动力机制的建构视角［J］. 贵州民族研究，2022（6）：62-68.

［12］程名望，张帅，史清华. 农户贫困及其决定因素——基于精准扶贫视角的实证分析［J］. 公共管理学报，2018（1）：135-146.

［13］王延中，宁亚芳. 新时代民族地区决胜全面小康社会的进展、问题及对策：基于2013—2016年民族地区经济社会发展问卷调查的分析［J］. 管理世界，2018（1）：39-52.

［14］张永丽，李青原，郭世慧. 贫困地区农村教育收益率的性别差异——基于PSM模型的计量分析［J］. 中国农村经济，2018（9）：110-130.

［15］李维川. 生计资本对生计策略的影响研究［D］. 兰州：兰州大学，2023.

［16］傅安国，吴娜，黄希庭. 面向乡村振兴的心理精准扶贫：内生动力的视角［J］. 苏州大学学报（教育科学版），2019（4）：25-33.

［17］赵丹，解智宇，傅安国. 急性子扶贫干部会带来积极的结果吗？——扶贫干部时间紧迫感对贫困个体脱贫内生动力的影响［J］. 海南大学学报（人文社会科学版）2023（3）：1-10.

［18］张涵，康飞. 基于bootstrap的多重中介效应分析方法［J］. 统计与决策，2016（5）：75-78.

［19］段伟，欧阳波. 自然保护区对周边农户多维贫困的影响——基于社会资本的中介效应分析［J］. 资源科学，2020（6）：1074-1086.

［20］刘德胜，谢明磊，张鲁秀. 关系作为中小企业创新资源的来源——客户共创的

中介效应 [J]. 科研管理，2022（11）：134-142.

[21] 方杰，张敏强，邱皓政. 中介效应的检验方法和效果量测量:回顾与展望 [J]. 心理发展与教育，2012（1）：105-111.

[22] 易靖韬，曹若楠. 流程数字化如何影响企业创新绩效?——基于二元学习的视角 [J].中国软科学，2022（7）：94-104.

# 第七章 社会融入影响易地扶贫搬迁农户家庭福利水平的调节效应分析：基于后续帮扶的检验

## 第一节 模型构建与变量选取

### 一、模型构建

通过前面分析可以发现，社会融入对易地扶贫搬迁农户家庭福利水平的影响程度受到搬迁后续帮扶政策的影响调节。为了检验易地扶贫搬迁后续帮扶政策的调节效应，本章节检验模型设定如下：

$$\text{Welfare}_i = \gamma_0 + \gamma_1 \text{Integration}_i + \gamma_2 \text{policy}_i + \gamma_3 \text{Integration}_i + \text{policy}_i + \gamma_i Z_i + \varepsilon_i$$

$$(7\text{-}1)$$

式中：$\text{Welfare}_i$ 表示家庭福利水平；$\text{Integration}_i$ 表示社会融入；$Z_i$ 表示控制变量；$\text{Policy}_i$ 表示后续帮扶政策；$\varepsilon$ 为随机误差；

本研究用"社会融入"与"后续帮扶"的交叉项来检验易地扶贫搬迁后续帮扶在社会融入对搬迁农户家庭福利水平作用路径的调节效应。

### 二、变量选取

易地扶贫搬迁后续帮扶政策是一个系统的帮扶策略组合，涵盖了就业帮扶、产业发展、社区适应、社区治理、公共服务等诸多方面。从现有研究来看，对搬迁的后续帮扶政策评价有学者从整体层面研究搬迁农户对帮扶政策的满意度[1-3]，也有学者在研究中将后续帮扶政策的满意度分为产业、就业、公共服务和权益维护四个维度，分别衡量测度搬迁农户对后续帮扶的满意度水平[4]。除了满意度的测度方式，也有学者从产业、就业、借贷、社会保障等维度是否获得了后续帮扶政策的帮助或支持来检验帮扶政策对搬迁农户的返迁意愿或生计风险的影响[5-6]。本章节基于已有研究成果，立足凉山州易地扶贫搬迁的基本情况和特征，结合研究内容的侧重点，本研究将后续帮扶政策划分为政策利用、政策满意和政策需求三个方面对后续帮扶政策进行测度。如表 7-1 所示。

表 7-1　社会融入、帮扶政策影响农户家庭福利水平的实证模型变量定义

| 变量类别 | 变量 | 均值 | 标准差 |
| --- | --- | --- | --- |
| 被解释变量 | 家庭年收入 | 10.548 | 0.898 |
|  | 幸福感感知 | 3.251 | 1.507 |
| 核心解释变量 | 社会融入指数 | 5.079 | 3.126 |
| 调节变量 | 帮扶政策利用度 | 0.499 | 0.5 |
|  | 帮扶政策满意度 | 0.563 | 0.496 |
|  | 帮扶政策需要度 | 0.382 | 0.486 |
| 户主特征 | 是否党员 | 0.033 | 0.179 |
|  | 受教育程度 | 1.793 | 0.392 |
|  | 年龄 | 3.811 | 0.333 |
| 人力资本变量 | 家庭劳动力状况 | 0.488 | 0.259 |
|  | 家庭受教育状况 | 0.494 | 0.302 |
|  | 家庭健康状况 | 0.101 | 0.153 |
| 自然资本变量 | 人均耕地经营面积 | 1.728 | 1.813 |
| 物质资本变量 | 人均固定资产 | 9.155 | 1.148 |
| 社会资本变量 | 家庭年礼金总支出 | 8.154 | 1.804 |
|  | 合作社参与 | 0.532 | 0.499 |
| 金融资本变量 | 家庭储蓄 | 6.873 | 4.777 |
|  | 贷款 | 0.5 | 0.500 3 |
|  | 借款 | 0.6 | 0.491 |
| 家庭特征 | 贫困状况 | 0.034 | 0.182 |
| 迁入地特征 | 迁入地距离 | 2.757 | 0.769 |
| 地区虚拟变量 | 样本所在区域 | — | — |

# 第二节 实证结果与解释

## 一、社会融入、帮扶政策与搬迁农户家庭物质福利

在巩固脱贫攻坚成果和乡村振兴的背景下，保障易地扶贫搬迁的后续帮扶政策是实现搬迁农户"稳得住、能致富"的关键手段，也是实现共同富裕和中国式现代化的重要保障。从目前帮扶政策的具体实施来看，涵盖了产业发展、劳动力转移就业、完善公共服务、促进搬迁群体社会融入等诸多方面，从调研的实际情况来看，各地实施的后续帮扶政策大同小异，但搬迁农户对后续帮扶政策的参与和主观感知却存在巨大的差异。本章节构建易地扶贫搬迁农户家庭社会融入与后续帮扶政策的利用、后续帮扶的满意度和后续帮扶政策的需求交互项，通过交互项的识别来验证帮扶政策在社会融入对易地扶贫搬迁农户家庭物质福利是否具有调节效应。

表7-2报告了社会融入、帮扶政策对凉山州易地扶贫搬迁农户家庭物质福利影响的估计结果。表7-2中模型（1）将社会融入、后续帮扶政策利用、社会融入与后续帮扶政策利用的交互项纳入了回归模型中，回归结果显示社会融入与帮扶政策利用的交互项在1%的水平上对易地扶贫搬迁农户家庭物质福利具有显著正向影响。说明在保持其他变量不变，相比于无政策利用经历的家庭来说，社会融入对搬迁家庭物质福利的促进作用在有帮扶政策利用经历的家庭上显著更高。通过对实地调研中的案例对比来看，案例呈现的结果与实证结果基本一致。以案例A为例，该家庭在搬迁安置以后，利用政府的技能培训机会，家庭劳动力掌握了水电维修和电焊技能，通过政府组织的对口帮扶岗位机会，获得了上岗就业机会，使得家庭生计策略快速地从传统农业种植型生计向非农就业生计策略转化，家庭年收入稳定在8万元左右，大大提升了家庭的物质福利水平。相较于案例B，在安置后，家庭利用的帮扶政策较少，主要集中在资金补助和物资补助方面，家庭生计策略转换困难，家庭收入提升幅度很小，发展能力较为欠缺，家庭物质福利水平较低。模型（2）将社会融入、后续帮扶满意度、社会融入与后续帮扶满意度的交互项纳入回归模型，回归结果显示，社会融入与后续帮扶政策满意度的交互项也对社会融入影响易地扶贫搬迁农户家庭物质福利具有显著正向影响，满意帮扶政策的搬迁家庭与不满意的搬

迁家庭相比，前者社会融入对家庭物质福利的促进作用更高。模型（3）将社会融入、后续帮扶政策需求、社会融入与后续帮扶政策需求交互项共同纳入回归模型中，交互项系数 −0.230，并在 1% 的水平上显著，说明相对于没有后续帮扶政策需求的搬迁家庭，有政策需求的家庭其社会融入对家庭物质福利的促进作用更低。这说明政策需求会削弱社会融入对易地扶贫搬迁农户家庭物质福利水平的正向影响。而对帮扶政策需求越强烈，一方面说明家庭的内生发展动力还不足，需要通过强有力的外部帮扶政策才能更好实现家庭物质福利水平的提升；另一方面可能是帮扶政策的实施程度、政策实施的精准化等方面还不到位，导致政策需求会削弱社会融入对家庭物质福利的正向影响。实证结果与实地调研中深度访谈结果也一致。对帮扶政策需求强烈的农户主要集中于缺少劳动力、发展能力较弱的家庭，易地扶贫搬迁增加了家庭日常生活中的成本，但家庭收入能力的缺乏导致这部分搬迁家庭希望政府在现金补助、公益岗位安排等方面能够一直持续帮扶甚至加大帮扶力度，但这部分家庭收入水平较低，因而呈现出负向的影响。这说明通过对后续帮扶政策所带来的机会把握和利用，可以帮助易地扶贫搬迁农户更加快速地融入新环境，并且在外力的帮扶下不断激发出内生活力，通过增加生计资本总量、优化生计资本结构、快速实现生计方式的转型来不断提升家庭的收入水平，从而实现"稳得住、能致富"的目标。

表 7-2　社会融入、帮扶政策对农户家庭物质福利水平的定量影响的估计结果

| | 家庭收入 | 家庭收入 | 家庭收入 |
|---|---|---|---|
| 社会融入 | 0.087***<br>(0.014) | 0.063***<br>(0.009) | 0.445***<br>(0.020) |
| 政策利用 | 0.340***<br>(0.059) | | |
| 社会融入与政策利用的交互项 | 0.074***<br>(0.011) | | |
| 政策满意 | | 0.393***<br>(0.023) | |
| 社会融入与政策满意的交互项 | | 0.092***<br>(0.007) | |
| 政策需求 | | | 0.541***<br>(0.044) |
| 社会融入与政策需求的交互项 | | | −0.100***<br>(0.007) |
| 控制变量 | 已控制 | 已控制 | 已控制 |
| 地区虚拟变量 | 已控制 | 已控制 | 已控制 |
| 常数项 | 8.204*** | 8.259*** | 6.688*** |

| | 家庭收入 | 家庭收入 | 家庭收入 |
|---|---|---|---|
| | (0.217) | (0.133) | (0.125) |
| $R^2$ | 0.971 | 0.974 | 0.972 |
| $N$ | 814 | 814 | 814 |

注：*、**、***分别表示在10%、5%、1%水平上显著，括号内为稳健标准误。

## 二、社会融入、帮扶政策与搬迁农户家庭精神福利

本小节继续遵循调节效应验证思路，通过易地扶贫搬迁农户家庭社会融入与后续帮扶政策的需求、社会融入与后续帮扶政策的利用、社会融入与后续帮扶的满意度的交互项，来识别和验证帮扶政策在社会融入对易地扶贫搬迁农户家庭精神福利是否具有调节效应。

表7-3报告了社会融入与后续帮扶政策需求的交互项、社会融入与后续帮扶政策利用的交互项、社会融入与后续帮扶政策的满意度的交互项对凉山州易地扶贫搬迁农户家庭精神福利影响的估计结果。表7-3中模型（1）回归结果显示社会融入与政策利用的交互项在 1%的水平上对社会融入影响易地扶贫搬迁农户家庭精神福利具有显著正向影响，相对于没有利用帮扶政策的搬迁家庭，有利用的搬迁家庭其社会融入可以提升搬迁家庭精神福利。从实地调研结果发现，对帮扶政策的利用可以极大程度丰富搬迁家庭的精神文化生活。以案例 C 为例，案例 C 的受访者积极参与政府组织的各项文化和节日活动，并踊跃成为演员或志愿者，极大程度地丰富了其生活文化；还积极参与政府组织的各项社区或基层治理活动，使其在活动的参与中获得了参与感和满足感，相比于搬迁前枯燥的生活，认为现在的生活方式非常有意义和舒适。模型（2）回归结果显示，社会融入与后续帮扶政策满意度的交互项在1%的水平上对社会融入影响易地扶贫搬迁农户家庭精神福利具有显著正向影响，对帮扶政策满意的搬迁家庭，社会融入对家庭的精神福利的促进作用更高。模型（3）显示社会融入与后续帮扶政策需求交互项的系数在 1%的显著水平上为负，说明后续帮扶政策需求在社会融入对易地扶贫搬迁农户家庭精神福利水平的影响中起着降低的作用，在保持其他变量不变，相比于无政策需求的家庭来说，有政策需求的家庭其社会融入对家庭福利的促进作用更低。这说明后续帮扶政策不仅在社会融入对易地扶贫搬迁农户家庭物质福利影响中存在调节效应，还在社会融入对易地扶贫

搬迁农户家庭精神福利影响中存在显著的调节效应，说明帮扶政策可以让搬迁农户在安置地通过基础设施的改善、完善的公共服务、丰富的文化娱乐活动和"三治合一"的基层治理参与来提升易地扶贫搬迁农户家庭的幸福感感知，从而实现了对搬迁家庭精神福利的影响，使得易地扶贫搬迁安置居民能够在物质和精神福利两个层面实现共同提升，让搬迁居民不仅在物质上实现富裕，在精神上也能实现富裕。

表7-3  社会融入、帮扶政策对农户家庭精神福利水平的定量影响的估计结果

| | 幸福感感知 | 幸福感感知 | 幸福感感知 |
| --- | --- | --- | --- |
| 社会融入 | 1.094** (0.453) | 1.013* (0.519) | 3.278*** (0.568) |
| 政策利用 | 3.013*** (0.604) | | |
| 社会融入与政策利用的交互项 | 0.530*** (0.107) | | |
| 政策满意 | | 2.993*** (0.372) | |
| 社会融入与政策满意的交互项 | | 0.559*** (0.111) | |
| 政策需求 | | | −0.363 (0.600) |
| 社会融入与政策需求的交互项 | | | −0.314*** (0.089) |
| 控制变量 | 已控制 | 已控制 | 已控制 |
| 地区虚拟变量 | 已控制 | 已控制 | 已控制 |
| *Pseudo R*$^2$ | 0.829 | 0.787 | 0.791 |
| *Log pseudolikelihood* | −219.305 | −271.950 | −266.543 |
| *N* | 814 | 814 | 814 |

注：*、**、***分别表示在10%、5%、1%水平上显著，括号内为稳健标准误。

# 第三节  小  结

本章节利用课题组在凉山州6个县（市）实地调研的易地扶贫搬迁农户微观数据，在可持续生计框架基础上，耦合社会融入理论、福利经济学理论和共同富裕理论，探讨了帮扶政策在社会融入对易地扶贫搬迁农户家庭福利影响中是否存在调节效应。本章节基于前面易地扶贫搬迁农户发展的内生动力机制的基础上，将易地扶贫搬迁农户"稳得住、能致富"的外部动力纳入到搬迁家庭福利的分析框架，从定

量分析的角度揭示了易地扶贫搬迁后续帮扶政策在社会融入对搬迁家庭福利影响中的作用机制。本章节的相关结论可以为凉山州甚至其他地区出台促进易地扶贫搬迁后续帮扶相关政策，特别是在巩固脱贫攻坚成果、深入推进乡村振兴和实现中国式现代化的背景下，为补齐易地扶贫搬迁农户发展的薄弱环节提供有益的参考经验。

这一结论也说明，在唤醒易地扶贫搬迁农户家庭发展的内生动力基础上，还需要为易地扶贫搬迁群体提供强有力和精准化的外部帮扶力量，让搬迁群体在"内生—外源"体系下实现良性循环的发展，这对于持续提升易地扶贫搬迁农户家庭生计恢复力，降低搬迁家庭的返贫风险和消除潜在的致贫因素，实现搬迁农户家庭"稳得住、能致富"的目标具有十分重要的意义。本章节从易地扶贫搬迁后续帮扶政策的需要度、后续帮扶政策的利用度和后续帮扶政策的满意度三个维度考察了后续帮扶政策在社会融入影响搬迁家庭福利中是否具有调节效应，从实证模型估计结果来看，易地扶贫搬迁农户家庭社会融入与后续帮扶政策的需求的交互项、后续帮扶政策的利用的交互项和后续帮扶的满意度的交互项对搬迁家庭福利分别具有显著的负向影响、正向影响和正向影响，印证了后续帮扶政策在社会融入对搬迁农户家庭福利影响中具有显著的调节作用。这也说明在外力的帮扶下，易地扶贫搬迁农户家庭的社会融入对家庭福利水平的影响作用发挥得更为充分。这些调节作用表现为，外部帮扶政策可以为易地扶贫搬迁家庭带来更多的产业发展、劳动力转移就业、信息获取、文化活动参与等机会，通过这些机会在搬迁家庭可以更快地适应环境、减少家庭发展中的交易成本和逐步提升家庭福利水平。但实证结果发现后续帮扶政策的需求度对搬迁家庭福利水平存在负向影响，因此一方面要考虑当前帮扶政策的实施强度，另一方面要考虑帮扶政策的精准化，以此更好地实现政策实施与搬迁居民政策需求的匹配。

# 参考文献

[1] 张春美，黄红娣. 农村居民对乡村旅游精准扶贫政策的满意度及影响因素——基于婺源旅游地搬迁移民和原住居民的调查[J]. 江苏农业科学，2017，45（13）：311-314.

[2] 周丽，黎红梅. 社会适应、政治信任与易地扶贫搬迁政策满意度——基于湖南

集中连片特困区搬迁农户调查［J］. 财经理论与实践，2020，41（6）：86-93.

［3］常晓鸣. 产业发展、就业质量对易地扶贫搬迁政策满意度的影响机理——基于对凉山彝区易地扶贫搬迁户的田野调查［J］. 民族学刊，2021，12（4）：18-24.

［4］黄志刚，黎洁. 易地扶贫搬迁后续扶持政策对农户多维相对贫困的影响［J］. 资源科学，2022，44（9）：1905-1917.

［5］吕建兴，曾小溪，汪三贵. 扶持政策、社会融入与易地扶贫搬迁户的返迁意愿——基于 5 省 10 县 530 户易地扶贫搬迁的证据［J］. 南京农业大学学报（社会科学版），2019，19（3）：29-40.

［6］高博发，李聪，李树茁. 后续扶持政策、资源禀赋与易地搬迁农户生计风险——来自陕西省的经验证据［J］. 经济地理，2022，42（4）：168-177.

# 第八章　易地扶贫搬迁家庭福利水平的案例分析：基于扎根理论的探索

## 第一节　研究方法与资料收集

前面首先从理论层面探讨了社会融入影响易地扶贫搬迁农户家庭福利的理论逻辑和影响机制渠道，再运用计量模型从实证层面分析了社会融入对易地扶贫搬迁农户家庭福利的影响效应、作用机制和调节效应。从定量分析中可以得出的一个重要结论是：社会融入对易地扶贫搬迁农户家庭福利具有显著的正向促进作用，搬迁家庭生计多样化和内生发展动力在其中具有重要的中介作用，帮扶政策在社会融入影响搬迁家庭福利过程中具有重要的调节作用。当前社会融入的研究聚焦农民工、城市化的人口迁移等群体较多，但易地扶贫搬迁农户和一般的城镇化或城市化的人口迁移有着巨大的迁移规律差异，对易地扶贫搬迁农户家庭的社会融入以及社会融入的影响效应研究尚处于起步阶段，研究成果还不够充分。社会融入影响易地扶贫搬迁农户家庭福利的效应和作用机制的理论体系还不够成熟，仅采用定量分析难以系统深入地剖析社会融入影响易地扶贫搬迁农户家庭福利的机理与路径。因此，本章基于扎根理论，采用多案例研究法，以 27 个易地扶贫搬迁的农户样本为例，结合程序化扎根理论的编码技术，对社会融入如何影响易地扶贫搬迁农户家庭福利进行探索性分析，从而进一步检验和丰富定量分析的相关结论，以期拓展社会融入理论和家庭福利理论，为推进易地扶贫搬迁家庭社会融入、提升搬迁家庭福利水平，巩固脱贫攻坚成果、实现乡村全面振兴提供理论参考。

## 一、研究方法

扎根理论起源于 1967 年 Glaser 和 Strauss 的专著《扎根理论之发现：质化研究的策略》中，其核心在于强调研究应当先从实地调研、实际观察入手，通过对实际情况的把握再提出符合实际的相关研究假设，避免研究人员先入为主地对研究问题设定假设，保证研究的问题以及形成的研究成果是从实际的社会观察以及进行研究的过程中自然涌现的。此后，经过专家学者[1-2]对扎根理论的深化拓展，主要形成了经典扎根理论、程序化扎根理论和建构型扎根理论三大扎根理论学派。尽管学派之间对扎根理论的具体内容存在一定的分歧，但其核心原则"实践观察是研究的着手之处，实践检验理论"的原则得到了扎根理论学派的共同遵循。与其他定性分析相比，扎根理论融合多种多种质性研究的思路和方法，并形成了一套完整、规范、合理的案例分析方法体系，在诸多学科和领域得到广泛的应用。

本小节选择扎根理论进行多案例比较分析的原因在于，社会融入影响易地扶贫搬迁农户家庭福利的实现逻辑本身就是孕育于搬迁家庭的各项实践活动中。因此需要通过掌握搬迁家庭复杂的行为过程，通过多案例的比较分析，厘清搬迁家庭社会融入与家庭福利之间的内在联系和行为规律特征，这与扎根理论强调的现实考察、过程剖析、规律特征的过程相契合，使得研究结论更加具有可靠性。因此，本小节基于程序化扎根理论强调的"开放性编码—主轴编码—选择性编码"数据资料处理过程，逐级提炼出概念、副范畴、主范畴等变量，对社会融入影响搬迁家庭福利进行探索，解析社会融入影响搬迁家庭福利的现象和过程，发掘各级变量间的因果关系，归纳共性特征，探讨具有普适性的实践逻辑，最终总结抽象出理论脉络。

## 二、案例来源

理论抽样环节对扎根理论研究十分关键，要求所选取的研究对象具有权威性和代表性。相较于定量研究要求的大样本随机抽样，案例研究则更强调"目的抽样"，要选取能为研究问题提供更多信息量的研究对象。基于此，本研究在案例资料收集过程中主要采用半结构化的访谈、座谈等方式收集研究所需的案例材料，通过对凉山彝区易地扶贫搬迁以及安置社区基本情况、主要生计模式、融入现状等初步了解的基础上，围绕搬迁家庭的社会融入、家庭福利水平、生计模式等访谈提纲进行一对一的访谈，直至访谈收集的相关信息达到饱和。本书选取访谈案例对象样本主要考虑以下几方面：1）涵盖不同类型的搬迁家庭。不同搬迁家庭具有不同的家庭资源禀赋，家庭在社会融入能力、生计转换能力、致富增收能力等方面具有较大的差异，为保障案例材料的典型性和代表性，必须针对不同类型的搬迁家庭进行深入访谈，才能更全面地揭示社会融入与家庭福利水平之间的理论逻辑和作用机制。2）涵盖不同社会融入阶段的搬迁家庭。搬迁家庭社会融入是本章的重点研究内容，只有涵盖了不同社会融入阶段的搬迁家庭进行访谈，收集资料，才能更好地掌握社会融入影响搬迁家庭社会融入的影响机制。

本研究的访谈案例资料由课题组于 2022 年 7 月—8 月在凉山彝区喜德县、昭觉县、布拖县、美姑县、冕宁县和西昌市 6 个县（市）开展的田野调查和深度访谈获得。访谈前，研究者根据案例分析资料需求，初步拟定访谈提纲，并对访谈小组成员进行相关培训，使其熟悉访谈问题，掌握访谈技巧，以保障访谈效果。实际访谈过程中，访谈小组共选取了 30 户基本符合要求的农户展开一对一深度访谈，最终共获取了 27 份符合条件的访谈材料。访谈结束后，整理获取的相关文本资料，随机选取 24 份案例材料进行编码分析及模型构建，剩余 3 份案例材料则用于理论饱和度检验。

# 第二节　研究过程

为了保障研究的信度和效度，本书严格按照 Strauss 等关于程序化扎根理论"开放式编码—主轴编码—选择性编码程序"的编码技术要求，立足扎根理论，基于实地调研形成的易地扶贫搬迁农户家庭数据资料，对各案例逐级展开归纳和剖析，提取概念并形成范畴，厘清范畴之间的抽象层次和内在逻辑规律，最终构建实质理论，具体编码策略如下。如图 8-1 所示。

## 一、开放式编码

开放式编码是针对收集的案例资料运用扎根理论进行分析的初始环节，旨在对原始案例资料进行梳理、总结、对比分析、提炼凝结、重新定义后形成初始概念，即对原始的案例资料进行范畴化处理。首先，根据研究的主体，保留与研究问题相关的语句，剔除无意义的语句，并根据扎根理论中开放式编码的要求，在保证语言完整性的基础上，对原始的案例资料进行逐句或逐段地赋予编码；然后，通过对编码的语句或语段进行概念化处理，并对这些形成的初始概念进行对比、凝练、重组，整合出更高层次的概念；最后，对这些形成的概念从质性、维度、内涵等方面进行分析比较，理顺概念与范畴之间的逻辑关系，归纳形成范畴。

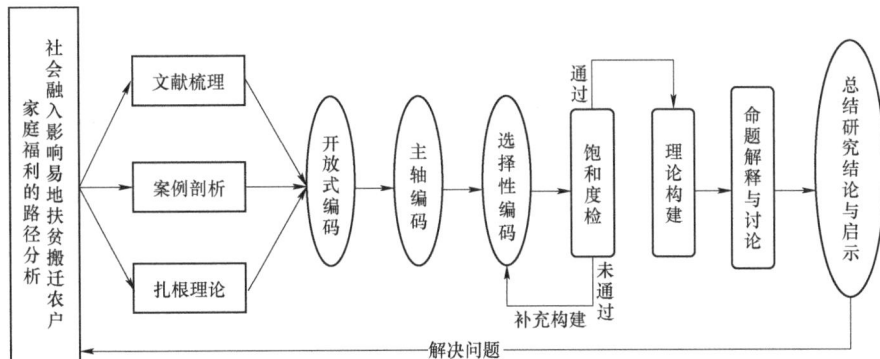

图 8-1　基本研究过程

本研究以"最大化对潜在理论保持开放"为开放式编码的基本原则，以"社会融入影响易地扶贫搬迁家庭福利的路径机制"为核心，通过对凉山彝区易地扶贫搬迁农户的受访初始资料按照以上步骤进行开放式编码处理。首先，通过对实地调研所得的访谈资料进行归纳整理，提取出与研究主题密切相关的初始语句或语段，并进行编码；然后，对提取出来的原始语句或语段进行概念化处理，凝练总结出更高层次的概念；最后，根据意义相同或相近原则，对形成的概念从质性、维度、内涵等方面，进行对比分析，理顺概念与范畴之间的逻辑关系，最终形成 26 个范畴，详见表 8-1。

表 8-1　开放式编码形成的概念与范畴

| 编码 | 范畴 | 概念提取（频次） |
|------|------|------------------|
| A1 | 信息获取 | 入户宣传（19）亲友转达（9）公告栏（7）网络获取（4）跟政策走（2）工作人员（2） |
| A2 | 参与培训 | 激励参与（20）培训活动多（17）类型丰富（12）工种分类（8）获得证书（3） |
| A3 | 务工渠道 | 招聘会（17）亲友介绍（11）自己找（7）对口帮扶（5）灵活就业（4）公益岗位（2） |
| A4 | 权益保障 | 亲友维护（12）自行维护（11）工作人员帮扶（8）寻找政府（3） |
| A5 | 生活方式 | 生活成本变化（20）新事物（12）楼层太高（6） |
| A6 | 活动参与 | 选举（21）社区大会（20）线上会议（5） |
| A7 | 社会交往 | 家族同胞交往（17）熟人交往（14）广交朋友（9） |

| 编码 | 范畴 | 概念提取（频次） |
|---|---|---|
| A8 | 规范约束 | 宣传广泛（17）严格遵守（11）争当榜样（6）爱护环境（4） |
| A9 | 语言沟通 | 普通话不熟练（16）缺少语言氛围（12）外出使用较多（5）沟通不畅（9） |
| A10 | 子女教育 | 学历越高越高（19）强化艺术才能教育（7）负担较重（6） |
| A11 | 婚丧嫁娶 | 移风易俗（16） |
| A12 | 风俗习惯 | 风俗习惯差异较小（18） |
| A13 | 身份认同 | 农村人（15）城里人（6）户口不变（4） |
| A14 | 定居意愿 | 愿意住这里（17）想回老家（3）各有各的好（4） |
| A15 | 土地利用 | 土地耕种（12）荒废（11）土地流转（6）土地使用权转让（3） |
| A16 | 合作社参与 | 土地入股（6）分红（2） |
| A17 | 外出务工 | 外出务工（19） |
| A18 | 政府补助 | 粮食补贴（17）老年补贴（9）返贫潜在户补助（3） |
| A19 | 公益岗位 | 环卫（7）保安（3）巡护（2） |
| A20 | 灵活就业 | 居家就业（11）产业园岗位（9）社区产业（6） |
| A21 | 思想观念 | 凡事靠自己（16）勤劳致富（9）不要麻烦政府和国家（8）不能一直靠帮扶（4） |
| A22 | 实际行动 | 务工（16）农业生产（14）就地就业（11）加入合作社（6） |
| A23 | 政策类型 | 补助（24）技能培训（23）就业（19）医疗保障（17）语言沟通（11）产业发展（6）创业（1） |
| A24 | 政策需求 | 产业发展（12）技能强化（11）就业岗位（9）医疗福利（7）创业（3） |
| A25 | 物质福利 | 消费能力提升（15）有储蓄（9）收入翻倍（7） |
| A26 | 精神福利 | 幸福满意（21）生活舒适（19）活动丰富多元（16）图书阅览（7） |

## 二、主轴编码

主轴编码立足于开放式编码中凝结提炼的概念、副范畴，更加深入的剖析原始语句的内涵，并构建起概念与副范畴之间的逻辑内涵，对形成的副范畴进行主轴式译码，进一步对其进行提炼，从而形成研究的主范畴。本研究立足原始样本数据资料，深入探析编码语句和语段之间的有机关联，将26个副范畴凝练总结为社会融入、生计模式、内生动力、外部扶力和福利水平五大范畴，如表8-2所示。

表8-2　主轴编码结果

| 主范畴 | 副范畴 | 概念与副范畴的关系内涵 |
|---|---|---|
| 社会融入 | 信息获取 | 获取信息，掌握政策动态和市场信息 |
| | 参与培训 | 掌握技能，提升人力资本 |
| | 务工渠道 | 扩展非农就业机会 |

| 主范畴 | 副范畴 | 概念与副范畴的关系内涵 |
|---|---|---|
| 社会融入 | 权益保障 | 保障自我权益的方式和能力 |
| | 生活方式 | 适应社区生活 |
| | 活动参与 | 融入集体生活，参与社区治理和选举生活 |
| | 社会交往 | 结交朋友，拓展社会网络关系 |
| | 规范约束 | 遵守社区准则，约束行为 |
| | 语言沟通 | 强化语言教育，加强沟通交往能力 |
| | 子女教育 | 保持良好教育观念，阻断贫困代际传递 |
| | 婚丧嫁娶 | 移风易俗 |
| | 风俗习惯 | 适应当地风俗习惯，破除搬迁户与本地户的隔阂壁垒 |
| | 身份认同 | 实现"农村人"向"社区人"的心理认同 |
| | 定居意愿 | 防止返迁 |
| 生计模式 | 土地利用 | 耕地利用现状与模式 |
| | 合作社参与 | 创新土地经营模式，盘活土地资产 |
| | 外出务工 | 转变家庭收入来源方式，增加家庭收入 |
| | 政府补助 | 保障搬迁农户基本生活 |
| | 公益岗位 | 保障劳动力缺失家庭基本生活 |
| | 灵活就业 | 提升家庭收入来源渠道，落实就地就业 |
| 内生动力 | 思想观念 | 摒弃"等靠要"等落后思想，树立勤劳致富的正确观念 |
| | 实际行动 | 将勤劳致富化为实践 |
| 外部扶力 | 政策类型 | 享受到的外部帮扶政策 |
| | 政策需求 | 还需要政府和社会提供的用以改善家庭福利的帮扶政策 |
| 福利水平 | 物质福利 | 收入能满足家庭消费需求，实现生活富裕 |
| | 精神福利 | 精神和文化获得感、满足感倍增 |

## 三、信度和效度检验

当新的受访者案例资料继续录入编码也不会产生新的概念，也不能出现新的与研究主题相关的理论属性时，就可以证明研究达到了理论饱和状态。本研究在进行录入编码的之前，提前随机预留了 3 人受访者案例原始资料，通过对这三份样本原始资料进行编码后，未发现新的概念和范畴，验证结果印证了前面建立的理论关系结构，通过了理论饱和度检验。相较于单一案例样本的研究，本研究选取了凉山彝族自治州六县（市）的 27 份受访案例资料，运用扎根理论验证社会融入对易地扶贫搬迁农户家庭福利的影响路径和机制，具有更好的效度。综合来看，本章节扎根理论研究的外部效度和理论饱和度均较为理想。

## 四、选择性编码

选择性编码是在前面开放式编码和主轴编码中凝练总结出主范畴和副范畴的基础上，进一步抽象聚焦能够统领反映原始案例资料的核心范畴，并进一步深入挖掘概念、副范畴、主范畴和核心范畴之间更加深层次的内涵和逻辑关系，由此构建出能够反映案例完整脉络的实质性理论框架。本研究通过对原始调研案例资料的归纳总结以及凝结提炼概念、范畴的对比分析、特征总结，发现"社会融入影响易地扶贫搬迁家庭社会融入"是案例访谈资料的核心范畴，由选择性编码从而构建了社会融入影响易地扶贫搬迁家庭社会融入的理论模型，如图 8-2 所示。

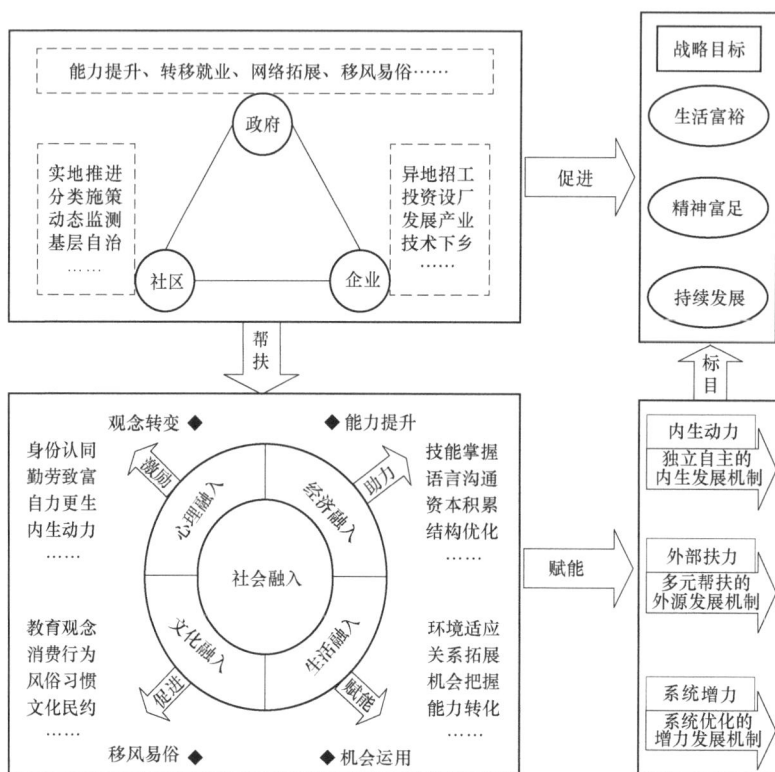

图 8-2  社会融入影响搬迁家庭福利的作用机理

# 第三节  社会融入影响搬迁家庭福利的理论阐释与分析

本研究运用扎根理论对易地扶贫搬迁家庭的社会融入和家庭福利进行了多案

例研究，探析了社会融入影响搬迁农户家庭福利的作用机理和实现路径，揭示了社会融入与家庭福利之间的逻辑关系。发现社会融入是易地扶贫搬迁家庭转变生计策略、激活内生发展动力，从而提升家庭福利的基础和前提。在外部帮扶政策的帮助和提升下，社会融入可以帮助易地扶贫搬迁家庭快速的适应迁入地新环境，而且通过能力的提升、机会的运用、观念的改变等实现从传统的农业型生计向非农化生计策略为主的多元化生计策略转化，激活家庭发展的内生活力，从而提升家庭的福利水平。通过对文献资料的梳理总结，结合调研的实际情况以及理论模型的构建比较，得出的研究结果如下：

## 一、社会融入能有效提升搬迁家庭发展能力

社会融入涵盖了搬迁家庭经济融入、生活融入、文化融入和心理融入四个维度，经济融入重点测度考察家庭技能掌握、信息获取、权益维护等发展能力，体现了搬迁家庭从传统的农业型主导生计向非农务工主导型生计策略转型的现状和能力，决定了搬迁家庭是否能够快速地转变生计策略，获得能够满足家庭消费需求的报酬收入能力；生活融入反映了搬迁家庭从"散居"到"聚居"转变的适应能力；而文化融入测度了搬迁家庭对迁入地文化风俗的接受程度；心理融入则反映了搬迁家庭对身份的认同，是否具有返迁意愿等，社会融入可以看做是搬迁家庭提升家庭福利水平的基础。一是搬迁家庭可以通过技能培训、语言培训等融入手段快速提升家庭的人力资本，通过活动的参与与朋友结交不断拓展家庭的社会网络关系，增加家庭的社会资本积累。人力资本和社会资本的积累可以帮助搬迁家庭快速实现生计策略的转化，一方面，使得搬迁家庭成员具有了从事非农务工的能力，从而能与非农就业岗位相匹配；另一方面社会网络的扩展可以帮助搬迁家庭获取更多的发展机会，增加了搬迁家庭实现非农务工的渠道。这可以快速地增加家庭收入，提升家庭的福利水平。二是通过社会融入可以有效地改变搬迁家庭的思想观念。一方面，随着活动的广泛参与和生活水平的不断提升，搬迁家庭对于追求更高层次美好生活的愿景会进一步增强，依托政府补贴只能保障基本的生活水平，因此会弱化家庭"等靠要"思想，激发搬迁家庭为实现更高层次美好生活的内生动力；另一方面，随着搬迁家庭成员对新事物的了解、接受、向往和奋斗获取，以及在精英效应的带动作用下，搬迁农户在搬迁前的固化思想能够被快速地更迭和创新，从而推动搬迁家庭向更高福利水平的美好生活奋斗。三是实现融入意味着搬迁家庭开始接受迁入地的生活习

惯和风俗文化，会改变搬迁家庭的消费行为和教育观念等，从而增进家庭福利水平。一方面，根据实地调研访谈得知，在搬迁前，家庭的消费主要集中在生活必需品领域，在搬迁后，家庭会增加一定的改变生活方式、提升生活质量的消费物品；另一方面在教育、社会保障等领域，搬迁家庭也愿意进一步增加投入，虽然在短期内增加了搬迁家庭的支出成本，但从长远来看，为家庭福利可持续的投资，可以确保福利水平提升的延续性。

## 二、外部帮扶力量能有效地促进搬迁家庭的社会融入，帮助搬迁家庭实现多样化生计和激活内生发展的能力、动力，从而增进搬迁家庭福利水平

从社会融入影响易地扶贫搬迁家庭福利的理论模型来看，外部帮扶政策可以帮助搬迁家庭更好地实现社会融入，增进家庭的福利水平。在实现搬迁安置后，政府通过组织一系列的技能培训活动来提升搬迁家庭的人力资本，帮助家庭掌握从事非农就业的熟练技能。并通过联合企业、组织招聘会、发布就业招工信息等方式，帮助搬迁家庭实现劳动力就业转移，弥补搬迁家庭社会网络和社会资本的缺失。还举办各类文化文娱活动、基层治理活动、政治选举活动等活动强化搬迁家庭的获得感和满足感，丰富搬迁家庭的精神文化，帮助搬迁家庭适应融入社会。在政府—企业—社区等多主体的联合帮扶带动下，帮助搬迁家庭获得多样化家庭生计策略的能力，激活家庭发展的内生动力，从而提升搬迁家庭的福利水平。

结合深度访谈资料来看，融入程度越高的易地扶贫搬迁家庭其利用外部帮扶力量的能力和数量也更加突出。一方面，如前面分析可知，社会融入程度越高，家庭所具备的人力资本、社会资本等关系家庭发展基础的前提的资本积累更加丰富，其利用外部帮扶的机会更强，更加善于把握有利于家庭福利增进的外部帮扶力量；另一方面，社会融入程度越高，家庭对于当前的缺失能力以及亟待改进之处越加清晰，在寻求外部帮扶时针对性更强，如案例 N23，售卖当地特产是家庭重要的收入来源之一，因此在帮扶政策中着重筛选数字技术、创业帮扶、销售渠道等关系特产售卖的关键帮扶政策，大大提升了特产售卖的数量。从案例的深度访谈来看，同样发现社会融入程度越高利用外部帮扶的能力更强、范围更广。如融入程度高的易地扶贫搬迁家庭利用外部帮扶政策包括技能获取、岗位匹配、信息流通、资金补助、发展机会等诸多方面。而融入程度较低的易地扶贫搬迁家庭主要集中在资金补助和公益岗位安置两个方面。

### 三、社会融入还能够促进搬迁家庭增力机制改善，保障易地扶贫搬迁家庭福利可以实现可持续

一方面，社会融入能有效增加家庭生计资本总量，优化家庭禀赋资本结构和配置，帮助家庭将资本要素配置到获利更高和更具持续性的岗位；另一方面，随着搬迁家庭的福利水平不断提升，搬迁家庭会愈来愈提升福利愿景，从而促进搬迁家庭成员继续强化和优化家庭资源禀赋。如在案例资料梳理总结中发现，搬迁家庭在参与了政府组织的挖掘机技能培训后从事工程挖掘工作，为了提升家庭的收入能力，进一步改善家庭福利，自费参与专业化培训考取了技能证书，进一步提升家庭收入的能力，从而增强家庭的消费购买能力。

## 第四节　基于扎根理论分析的实证结果再检视

本研究在第五章、第六章和第七章分别讨论了社会融入对易地扶贫搬迁农户家庭福利的影响效应、作用机制和调节渠道。研究结果发现，社会融入对于易地扶贫搬迁家庭的物质福利和精神福利均有显著的正向影响，生计多样化和内生发展动力是社会融入影响易地扶贫搬迁家庭物质福利和精神福利的两个重要作用渠道。同时，外部帮扶政策在社会融入影响易地扶贫搬迁家庭物质福利和精神福利中具有重要的调节作用，能够帮助搬迁家庭提升资本积累、优化资本结构、增加家庭发展机会等，使得社会融入影响易地扶贫搬迁家庭的物质福利和精神福利更加明显。本章节运用扎根理论程序化的编码、概念化、范畴化、范畴核心化等流程，对 27 位易地扶贫搬迁农户的访谈资料进行扎根处理和分析，结果显示社会融入对搬迁家庭的福利水平具有明显的提升作用，社会融入是实现易地扶贫搬迁农户家庭福利提升的的基础和前提。搬迁家庭通过社会融入不断提升家庭资本积累和资本结构重组优化，增强家庭的发展能力，充分利用外部帮扶政策，从而激活家庭的内生发展动力和实现家庭多样化生计方式，最终促进家庭物质福利和精神福利水平的不断提升。此外，本章节的扎根理论案例研究不仅印证了本研究第五章、第六章和第七章的实证检验结果，还通过对实地调研案例样本的访谈记录进行编码和概念化，对一些难以用数据衡量的信息进行了语言化的提炼总结，进一步丰富和充实本书相关的研究结论。

# 第五节　小　结

本章节基于前面第五章、第六章和第七章的实证研究基础，通过对凉山彝族自治州 27 位易地扶贫搬迁农户为案例研究对象，对其深入访谈资料进行扎根理论多案例研究，通过编码、概念化、范畴化、范畴核心化的程序化编码技术，围绕"社会融入影响易地扶贫搬迁农户家庭福利的实现路径"这一核心范畴展开研究分析，从访谈资料中提取出 123 条具有实质性意义的初始文字资料，并进行编码，得到 26 个范畴和 5 个主范畴，并按照社会融入影响搬迁家庭福利这一核心故事脉络，构建起理论模型，本章节的主要结论如下：

（1）围绕"社会融入影响易地扶贫搬迁农户家庭福利"的故事脉络可以被概括为：易地扶贫搬迁为搬迁家庭提供了改善家庭福利水平的机会，但实现社会融入是改善和提升搬迁家庭福利水平的基础和前提，在社会融入与外部帮扶的联动作用下，搬迁家庭可以大幅提升家庭的发展能力和发展机会，通过生计多样化、内生发展动力的渠道，提升搬迁家庭的福利水平，帮助易地扶贫搬迁家庭更好地实现致富奔康，巩固脱贫攻坚成果。

（2）社会融入能有效地提升搬迁家庭的发展能力。一方面，社会融入增进了家庭生计资本总量的积累和生计资本结构的优化，提升家庭资本要素的合理配置，促进家庭生计策略的转型和多样化，实现帕累托最优改进，增加家庭的财富积累，从而改善易地扶贫搬迁家庭物质福利和精神福利。另一方面，社会融入能够帮助搬迁家庭转变传统固化的思想观念，激发搬迁家庭的内生发展动力，推动搬迁家庭为实现更高层次美好生活愿景而不懈努力奋斗。

（3）后续帮扶政策在社会融入影响易地扶贫搬迁家庭福利中发挥着重要作用。后续帮扶政策既通过物质和现金帮扶直接缓解搬迁家庭的预算约束，又为搬迁家庭带来更多的产业发展、劳动力转移就业、信息获取、文化活动参与等外部发展机会，这样有助于社会融入高的搬迁家庭更快地适应生活环境、更好地发展多元生计方式、形成更强的内生发展动力，从而显著放大了社会融入对家庭物质福利和精神福利的促进作用。社会融入也能够帮助搬迁家庭更好地利用外部帮扶政策。社会融入程度越高，家庭所具备的人力资本、社会资本等关系家庭发展基础的前提的资本积累更加丰富，更加善于把握有利于增进家庭福利水平的外部帮扶力量。而且社会融入程度越高的搬迁家庭对于家庭的缺失能力的认知更加清晰，在寻求外部帮扶时针对性更强。

（4）社会融入还能够促进搬迁家庭增力机制改善。社会融入能有效增加家庭生计资本总量，优化家庭禀赋资本结构和配置，还能促进搬迁家庭成员继续强化和优化家庭资源禀赋，以此帮助家庭进一步提升福利水平，并且保障福利的可持续性。

综合上述研究结论，本章得出以下重要政策启示。社会融入是提升易地扶贫搬迁家庭福利水平的基础和前提，后续帮扶政策是调节社会融入影响搬迁家庭福利的重要抓手。因此，一方面要进一步促进易地扶贫搬迁家庭的社会融入程度，增进搬迁家庭可持续发展能力，不断地增加资本禀赋积累总量和优化资本禀赋结构，推进易地扶贫搬迁家庭从传统的农业型生计策略向以非农型为主导的多样化生计策略转型，激活搬迁家庭致富奔康的内生发展动力。另一方面要继续实施对易地扶贫搬迁的后续帮扶，而且要针对易地扶贫搬迁家庭变化的现实需求不断调整和优化帮扶政策和帮扶手段。在内生-外源的良性互动关系下，不断提升搬迁家庭的福利水平。

# 参考文献

［1］ STRAUSS A，CORBIN J M. Grounded Theory in Practice ［M］. Thousand Oaks：Sage Publications，1997.

［2］ CHARMAZ K. Constructing Grounded Theory［M］. Thousand Oaks：Sage Publications，2006.

# 第九章  研究结论与对策建议

## 第一节  研究结论

本研究以凉山彝族自治州易地扶贫搬迁家庭作为研究对象，首先，从社会学、经济学等多学科视角，基于社会融入理论、可持续生计理论、福利经济学理论、共同富裕理论，搭建起"易地搬迁—社会融入—发展能力—家庭福利"的理论分析框架，丰富易地扶贫搬迁以及共同富裕等相关研究；其次，通过现有文献资料总结归纳，梳理易地扶贫搬迁的发展历程和演变特征，从历史演进角度厘清易地扶贫搬迁的起源和发展；最后，运用课题组 2022 年 7—8 月在凉山彝族自治州六县（市）实地调研获取的 814 份易地扶贫搬迁家庭的有效调研问卷数据，深入探析了社会融入对搬迁家庭福利的定量影响，考察了社会融入影响易地扶贫搬迁家庭福利的作用机理，检验了社会融入影响易地扶贫搬迁家庭的作用渠道，回答了"易地扶贫搬迁农户家庭社会融入是否以及多大程度上影响家庭的福利水平？""异质性视角下易地扶贫搬迁农户家庭社会融入影响家庭福利水平呈现出何种差异以及特征？""易地扶贫搬迁农户家庭社会融入如何影响家庭福利水平？"等问题，基于前面研究，本研究得到的结论主要包括以下几个方面：

（1）凉山彝区易地扶贫搬迁社会融入整体水平偏低

从总体测度结果来看，当前凉山州易地扶贫搬迁家庭社会融入指数还较低，均值为 0.508。融入滞后阶段、初步融入阶段、良好融入阶段和高度融入阶段的占比分别为 48.89%、9.58%、12.91%和 28.62%。从安置区域来看，西昌市和冕宁县的搬迁家庭社会融入水平高于布拖县、美姑县、喜德县和昭觉县四县；从安置方式来看，分散安置的搬迁家庭社会融入平均指数为 0.739，高于集中安置的搬迁农家庭社会融入平均指数 0.443。

（2）社会融入显著正向影响易地扶贫搬迁家庭福利

在本书理论分析中，基于社会融入理论、可持续生计理论和家庭福利理论的理论推演，本研究发现社会融入影响搬迁家庭福利的机理为社会融入将正向影响搬迁家庭福利。第六章的实证研究为这一机理提供了经验证据，在控制了户主特征、家庭生计资本、家庭特征和迁入地特征后，社会融入均对易地扶贫搬迁家庭的物质福利和精神福利产生显著的正向影响。这一结论在解决了内生性问题、更换估计模型和更换被解释变量后仍然得到实证结果的支持。

（3）生计多样化在社会融入影响易地扶贫搬迁家庭福利中发挥中介作用

在理论机制分析中，通过模型推导，本研究发现生计多样化是社会融入影响搬迁家庭福利水平的中介变量。在本研究的第七章为这一作用渠道提供了实证结果支持，证明了社会融入在搬迁家庭生计多样化中具有显著的正向作用，而且社会融入通过搬迁家庭生计多样化的部分中介作用影响家庭的福利水平，这一研究结论得到了更换生计多样化测度方式和中介效应检验结果的支持。说明社会融入可以帮助家庭积累生计资本总量和优化家庭生计资本结构，通过提升家庭劳动力技能水平、语言能力等方式强化家庭人力资本，重构和拓展搬迁家庭社会网络，促进搬迁家庭劳动力转移就业，多样化家庭生计策略，从而提升家庭的福利水平。

（4）内生发展动力在社会融入影响易地扶贫搬迁家庭福利中发挥中介作用

在第三章的理论逻辑推演分析中，本研究发现搬迁家庭在社会融入过程中通过族群引领、精英带动等效应，冲击长久贫困状态下形成的"贫困文化"和落后观念，重塑搬迁家庭的发展观念。并通过社会融入过程中的技能和素质积累，增强家庭成员自我发展信心，激活搬迁家庭内生发展动力，从而提升家庭福利水平。本研究第七章为这一影响机理提供了经验证据。社会融入对激活搬迁家庭内生发展动力具有显著的正向影响，且社会融入通过搬迁家庭内生发展动力的部分中介作用对搬迁家庭的物质福利和精神福利产生促进作用。这一结论也得到了更换被解释变量、中介效应检验等实证结果的支持。

# 第二节 政策启示

## 一、提升社会融入程度，奠定家庭发展基础

本研究实证结果表明，社会融入对易地扶贫搬迁家庭的物质福利和精神福利均具有显著的正向作用，并且通过社会融入能够有效积累搬迁家庭生计资本总量，优化家庭生计资本结构，激发家庭内生发展动力，多样化家庭生计策略，因此要加快推进搬迁家庭的社会深度融入。

（1）要充分发挥引领作用

让搬迁家庭成员能够深入参与安置社区的各项活动。在调研过程中和根据调研数据统计，当前搬迁家庭的政策获悉渠道仍然依靠社区和政府工作人员的亲自宣传，导致搬迁家庭对后续各项政策的了解不深入，在活动中的参与程度不强，导致资源获取能力有限，影响了搬迁家庭的社会融入程度。因此要搭建起搬迁农户参与政治、文化、培训活动的平台，引导搬迁农户广泛地参与到各项活动中，发挥搬迁居民民主自治的积极性和主动性。通过广泛举办劳动模范评比、文明家庭创建、传统文化节日等活动，引导搬迁居民适应从"散居"到"聚居"的居住变化，并且通过这些活动的参与，消除安置点居民之间、搬迁安置居民与安置点原居住地居民的隔阂，重构和拓展搬迁家庭的社会网络。

（2）解决好"摆动型"生计问题

一方面自然资本仍然是影响搬迁家庭福利的重要资本，因此可以继续扩大"生产安置房"的范围，方便部分搬迁家庭继续利用土地；另一方面要创新土地经营方式，发展具有区域特色的产业，如青花椒种植、蜡虫种植、高寒道地中药材、荞麦、高原紫土豆等，既盘活搬迁农户闲置或低效利用的土地资源，又能提高搬迁家庭收入。

（3）发挥"数智化"在社会融入中的助推剂作用

在智慧中国、互联网＋、数字乡村建设等数字化时代背景下，要进一步推进安置社区的信息网络建设，依靠互联网搭建起社区服务平台，激活人工智能、互联网等数字技术在社区管理和维护、就业渠道、活动参与等事项中的应用，让搬迁居民

能够接触到更多的新事物，开阔其眼界，从而提升其参与各项新鲜活动的兴趣和主动性，以此推进搬迁家庭的社会融入程度。

（4）强化"精英引领"的示范带动效应

彝族同胞具有很强的"族群效应"，家支家族的带领示范作用往往更优于外部帮扶产生的作用。因此要在搬迁家庭中发现、树立、宣传"典型"案例家庭。通过模范家庭的示范作用，以搬迁家庭带动搬迁家庭的工作方法，让搬迁居民看到社会融入的优势和好处，从而激发搬迁居民社会融入的积极性和主动性。

## 二、推进劳动力转移就业，提升家庭生计多样化

通过本书理论和实证分析发现，促进搬迁家庭劳动力转移就业，多样化搬迁家庭生计策略，在社会融入影响搬迁家庭福利中具有显著正向的中介作用，因此要进一步提升家庭生计资本水平，推动劳动力转移就业。

（1）提升技能培训的质量

一是要延长技能培训周期。在调研中发现，安置点技能培训时长偏短，但水电、厨师、挖掘机、缝纫等技能培训往往需要长时间的培训才能练就熟练的技能水平，因此要严格化、封闭式、持续性地对安置居民进行培训，切实提升安置居民的技能水平。二是要打造"培训—认证—上岗"的闭环体系。要摸排适龄劳动者的培训意愿，建立居民培训意愿台账，主动联系、主动引入、主动补齐缺失，形成人才培训、认证、就业的全环节、一体化、闭环式的技能培育模式。

（2）促进安置地适龄女性转移就业

在调研中发现，由于受到传统文化、语言、技能水平等因素的约束，导致搬迁家庭特别是集中安置家庭中的女性转移就业比例较小，因此要推进安置地适龄女性转移就业。一是要通过宣传、讲解、榜样树立等多种形式破除搬迁家庭的传统落后思想，提升搬迁家庭女性转移就业的主动性和积极性。二是要构建语言环境。在调研中发现，女性不能流利地使用普通话的比例很大，但语言环境的缺失导致其普通话能力提升非常受限，因此要构建起搬迁安置社区使用普通话的语言环境，提升安置居民的语言交流能力。三是技能培训可以采取分类实施的方式，选择更多适宜女性的技能工种，使适龄女性也能从中选择感兴趣的技能培训活动，从而激发其转移就业的能动性。

（3）推动发展富民乡村产业

一是推动原有扶贫产业、合作社发展的提质增效，并且延长产业链条，利用新媒体、数字化等技术打造供应链，为搬迁家庭提供更多的就业岗位。二是利用外部帮扶，依托自身的劳动力资源优势，引入轻工业、劳动密集型产业入驻安置地周边。三是盘活灵活就业模式。利用彝族群体本身具有的刺绣、纺织、漆器制作等技能，与其他地区构建分工协作模式，使得不能外出务工的搬迁居民能在安置地实现灵活就业。

## 三、调动家庭主观能动性，激活内生发展动力

本研究发现并印证了内生发展动力在社会融入对易地扶贫搬迁家庭福利的影响中具有中介效应，即，社会融入通过搬迁家庭内生发展动力的部分中介作用对搬迁家庭的物质福利和精神福利产生促进作用。因此要充分调动易地扶贫搬迁家庭的主观能动性，激发搬迁家庭的内生发展动力。

（1）加强宣传和教育，消除搬迁家庭"等、靠、要"的落后思想

一是要通过社区活动、社交软件、社区广播等途径积极宣传帮扶政策、典型家庭等，帮助搬迁家庭树立正确的价值观念，充分激发搬迁家庭发展的主动性和积极性。二是光荣榜、曝光台等平台设置，推进移风易俗，改变搬迁家庭的精神面貌，树立起勤劳致富的积极思想。三是减少物资、资金等直接补贴方式，要通过公益岗位的设置、志愿者的担任等方式进行补贴，降低搬迁居民直接获取的心理预期，树立"付出才有回报"的思想观念。

（2）发挥搬迁居民的主体作用

基层政府、社区工作人员要摒弃大包大揽的思想观念，要保障搬迁居民在社区治理、村务工作、基础设施建设等事项的参与权利，充分听取搬迁居民的意见和建议，并让搬迁居民参与决策，使其在事务的参与过程中感受到自身价值和尊重，使得各项工作更加民主、接地气，也充分发挥了搬迁居民的主体作用，保障了搬迁居民的知情权、参与权和监督权，强化搬迁居民的"主人翁"身份，从而激发搬迁居民参与事务的积极性和主动性，充分发挥搬迁居民的主观能动性。

（3）建立"奖勤罚懒"的激励机制

一方面，通过制定奖励政策等工作方式，对实现自我就业、就地发展产业、自我致富奔康的搬迁家庭给予一定的奖励，从而激发搬迁家庭的自我发展意识。另一

方面，对于"等、靠、要"依赖思想严重或经常进入"黑榜"的搬迁家庭给予一定的惩罚，如在一定时间内停止帮扶政策等方法，通过惩罚机制的建立来提升搬迁家庭的内生发展动力。

## 四、精准后续帮扶措施，丰富发展机会渠道

本研究发现，帮扶政策在社会融入对搬迁家庭物质福利和精神福利的影响中具有调节作用，即，在后续帮扶政策的促进下，社会融入对搬迁家庭的福利效应影响作用更大。说明在现阶段外部帮扶政策仍对易地扶贫搬迁家庭具有重要意义，因此要进一步做好易地扶贫搬迁的后续帮扶工作。

（1）要继续强化实施后续帮扶政策

从调研数据、资料以及本研究结果来看，当前易地扶贫搬迁家庭的自身发展能力、社会融入程度等仍然处于较低的水平，单纯依靠家庭的自我发展难以巩固脱贫攻坚成果和实现家庭的致富奔康目标。还需要政府和社会力量继续给予易地扶贫搬迁家庭强有力的后续帮扶力量，构建起"内生—外源"协调统一的发展格局，帮助搬迁家庭提升抵御风险冲击的能力，不断增进家庭福祉。

（2）要差异化实施后续帮扶政策

要组织开展搬迁家庭信息摸排调查，掌握搬迁家庭发展的薄弱环节，有针对性地实施差异化策略。如针对缺乏劳动力的家庭可以提高补助标准、安排公益岗位等方式降低家庭的返贫风险；针对家庭劳动力丰富的家庭要不断提升其技能水平，引导劳动力转移就业，激活家庭发展的内生动力，稳定家庭收入来源。以此提高搬迁家庭政策需求和政策供给的匹配程度，更充分发挥帮扶政策在搬迁家庭适应和生计转型期间的重要作用。

（3）提升帮扶政策的"授渔能力"

注重易地扶贫搬迁后续帮扶政策的实施内容和实施模式，地方政府和社会力量在对搬迁家庭进行帮扶时要充分注重调动搬迁家庭自我发展意识和主动发展的积极性，为搬迁家庭注入内生发展动力，要逐渐减小现金补助、物品发放等帮扶政策和激励手段的使用范围和频率，注重为搬迁家庭构建长期性、可持续的家庭福利提升机制体制。

# 第三节　研究展望

　　党的二十大报告指出，中国式现代化是人口规模巨大的现代化、是全体人共同富裕的现代化、是物质文明与精神文明相协调的现代化。推进易地扶贫搬迁家庭社会融入，提升易地扶贫搬迁家庭福利水平是补齐巩固脱贫攻坚成果、深入实施乡村振兴战略和实现共同富裕的薄弱环节，因此我们应当长期关注易地扶贫搬迁家庭的社会融入、生计策略转型、内生发展动力等现实问题。但由于时间、精力等因素约束，本研究仅从微观农户视角，运用实地调研获取的截面数据，探析了社会融入对易地扶贫搬迁家庭福利的影响，考察和检验了影响渠道和作用机制，形成了研究结论，并提出了促进易地扶贫搬迁家庭社会融入和提升家庭福利水平的对策建议，但仍然存在不足，在未来还有一些问题值得进一步深入探究和发掘。

　　第一，研究对象的拓展。本研究重点调研了凉山彝族自治州六县（市）的 814 户易地扶贫搬迁家庭，研究成果可以很好地反映凉山彝区和彝族群体的社会融入状况、家庭福利水平等特征，但对多区域、多民族的易地扶贫搬迁状况研究不足，因此在未来的研究中，研究对象还应该向以下两个维度进行拓展：一是从单一民族聚居区向多民族聚居区拓展。将研究区域和群体对象进一步拓展至西南民族地区、全国民族地区和非民族地区，对比分析不同区域、不同民族之间的融入和福利状况，探析社会融入对搬迁家庭福利的作用渠道是否存在差异；二是研究群体从易地扶贫搬迁向农村居民城市化、国家公园移民、水库移民等搬迁群体拓展，对比分析不同主体间社会融入和家庭福利的关系特征。

　　第二，研究内容的扩展。本研究重点探讨了社会融入对易地扶贫搬迁家庭福利的影响以及作用渠道的考察。一是拓展社会融入影响家庭福利的其他作用机制，如社会融入—同辈效应—家庭福利的作用机制渠道；二是拓展易地扶贫搬迁研究的落脚点，立足到相对收入、收入差距等福利水平指标上，还可以拓展影响物质福利与精神福利的差异化作用机制；三是进一步分析易地扶贫搬迁家庭社会融入的促进和阻滞因素，提升易地扶贫搬迁家庭的社会融入程度；四是在研究中已经发展自然资本在搬迁家庭中的重要位置，可以进一步研究这种"摆动型"生计策略对家庭的社会融入、生计转型以及家庭福利的影响，为创新土地经营模式提供借鉴意义。

　　第三，研究数据的丰富。易地扶贫搬迁家庭的社会融入、生计资本、生计策略、内生发展动力、家庭福利水平等均在动态变化和不断调整中，截面数据可以在一定时间节点反映其相关关系，但受限于调研成本、时间等限制，本研究未能获取面板数据来分析社会融入与搬迁家庭福利之间的动态关系，因此在未来可以对其形成跟踪调查，建立起易地扶贫搬迁家庭的动态面板数据，以此探究融入与福利之间的多维动态关系，尤其是结合动态面板数据评估短期影响和长期影响的差异化及其作用机制的差异化。

# 附录Ⅰ：变量详细定义

| 变量 | 定义 |
|---|---|
| 家庭年收入 | 2021年家庭年人均纯收入的对数 |
| 幸福感感知 | 当前幸福感感知自评（五级量表） |
| 社会融入指数 | 依据熵值法测度出的综合值 |
| 生计多样化指数 | 测度值 |
| 内生发展动力 | 我认为家庭致富奔康更应该依靠自身的努力（五级量表） |
| 帮扶政策利用度 | 家庭多次利用帮扶政策寻找就业、帮助等（1＝是；0＝否） |
| 帮扶政策满意度 | 是否对帮扶政策满意（1＝是；0＝否） |
| 帮扶政策需要度 | 家庭仍需要帮扶政策的大力扶持（1＝是；0＝否） |
| 是否党员 | 户主是否党员（1＝是；0＝否） |
| 受教育程度 | 户主受教育水平（1＝文盲；2＝小学；3＝初中；4－高中及以上） |
| 年龄 | 户主年龄的对数 |
| 家庭劳动力状况 | 劳动力人数/家庭总人口（%） |
| 家庭受教育状况 | 家庭健康人数家庭总人口（%） |
| 家庭健康状况 | 家庭高中以上学历人数/家庭总人口（%） |
| 人均耕地经营面积 | （家庭耕地经营面积/家庭总人口）的对数 |
| 人均固定资产 | （家庭固定资产总额/家庭总人口）的对数 |
| 家庭年礼金总支出 | 2021年家庭礼金支出总额的对数 |
| 合作社参与 | 家庭是否参与合作社（1＝是；0＝否） |
| 家庭储蓄 | 家庭现有储蓄总额的对数 |
| 贷款 | 是否拥有正式的贷款途径（1＝是；0＝否） |
| 借款 | 是否拥有非正式的借款途径（1＝是；0＝否） |
| 贫困状况 | 搬迁时家庭是否脱贫（1＝是；0＝否） |
| 迁入地距离 | 迁入地与原居住地之间距离的对数 |
| 样本所在区域 | 1＝布拖；2＝美姑；3＝冕宁；4＝西昌；5＝喜德；6＝昭觉 |
| 安置规模 | 迁出村安置到本社区户数的对数 |

# 附录Ⅱ：开放式编码

| 编码 | 范畴 | 概念提取（频次） |
|---|---|---|
| A1 | 信息获取 | 入户宣传（19）亲友转达（9）公告栏（7）网络获取（4）跟政策走（2）工作人员（2） |
| A2 | 参与培训 | 激励参与（20）培训活动多（17）类型丰富（12）工种分类（8）获得证书（3） |
| A3 | 务工渠道 | 招聘会（17）亲友介绍（11）自己找（7）对口帮扶（5）灵活就业（4）公益岗位（2） |
| A4 | 权益保障 | 亲友维护（12）自行维护（11）工作人员帮扶（8）寻找政府（3） |
| A5 | 生活方式 | 生活成本变化（20）新事物（12）楼层太高（6） |
| A6 | 活动参与 | 选举（21）社区大会（20）线上会议（5） |
| A7 | 社会交往 | 家族同胞交往（17）熟人交往（14）广交朋友（9） |
| A8 | 规范约束 | 宣传广泛（17）严格遵守（11）争当榜样（6）爱护环境（4） |
| A9 | 语言沟通 | 普通话不熟练（16）缺少语言氛围（12）外出使用较多（5）沟通不畅（9） |
| A10 | 子女教育 | 学历越高越高（19）强化艺术才能教育（7）负担较重（6） |
| A11 | 婚丧嫁娶 | 移风易俗（16） |
| A12 | 风俗习惯 | 风俗习惯差异较小（18） |
| A13 | 身份认同 | 农村人（15）城里人（6）户口不变（4） |
| A14 | 信任程度 | 信任家人（21）信任同胞（11）信任朋友（6） |
| A15 | 歧视感知 | 无感知（17）感知不强（4） |
| A16 | 定居意愿 | 愿意住这里（17），想回老家（3），各有各的好（4） |
| A17 | 土地利用 | 土地耕种（12）荒废（11）土地流转（6）土地转让（3） |
| A18 | 合作社参与 | 土地入股（6）分红（2） |
| A19 | 外出务工 | 外出务工（19） |
| A20 | 政府补助 | 粮食补贴（17）老年补贴（9）返贫潜在户补助（3） |
| A21 | 公益岗位 | 环卫（7）保安（3）巡护（2） |
| A22 | 灵活就业 | 居家就业（11）产业园岗位（9）社区产业（6） |
| A23 | 思想观念 | 凡事靠自己（16）勤劳致富（9）不要麻烦政府和国家（8）不能一直靠帮扶（4） |
| A24 | 实际行动 | 务工（16）农业生产（14）就地就业（11）加入合作社（6） |
| A25 | 政策类型 | 补助（24）技能培训（23）就业（19）医疗保障（17）语言沟通（11）产业发展（6）创业（1） |
| A26 | 政策需求 | 产业发展（12）技能强化（11）就业岗位（9）医疗福利（7）创业（3） |
| A27 | 物质福利 | 消费能力提升（15）有储蓄（9）收入翻倍（7） |
| A28 | 精神福利 | 幸福满意（21）生活舒适（19）活动丰富多元（16）图书阅览（7） |